梁啓超 著

飲冰室合集

專集

第十四册

中華書局

飲冰室專集之五十一

中國佛法興衰沿革說略

一

佛法初入中國.相傳起於東漢明帝時.正史中紀載較詳者.爲魏書釋老志.其文如下.

『漢武……開西域.遣張騫使大夏.還傳其旁有身毒國.一名天竺.始聞有浮屠之敎.哀帝元壽元年.博士弟子秦景憲受大月氏王使伊存口授浮屠經.中土聞之.未之信了也.後孝明帝夜夢金人.頂有白光.飛行殿庭.乃訪羣臣.傅毅始以佛對.帝遣郎中蔡愔博士弟子秦景等使於天竺.寫浮屠遺範.愔仍與沙門攝摩騰竺法蘭東還洛陽.中國有沙門及跪拜之法.自此始也.愔又得佛經四十二章及釋迦立像.明帝令畫工圖佛像.置清涼臺及顯節陵上.經緘於蘭臺石室.愔之還也.以白馬負經而至.漢因立白馬寺於洛城雍關西.摩騰法蘭咸卒於此寺.』

此說所出.最古者爲漢牟融理惑論.文在梁僧祐弘明集中.眞僞未敢斷.(隋書經籍志有牟子二卷注云漢太尉牟融撰今佚弘明集本篇篇目下注云一名蒼梧太守牟子博傳然讀其內容則融乃蒼梧一處士流寓交趾不惟未嘗爲太尉且未嘗爲太守也書凡三十七節專務擁護佛法文體不甚類漢人故未敢置信若其不僞則此爲論佛法最古之書矣)其後文飾附會.乃有永平十四年僧道角力.宗室妃嬪數千人同時出家.種種誕說.又造爲摩騰所譯四十二章經.編入藏中.流通迄今.殆皆不可信.(此等誕說最古者出漢顯宗開佛化法本內傳見唐道宣廣弘明集注云未詳作者據所說則道士褚善信費叔才奉勅集白馬寺前與摩騰等闘法道經盡燬云云)

大抵愔景西使騰蘭東來白馬馱經雍西建寺事皆非虛然所謂提倡佛法者亦僅此至於創譯經典廣度沙門則斷非彼時所能有事也（四十二章經眞僞別詳第五章）然誦習佛法者早已有人蓋不容疑後漢書光武十王傳云『楚王英喜爲浮屠齋戒永平八年奉黃縑白紈三十匹詣國相贖愆罪詔報曰「王誦黃老之微言尙浮屠之仁慈潔齋三月與神爲誓何嫌何疑當有悔吝其還贖以助伊蒲塞桑門之盛饌」因以班示諸國』漢明遣使事相傳在永平十年（釋老志弘明集高僧傳皆無年歲其指爲永平十年自隋費長房之歷代三寶記始）然報楚王英詔在永平八年浮屠（佛陀）伊蒲塞（優婆塞）桑門（沙門）諸名詞已形諸公牘則其名稱久爲社會所已有可知有名稱必先有事實然則佛法輸入蓋在永平前矣釋老志稱『漢世沙門皆衣赤布』則當時沙門應已不少然據晉石虎時著作郎王度所奏謂『漢明感夢初傳其道唯聽西域人得立寺都邑以奉其神其漢人皆不得出家魏承漢制亦循前軌』（高僧傳卷千佛圖澄傳引）此述漢魏制度最爲明確蓋我國自古以來絕對的聽任「信教自由」其待遠人皆順其教不易其俗漢時之有佛寺正如唐時之有景教寺不過聽流寓外人自崇其教非含有獎勵之意也然桓帝延熹九年襄楷上書有『聞宮中立黃老浮屠之祠』一語（後漢書本傳）據此則其信仰已輸入宮廷矣桓靈間安息國僧安世高月支國僧支婁迦讖先後至洛陽譯佛經數十部佛教之興當以此爲紀元

三國時劉蜀佛教無聞曹魏稍翻有經典而潁川朱士行以甘露二年出家實爲漢地沙門之始（據費長房唐代三寶記卷三）士行亦卽中國西行求法之第一人也吳孫權因感康僧會之靈異（參觀高僧傳會傳）在建業設建初寺是爲佛敎輸入江南之始而支謙亦在吳譯維摩泥洹法句諸經故後此佛學特盛於江南謙之功也（詳第五章）至西晉時洛下既有寺四十二所（見釋老志）而竺法護遠遊西域齎經以歸大興譯事（詳第五章）河北佛敎漸以光大及石

勒僧號，而佛圖澄常現神通力以裁抑其兇暴。（參觀高僧傳澄傳）其於佛教之弘布，極有力焉。

計自西歷紀元一世紀之初至四世紀之初，約三百年間，佛教漸漸輸入中國，且分布於各地。然其在社會上勢力極微薄，士大夫殆不知有此事。王充著論衡，對於當時學術、信仰、風俗，皆痛下批評，然無一語及佛教，則其不爲社會注目可知。沙門以外，治此學者，僅一牟融，然所著書猶眞僞難斷，具如前說。

此期之佛教，其借助於呪法神通之力者不少。摩騰角力，雖屬誕詞，然康會在吳，佛澄在趙，皆藉此爲弘教之一手段，無庸爲諱。質言之，則此期之佛法，只有宗教的意味，絕無學術的意味，即以宗教論，亦只有小乘，絕無大乘。神通小術，本非佛法所尚，爲喻俗計，偶一假塗。（注一）然二千年來之愚夫愚婦，大率緣此起信，其於佛法之興替，功罪正參半耳。

（注一）高僧傳佛圖澄傳：『石勒問澄：佛道有何靈驗。澄知勒不達深理，正可以道術爲徵，即取應器盛水，燒香呪之，須臾生青蓮花。……』續高僧傳菩提流支傳：『支呪水上涌，旁僧嘉歎大聖人。支曰：『勿妄褒賞，斯乃術法，外國共行，此方不習，謂爲聖耳。』』

二

佛法確立，實自東晉。吾於敍述以前，先提出兩問題：第一，佛法何故能行於中國，且至東晉而始盛耶？第二，中國何故獨尊大乘，且能創立『中國的佛教』耶？此第二題，當於第六章別解答之，今先答第一題。

我國思想界，在戰國本極光明，自秦始皇焚書，繼以漢武帝之「表章六藝，罷黜百家」，於是其機始窒。兩漢學術，號稱極盛，攬其內容，不越二途：一則儒生之注釋經傳，二則方士之鑿談術數，及其末流，二者又往往糅合。術數之支離誕妄，篤學者固所鄙棄，即碎義逃難之經學，又豈能久饜人心者？凡屬文化發展之國民，「其學問慾」曾無止息、破碎之學既爲社會所厭倦、則其反動必趨於高玄、我國民根本思想、本酷信宇宙間有一種必然之大法則、可以範圍天地而不過、曲成萬物而不遺、孔子之易老子之五千言無非欲發明此法則而已、魏晉間學者亦欲向此方面以事追求、故所謂『易老』之學入此時代而忽大昌、王弼何晏輩其最著也、正在縹緲彷徨若無歸宿之時、而此智德巍巍之佛法忽於此時輸入、則羣趨之若水歸壑、固其所也。

季漢之亂、民瘵已甚、喘息未定、繼以五胡、百年之中、九宇鼎沸、有史以來人類慘遇、未有過於彼時者也、一般小民汲汲顧影、旦不保夕、呼天呼父母、一無足怙恃、聞有佛如來能救苦難、誰不願託以自庇、其稔惡之帝王將相、處此翻雲覆雨之局、亦未嘗不自怵禍害、佛徒悚以果報、自易動聽、故信從亦漸衆、帝王既信則對於同信者必加保護、在亂世而得保護、安得不趨之若鶩、此一般愚民奉之之原因也、其在「有識階級」之士大夫、聞「萬行無常諸法無我」之教、還證以己身所處之環境、感受深刻、而愈覺親切有味、其大根器者、則發悲憫心、誓弘法以圖拯拔、其小根器者、則有託而逃焉、欲覓他界之慰安、以償此世之苦痛、夫佛教本非厭世教也、然信仰佛教者什九皆以厭世爲動機、此實無庸爲諱、故世愈亂而逃入之者愈衆、此士大夫奉佛之原因也、

前所論者爲思想之伏流、此所論者爲時代之背景、在此等時代背景之上、而乘之以彼種之思想伏流、又值佛法輸入經數百年、醞釀漸臻成熟、此所以一二大德起而振之、其興也沛乎莫之能禦也、

中國佛教史當以道安以前爲一時期、道安以後爲一時期、前此稍有事業可紀者、皆西僧耳、（即竺法護亦本籍月支）本國僧徒爲弘教之中堅、活動實自安始、前此佛學爲沙門專業、自安以後、乃公之於士大夫、成爲時代思潮、習鑿齒與謝安書云『來此見釋道安、故是遠勝、非常道士、師徒數百、齋講不倦、無變化技術可以惑常人之耳目、無重

威大勢。可以整羣小之參差。而師徒肅肅自相尊敬。洋洋濟濟。乃是吾由來所未見。其人理懷簡衷多所博涉內外羣書略皆徧覩陰陽算數亦皆能通佛經妙義。故所游刃』高僧傳安傳 此敍安威德蓋能略道一二。安值喪亂常率弟子四五百人轉徙四方不撓不亂。安十五年間每歲再講放光般若未嘗廢闕。安不通梵文。而徧注諸經。妙達深指。舊譯譌謬以意條舉。後來新譯。竟與合符。安創著經錄。整理佛教文獻。安制僧尼軌範佛法憲章。後來寺舍咸所遵守。安勸苻堅迎羅什。間接爲大乘開基。安集諸梵僧譯阿含阿毗曇。直接爲小乘結束。安分遣弟子布敎四方。所至風靡。若慧遠之在東南。其尤著也。安與一時賢士大夫接納應機指導。咸使妙悟大法。始盛行於居士中。以上雜據高僧傳安傳及其他諸傳不備引原文 要而論之。安自治力極强。理解力極强。組織力極强。發動力極强。故當時受其人格的感化與願力的加被。而佛教遂以驟盛。安常山人。所嘗遊棲之地極多。而襄陽與長安最久。卒於東晉安帝之太元十年（三八五）自安以後。名僧接踵。或事翻譯。或開宗派。其應詳述者極多。當於第五章以下分敍。本章惟隨舉其名耳。惟安公爲大法樞鍵。故稍詳述如右。

三

東晉後佛法大昌。其受帝王及士大夫弘法之賜者不少。其在北朝。則苻堅敬禮道安。其祕書郞趙正尤崇三寶。集諸僧廣譯經論。姚興時鳩摩羅什入關。大承禮待。在逍遙園設立譯場。集三千僧諮禀什旨。大乘經典。於是略備。故言譯事者必推苻姚二秦。北涼沮渠蒙遜供養曇無讖及浮陀跋摩。譯經甚多。其從弟安陽侯京聲亦有譯述。西秦乞伏氏亦尊事沙門。聖堅司譯焉。北魏太武帝一度毁佛法。及文成帝興復之。其後轉盛。獻文孝文並皆崇奉。宣武好之尤篤。常於宮中講經。孝明時胡太后秉政迷信尤甚。幾於徧國皆寺。盡人而僧矣。魏分東西。移爲周齊。高齊大奬佛法。宇文周則毀之。隋既篡周。文帝首復佛教。而煬帝師事智顗。崇奉尤篤。在東西兩京置翻經院。譯事大昌焉。

其在南朝。東晉諸帝。雖未聞有特別信仰。而前後執政及諸名士。若王導周顗桓玄王濛謝尙郗超王坦王恭王謐謝敷戴逵孫綽輩咸相尊奉。（見弘明集卷五引何尚之答宋文帝問）及宋。則文帝虛心延訪。下詔奬勵。譙王義宣所至提倡。而何尙之謝靈運等闡揚尤力。及齊。則竟陵王子良最嗜佛理。梁武帝沈約輩皆嘗在其幕府。相與鼓吹。及梁武帝在位四十年中。江左稱爲全盛。帝嗜奉至篤。常集羣臣講論。至自捨身於同泰寺。昭明太子及元帝皆承其緒。迭相宏奬。佛教於是極盛。陳祚短促。無甚可紀。東晉南北朝及隋帝王執政提倡佛教之情形。大略如此。

唐宋以後。儒者始與佛徒鬨。前此無之也。兩晉南北朝之儒者。對於佛教。或兼採其名理以自怡悅。或漠然置之。若不知世間有此種學說者。然其在當時深妒佛教而專與之爲難者。則道士也。梁僧祐弘明集唐道宣廣弘明集中所載諸文。其與道家抗辯者殆居三之一。其中如劉宋時道士顧寬著夷夏論。謝鎭之朱昭之慧通僧愍等駁之。南蕭齊時張融著門論。周顒駁之。道士復假融名著三破論。劉勰著辯惑論駁之。其最著者也。所謂道教者。並非老莊之「道家言」。乃張道陵餘孽之邪說。其於教義本一無所有。及覩佛經。乃剽竊其一二。而膚淺矛盾。無一是處。乃反僞造老子化胡經等。謂佛道實出於彼。可謂誕妄已極。其壁壘本不足以自立。乃利用國民排外之心理。倡所謂夷夏論者。此較足以動人。謝朱輩本非佛徒。亦起而駁之。於學術無國界之義。略有所發揮焉。蓋非得已也。然在南朝則以言論相排擠而已。北朝則以勢力相剗制。北魏太武帝時。信任崔浩。而浩素敬事「五斗米道教」之寇謙之薦之魏主。拜爲天師。改年號曰「太一眞君。」太一眞君七年。（四四五）忽詔誅長安沙門。焚破佛像。令四方一依長安行事。其詔書所標榜者曰。『盪除胡神擊破胡經。』其法則『沙門無少長悉坑之。王公已下敢隱匿沙門者誅一門。』（魏書釋老志）我國有史以來皆主信仰自由。其以宗教興大獄者只此一役。元魏起自東胡。獷悍之性未馴也。後四年浩亦族誅。備五刑焉。魏毀佛法凡七年。文成帝立復之。後轉益昌。後七十餘年孝明帝正光元年（五二〇）又再集佛道徒使討論。道士姜斌以誣罔當伏誅。而佛徒菩提支爲之乞殺。又五十餘年周武帝建德元年（五七二）下詔並廢佛道兩教。尋復道教。越十年。（大象元年）並復之。然此役僅有遺散。並無誅戮云。計自佛法入中國後受政府干涉禁止者僅此兩次。時皆極短。故無損其流通。其間沙汰僧尼。歷代多有。然於大教。固保護不替也。

佛教發達。南北駢進。而其性質有大不同者。南方尙理解。北方重迷信。南方爲社會思潮。北方爲帝王勢力。故其結果也。南方自由研究。北方專制盲從。南方深造。北方普及。（此論不過比較的並非謂絕對如此勿誤會）此不徒在佛教爲然也。即在道教已然。南朝所流行者爲道家言。質言之。即老莊哲學也。其張道陵寇謙之之妖誣邪教。南方並不盛行。其與釋道異同之爭。亦多以名理相角。若崔浩焚坑之舉。南人所必不肯出也。南方帝王傾心信奉者固多。實則因並時聰俊咸趨此途。乃風氣包圍帝王。並非帝王主持風氣。不似北方之以帝者之好惡爲興替也。

嘗觀當時自由研究之風。有與他時代極差別者。宋文帝時僧慧琳著白黑論。何承天著達性論。皆多曲解佛法之處。宗炳與顏延之駁之。四人彼此往復各四五書。而文帝亦樂觀之。每得一札。輒與何尙之評騭之。梁武帝時范縝著神滅論。帝不謂然也。自爲短簡難之。亦使臣下普答。答者六十二人。贊成縝說者亦四焉。在東晉時。「沙門應否敬禮王者。」成一大問題。庾冰桓玄先後以執政之威。持之甚力。慧遠不爲之屈。著論抗爭。舉朝和之。冰玄卒從衆議。以上皆雜採正史各本傳高僧傳及兩弘明集原文不具引諸類此者不可枚舉學術上一問題出而朝野上下相率爲公開討論與會淋漓以赴之。似此者求諸史乘殆不多覯也。若北方則惟見寺塔僧尼之日日加增而已。其士大夫討論教理之文絕無傳者。即僧徒名著。亦極希。後此各大宗派。不起於北而起於南。良有以也。然則南北兩派。何派能代表我國民性耶。吾敢斷言曰南也。五胡以後。我先民之優秀者。率皆南渡。北方則匈羯鮮羌諸族雜糅。未能淳化於吾族。其所演之事實。非根於我國民性也。

北方之迷信的佛教。其發達之速。實可驚。釋老志嘗列有簡單之三度統計。今錄如下。

年代	寺數	僧尼數
承明元年（四七六）	六・四七八	七七・三五〇
延昌二年（五一八）	一二・七二七	不詳
興和二年（五四〇）	三〇・〇〇〇	二・〇〇〇・〇〇〇

前後六十四年間。而寺數由七千餘增至三萬。僧尼數由七萬餘增至二百萬。以何故而致此耶。試檢釋老志中所記當時制度及事實。可以知其梗概。志云。

『永平元年詔曰「自今以後。衆僧犯殺人已上罪者。仍依俗斷。餘犯悉付「沙門統」（僧正）昭玄。以內律制之。』……

「和平初。曇曜奏。「民有歲輸穀六十斛入僧曹者。即爲僧祇戶。粟爲僧祇粟。至於儉歲。賑給飢民。」又請。「

民犯重罪及官奴以爲佛圖戶供諸寺洒掃」並許之於是僧祇戶粟及寺戶徧於州鎮……永平四年詔曰「僧祇之粟本期濟施但主司冒利規取贏息及其徵責不計水旱或償利過本或翻改卷契侵蠹貧下莫知紀極……自今以後不得傳委「維那」（僧職）可令刺史共加監括」……

『熙平二年靈太后令曰「自今奴婢悉不聽出家……其僧尼輒度他人奴婢者移五百里外爲僧僧尼多養親識及他人奴婢子年大私度爲弟子自今斷之」……神龜元年任城王澄奏曰「……自遷都以來年逾二紀寺奪民居三分且一……非但京邑如此天下州鎮僧寺亦然侵奪細民廣占田宅」……

『正光以後天下多虞工役尤甚於是所在編民相與入道假慕沙門實避調役猥濫之極自中國之有佛法未之有也』

據此可見當時制度（一）有各種僧職權力極大最高者爲「沙門統」其下有「州統」「都維那」「維那」等（二）僧侶有治外法權非犯殺人罪不到法庭（三）挂名寺戶可避徭役（四）犯罪者及奴婢憑藉教力可免罪爲良（五）假立寺名可以侵占田宅猥濫橫暴至於此極佛法精神掃地盡矣其帝室營造之侈靡猶令人驚駭就中若靈巖石窟伊門石窟若永寧寺據釋老志續高僧傳（菩提流支傳）洛陽伽藍記諸書所載略可追想一二使其至今猶在或可大爲我國建築學上一名譽紀念然當時民力之彫敝於此者亦殊不讓羅馬教皇之營彼得寺也至今過伊門龍門間覩石像攢若蜂窠即在琉璃廟求魏齊造像搨片廣搜之猶可得數千種此實當時佛教興隆之遺影留傳今日者而無數之罪惡苦痛即隱於其背後此唐韓愈有「人其人火其書廬其居」之議

雖庸妄可笑。抑亦東流極敝反動使然也。南方佛教。此弊固亦所不免。然其興也。不甚憑藉政治勢力。以視北方。清明多矣。以上敍佛教黑闇方面略竟。今還敍其光明方面。

四

從中國佛學史大量觀察。可中分爲二期。一曰輸入期。兩晉南北朝是也。二曰建設期。隋唐是也。實則在輸入期中。早已漸圖建設。在建設期中亦仍不怠於輸入。此不過舉其概而已。輸入事業之主要者。曰西行求法。曰傳譯經論。具詳第四第五章兩章。建設事業。則諸宗之成立也。具詳第六章以下。今欲使學者得一簡明之概念。且略知各部分事業之聯絡。故以極簡單之文句。先述如下。（其有重要資料不能入以下諸章者則於此處稍爲詳敍望讀者通前後參錯觀之）

印度佛教。先有小乘。後有大乘。中國亦不逾斯軌。然小乘之行於中國時期甚短。勢力亦弱。非如印度西域之以小乘爲正統而大乘爲閏位也。後漢三國所譯經典。雖小乘較多。然大乘亦已間譯。至兩晉以後。則以譯大乘爲主業。諸大乘經中。方等先昌。支讖之般舟三昧。佛調之法鏡。支謙之維摩、首楞。法護之寶積、大集、普曜。皆其先河也。般若之興。亦略同時。支讖之道行。法護之光讚。叔蘭之放光。羅什之摩訶。皆其選也。此兩部分皆起於西歷二世紀中。而發達於四世紀末。法華之來。則在四世紀。法護羅什前後兩譯。涅槃華嚴最晚出。曇識佛馱所譯。皆在五世紀初元。至五世紀初元。而大乘要經略備。小乘之四阿含亦次第完成。譯事告一段落焉。道安此方弘法之祖也。偏注諸經。而猶精般若。可謂「空宗」最初之建設者。其弟子慧遠在廬山結蓮社念佛。今之「淨土宗」尊爲初祖焉。羅什入關。氣象萬千。後此大乘之「三論宗」小乘之「成實宗」皆於此託始。其弟子僧肇僧叡道生等．皆為一時龍象．自此以前．為輸入全盛建設萌芽之時期．

在此時期中．有兩種事實．頗足資研究興趣者．其一．則小乘派殆無反抗力也．印度大乘初起．其與小乘之對抗極烈．即在今日之日本．尚有持「大乘非佛論」者．獨我國則大乘一至．靡然從風．其持小乘以非毀大乘者．今所考見．纔得數人．一．慧導疑大品般若．二．曇樂非撥法華．三．僧淵誹謗涅槃．四．竺法度禁一切大乘經典．不聽讀誦．（見梁僧祐出三藏集記卷五末兩篇）僧叡著喻疑篇．專為當時疑涅槃者而發．中有言曰．『三十六國．小乘人也．此疊流於秦地．』可知當時西域諸僧在中國者．非無反抗大乘之人．特力不足以張其軍耳．其二．則大乘教理多由獨悟也．朱士行讀道行般若．知其未盡．矢志往求．（高僧傳本傳）道安訂正舊譯諸經．其後羅什重譯．適與冥合．初無乖舛．（魏書釋老志）凡此之類．具徵深智．『道生嘗歎經典東流．譯人重阻．多守滯文．鮮見圓義．於是校練空有．研思因果．乃立善不受報及頓悟義．籠罩舊說．剖析佛性．洞入幽微．說阿闡提人（譯言多貪）皆得成佛．於時大涅槃經未至此土．孤明先發．獨見迕衆．舊學僧黨．譏忿滋甚．擯而遺之．俄而大涅槃至．果言闡提有佛性．與生說若合符契．』（出三藏記集卷十七）吾讀此等記載．發生兩種感想．其一．可見我先民富於「研究心」．雖於其所極尊仰之經典．並非壹意盲信．其二．可見我先民有創作之能．雖於所未聞之學說．而精思所運．能與符契．後此能蔚然建設「中國的佛教」．蓋有由矣．以上為東晉之重要事業．

印度大乘性相兩宗．羅什所傳來者．則性宗也．而相宗則未之聞．梁陳之交．眞諦創翻攝論俱舍．法泰智愷最能傳其業．於是開大乘之「攝論宗」與小乘之「俱舍宗．」「攝宗」即後此「法相宗」之前驅也．世親依華嚴十地品作十地經論．元魏時菩提流支勒那摩提合譯之．北齊惠光治之最明．於是創「十地宗．」即後此「

華嚴宗」之前驅也。以上爲南北朝之重要事業。

自羅什譯中百十二門三論後，百餘年間傳習極盛。至隋吉藏（嘉祥大師）大成之，創「三論宗」。此宗入唐轉衰，其一部分入「天台宗」，一部分入「禪宗」焉。自法華涅槃輸入後，研究極盛。六朝時有所謂「法華宗」「涅槃宗」者。至隋智顗（智者大師）神悟獨運，依法華創「四教五時」之義，立止觀之法。學者以顗居天台，名之曰「天台宗」。其後唐湛然（荆溪）益大弘之。中國人前無所受而自創一宗者，自「天台」始也。此爲隋代之重要事業。

唐玄奘三藏孤遊天竺十有七年，歸而譯書千三百卷，爲我學界第一恩人。而其所最服膺者爲戒賢顯識之論。於是大闡之，立「法相宗」，亦稱「唯識宗」。其弟子窺基最能傳其學。基住持慈恩寺，故此宗或稱「慈恩宗」焉。自「十地宗」成立以後，華嚴研究日盛。唐法藏（賢首國師）與實叉難陀重譯華嚴，乃大闡揚之，立「華嚴宗」。亦可謂中國自創之宗也。此後宗密（圭峯）澄觀（清涼）盛弘其業。自慧遠提倡念佛，至唐善導大成之，是爲「淨土宗」。自道安提倡戒律，至唐道安大成之，是爲「律宗」。自唐善無畏金剛智傳授密咒眞言，是爲「密宗」。此諸宗皆盛於唐，而其傳最廣而其流最長者，則「禪宗」也。相宗佛滅度後，以衣鉢授大迦葉，心心相傳，歷二十八代而至達摩。達摩以梁時至中國，更不譯經說教，惟物色傳法之人。六傳而至唐慧能（六祖大鑒禪師），乃大弘之。直指一心，不立語言文字，號爲「禪宗」，亦稱「心宗」。其徒南嶽讓、青原思傳之。後爲衍爲「雲門」「法眼」「臨濟」「溈仰」「曹洞」之五宗，數百年間徧天下焉。此宗雖稱來自印度，然自六祖以前，既一無傳布，則雖謂中國自創之宗焉可耳。禪宗與「天台」「華嚴」「法相」皆極盛於唐。

彼三者稱「敎下三家」。禪宗則稱「敎外別傳」。此爲唐代之重要事業。

以上諸宗實爲我國佛學之中堅。吾將於下卷各著專章以論之。此不過舉其名而已。通計佛敎盛於中國前後將及千年。法海波瀾。不無起伏。最初輸入小乘。墨守所謂「三法印」卽「萬行無常」「諸法無我」「涅槃寂靜」之敎。以塵世爲可厭。以涅槃爲可樂。既而聞方等般若之說。謂涅槃眞空。既並涅槃而空。則樂涅槃者喪其所據。此慧導曇樂之徒所爲大怖而盛詰也。般若昌明以後。空義既聞而習之矣。及法華涅槃傳來。又明佛性不空。淺根聞之。疑非佛說。故道生闡提成佛之論。舊學指爲邪說。集衆而擯之也。諸大經次第都來。羣疑亦既渙釋。而「相宗」之入猶滋疑議。所以者何。諸宗所說皆當今世西歐哲學所謂「形而上學」之一部分。相宗所說則當其所謂「認識論」之一部分也。前此既未之聞。而其所用「因明」又爲外道所同用。其論心物之法。又與小乘之俱舍相翼輔。重以繁重艱深。不易明習。則厭而蔑焉。故法泰「屢演攝論。道俗無受」。高僧傳本傳直至奘師歸來。乃始大昌。而數十年後已莫能爲繼也。敎下三家鼎立盛行。諸經義解發揮略盡。然誦習愈廣。漸陷貧子說金之譏。故禪宗出而盪其障。惟密傳心印。取信實難。呵佛罵祖。滋疑尤衆。故六祖得法黃梅。十年乃布。而荊溪著金剛錍以非難之。自比於距楊墨。新說推行之不易。自古然矣。及夫兩榦開基。五花結實。禪宗掩襲天下。而諸宗俱廢。公案如麻。語錄充棟。佛法於茲極盛。而佛法卽於是就衰矣。

五

唐以後殆無佛學。唐以後何故無佛學耶。其內部之原因。則禪宗盛行。諸派俱絕。踞座棒喝之人。吾輩實無標準以測其深淺．其外部之原因．則儒者方剽竊佛理自立門戶．國中上駟咸趨此途．而僧界益乏才．若在宋代求佛教史上有價值之人．吾惟數一延壽．（永明禪師）倡「禪淨合一」之教．「淨宗」復興實受賜焉．戒環（溫陵）之理解．抑其次也．元代師禮蕃僧．頗興密教．其於顯說則未有聞．有明末葉．蓮池（袾宏）交光（眞鑑）妙峯（福登）憨山（德淸）蕅益（智旭）先後崛起．斯道稱中興焉．入淸轉衰．淸諸帝雖皆佞佛．然實政治作用．於宗教無與．於學術益無與也．淸僧亦無可特紀者．惟居士中差有人．晚有楊文會者．得力於「華嚴」而教人以「淨土」．流通經典．孜孜不倦．今代治佛學者．什九皆聞文會之風而興也．

附錄

佛教大事表

（表例）一、表至唐末而止。以後無大事也。

二　年代用西歷省混雜。便省覽。惟諸帝紀元仍附注於下。

三　年代不能確考者。下附疑號（？）。

二四七	（吳赤烏十）	立建初寺江南有寺之始
二五三	（吳建興二）	支謙卒謙譯經百種
二六〇	（魏景元元）	朱士行出家漢地沙門之始
二六六	（晉泰始二）	法護始譯經
二六九	（泰始五）	方等泥洹經初出（護譯）
二七二	（泰始八）	道行般若再出（護譯）
二八八	（晉太康九）	法華初出（護譯）光讚般若初出（護譯）
二九一	（晉元康元）	放光般若再出（竺叔蘭譯）
三〇二	（晉太安元）	維摩詰經再出（護譯）護卒（？）
三七七	（苻秦建元九）	道安入長安
三八四	（晉太元九）	惠遠入廬山
三八七	（建元十九）	阿毗曇初出（道安流譯）
三八九	（建元二十一）	道安卒
三九七	（晉隆安元）	中阿含增壹阿含出
三九九	（隆安三）	法顯往印度

四〇〇	(姚秦弘始二)	鳩摩羅什至長安
四〇二	(晉元興元)	智猛往印度
四〇三	(秦弘始五)	摩訶般若三出(什譯)
	(晉元興二)	阿毗曇毘婆沙初出(覺鎧譯)
四〇四	(弘始六)	百論出(什譯)
四〇五	(弘始七)	大智度論出(什譯)
四〇六	(弘始八)	法華定本出維摩詰定本出(什譯)
四〇八	(弘始十)	小品般若三出十二門論出(什譯)
四〇九	(弘始十一)	中論出(什譯)
四一一	(弘始十三)	成實論出(什譯)
四一二	(弘始十四)	羅什卒
	(涼玄始元)	曇無讖至涼
四一三	(弘始十五)	長阿含出(佛念譯)
四一四	(涼玄始三)	涅槃定本出(讖譯)
	(晉義熙十)	惠遠結白蓮社念佛
四一六	(義熙十二)	法顯歸國
四一七	(玄始五)	大集出(?)(讖譯)
四一八	(義熙十四)	大般泥洹三出(?)(法顯譯)
四二〇	(宋永初元)	晉譯華嚴出(佛馱譯)
四三五	(宋元嘉十二)	楞伽定本出(求那譯)
四四六	(魏太一眞君七)	魏焚佛經坑沙門
四五二	(魏興安元)	魏復佛法

五〇〇	(魏景明元)	菩提流支至洛陽
五〇四	(梁天監三)	武帝集道俗二萬人發願皈佛法
五一一	(魏永平四)	十地論出(流支譯)
五一六	(魏熙平元)	遣宋雲惠生求經於印度
五一九	(梁天監十八)	慧皎著高僧傳成
五二二	(魏正光三)	惠生等齎經百七十部歸
五二七	(梁大通元)	達摩至建業
五五三	(梁承聖二)	大乘起信論出(眞諦譯)
五六三	(陳天嘉四)	攝大乘論俱舍論出(眞諦譯)
五七二	(周建德元)	周廢佛道二教
五七五	(陳太建七)	智顗初入天台
五九四	(隋開皇十四)	勅法經等撰衆經目錄
五九七	(開皇十七)	智顗卒
六二四	(唐武德七)	傅奕前七上書請廢佛法不報
六二八	(唐貞觀二)	玄奘適印度
六四五	(貞觀十九)	玄奘歸國始譯經顯揚論出
六四八	(貞觀二十二)	瑜伽師地論出
六五〇	(永徽二)	俱舍論再出
六五九	(顯慶四)	大毗婆沙論出成唯識論出
六六三	(龍朔三)	大般若經出(以上俱奘譯)
六六四	(麟德元)	玄奘卒
六七四	(上元元)	惠能受衣鉢於弘忍

六七六（儀鳳元）　惠能在曹溪開演宗門
六八二（永淳元）　窺基卒
六九四（武周證聖元）　義淨適印度
七〇〇（武周久視元）　唐譯華嚴出（難陀譯法藏同譯）
七〇一（武周大足元）　法藏始在長安講新華嚴
七〇五（唐神龍元）　佛頂首楞嚴出（密諦房融同譯）
七一二（先天元）　惠能卒
七一四（開元二）　無畏至京師
七三〇（開元十八）　智昇撰開元釋教錄

飲冰室專集之五十二

佛教之初輸入

外來之佛教曷爲而能輸入中國且爲中國所大歡迎耶輸入以後曷爲能自成中國的佛教耶此答案非求根柢於歷史焉不可也

今吾所首欲討論者第一爲佛教最初輸入年代之問題第二爲最初輸入地之問題

『漢明帝時始有佛法』(韓愈諫迎佛骨表語)此二語殆成爲二千年來公認之史實吾人心目中總以爲後漢一代佛教已粲然可觀乃參稽考證而殊覺其不然(說詳下)後漢書西域傳論云『至於佛道神化興自身毒而二漢方志莫有稱焉……騫超無聞者豈其道閉往運數開叔葉乎』據此足證兩漢時人鮮知有佛官書地志一無所載學者立言絕未稱引王充者後漢學者中學識最賅博而最富於批評精神之人也其所著論衡對於當時社會流行之思想無一不加以批判矯正獨於佛教未嘗一字論列此卽當時此教未行一有力之反證故語佛教之初紀元自當以漢末桓靈以後爲斷但前此史蹟於此間消息固亦有可窺一二者

其一朱士行經錄稱『秦始皇時西域沙門室利防等十八人賚佛經來咸陽始皇投之於獄』(歷代三寶記卷一引)此經錄本不甚可信此種斷片且傳疑的史實似無徵引之價值但最當注意者秦始皇實與阿育王同時(秦始皇西紀前二四三——二一七阿育王西紀前二六六——二三〇)阿育派遣宣教師二百五十六人於各地其派在亞洲者北至俄屬土耳

其斯坦南至緬甸，僅有確證，且當時中印海路交通似已開，（法人拉克伯里考據此事頗詳）然則育王所遣高僧或有至中國者，其事非不可能。（佛門掌故稱育王起四萬八千塔其二在中國此雖荒誕然或是育王與中國有關係之一種暗示）但藉曰有之，然既與當時被坑之儒同一命運，則可謂與我思想界沒交涉也。

其二，魚豢魏略西戎傳云，『漢哀帝元壽元年，博士弟子秦景憲從大月氏王使伊存口受浮屠經』。（三國志裴注引魏書釋老志祖述其說）此事在歷史上雖為孤證，然其時大月氏王丘就卻正征服罽賓，而罽賓實當時佛教極盛之地，則月氏使臣對於佛教有信仰，而我青年學子之懷抱新思想者從而問業，亦意中事。但既無著述，亦無傳授，則影響固不及於思想界耳。

其三，後漢書楚王英傳云，『英晚節更喜黃老學，為浮屠齋戒祭祀。永平八年，詔令天下死罪皆入縑贖。英……奉送縑帛贖愆。……詔報曰，『楚王誦黃老之微言，尚浮屠之仁慈，潔齋三月，與神為誓，何嫌何疑，當有悔吝。其還贖以助「伊蒲塞」（即優婆塞）「桑門」（即沙門）之盛饌。因以班示諸國』。此為正史中最古最真之佛教掌故。中國人信仰佛教見於載籍者，自當以英為首。然以帝子之尊，（英為光武子）而服其教，則在社會中先已植有相當之根柢可知。故教義輸入，不得不溯源於西漢之季也。

其四，後漢書襄楷傳載桓帝延熹七年楷上疏云，『聞宮中立黃老浮屠之祠』。此語見諸奏牘，必為事實無疑。帝王奉佛，蓋自此始。此蓋在永平百年後矣。

漢明之永平求法說，大略謂明帝感夢金人，遣使西域，賫還經像，創立寺宇。今藏中四十二章經，即當時所譯。魏晉後之洛陽白馬寺，即當時所建。甚者演為釋道兩教競技劇譚，謂佛教緣此盛弘京邑。雖然，試稍用嚴正的史識一繩之。則茲事乃支離不可究詰。蓋當時西域交通正中絕。使節往返。爲事實上所不可能。卽茲一端。則此段史蹟。已根本不能成立。其所宗據之四十二章經。察其文體。案諸經錄。皆可斷爲兩晉間人作。絕非漢時所有。至於各書關於茲事所紀載。其年月。其所遣之人。所歷之地。所作之事。無一從同。而矛盾罅漏。隨處發現。故以吾之武斷。直謂漢明求法事。全屬虛構。其源蓋起於晉後釋道鬩爭。道家捏造讕言。欲證成佛教之晚出。釋家旋采彼說展轉附會。謀張吾軍。兩造皆鄉曲不學之人。盲盲相引。其先後塗附之跡。歷然可尋。治佛學史者。須先將此段僞掌故根本祓除。庶以察思想進展之路。不致歧謬也。

附錄一　漢明求法說辯僞

漢明求法說。最初見者爲西晉王浮之老子化胡經。王浮蓋一妖妄道士。造爲老子出關西度流沙之說。指彼佛陀爲老子弟子者也。其書經六朝唐數次禁燬。稍有識者皆知其妄。獨所造漢明求法說。反由佛教徒爲之傳播。洵一怪事也。其述此事概略云。

『永平七年甲子。星晝現於西方。明帝夢神人。因傅毅之對。知爲胡王太子成佛之瑞應。卽遣張騫等經三十六國至舍衞。値佛已涅槃。乃寫其經。以永平十八年歸。』

此種記載之荒謬。一望而知者。莫如張騫姓名。蓋以二百年前之人物插入此劇本中。其固陋太可憐矣。但尤有極强之反證。爲世人所罕注意者。則西域交通之歷史也。考後漢書西域傳云

『王莽簒位。貶易王侯。由是西域怨叛。與中國遂絕。並復役屬匈奴。……永平中。北虜乃脅諸國共寇河西郡縣。城門晝閉。十六年。明帝乃命將帥北征。……遂通西域。……西域自絕六十五載乃復通焉』

此紀西域通絕年歲。謹嚴詳明。永平七年。正西域受脅匈奴。搆亂猖獗之時。下距十六年之復通。且十歲。安能有遣使經三十六國入印度之時。其不學杜撰。正與攀引張騫同一愚謬耳。卽此一反證。而漢明求法說已根本推翻。無復成立之餘地。

然則王浮曷爲造此說耶。彼不外欲證成其佛陀爲老子後學之說。因佛經中言佛出世。成道。涅槃。皆有六種震動等瑞應。因謂恆星晝現。爲佛

成道之象。强派佛陀爲漢明帝時人耳。故又言漢使至而佛已涅槃也。然則彼又曷爲必託諸明帝耶。則永平八年賜楚王英之詔書。爲其作僞取資之動機。殆可斷言。蓋此詔書。必爲當時佛教徒所最樂稱道。因此不知不覺間將漢明帝與佛教生出關係。僞造故實者。遂因而託之。殊不思彼詔書中「浮屠」「伊蒲塞」「桑門」等新名詞已纍纍滿紙。豈待聞傅毅之對而始知世間有所謂佛耶。

其次踵述此說者。爲東晉初年石虎著作郎王度奏議。有『漢明感夢。初傳其道』二語。(見高僧傳卷十佛圖澄傳)又次則袁宏後漢紀(卷十)云。

『帝夢見金人。長大。頂有日月光。……而問其道。遂於中國圖其形像。』

其言皆極簡單。不過姑沿俗說而已。又次則四十二章經記。記此事漸鋪張擴大矣。此記見梁僧佑出三藏記卷七。注云『未詳作者。』然四十二章經實吳晉間人僞作。(詳下)其記又當在經後。殆出東晉無疑。記云。

『昔漢明皇帝夜夢見神人。……明日問羣臣。有通人傅毅對曰。臣聞天竺有得道者號曰佛。……殆將其神也。於是上悟。卽遣使者張騫羽林郎將秦景博士弟子王遵等十二人至大月氏國寫取佛經四十二章。在十四石函中。』

此記當注意者。則於「使者張騫」外。添出秦景王遵等十二人。又所寫經有四十二章之目。奉使之地。乃易印度爲月氏。殆作此記者較博雅。知張騫僅曾到月氏。未到印度。故毅然矯正前失耶。秦景之名。蓋影射受經伊存之博士弟子秦景憲而漏卻一字。又誤記其官而別造一博士弟子名王遵者。實則羽林郎將。漢家並無此官名也。

復次踵此記而增飾之者。則牟子理惑論也。此論見弘明集卷一。舊題漢牟融撰。實則東晉劉宋間人僞作。(詳下)其敍此事。前半全同四十二章經記。惟改秦景官名爲羽林郎中耳。然此官亦非漢所有也。下半則內容更加擴大。其文云。

『……於大月支寫佛經四十二章。藏在蘭臺石室第十四間。時於洛陽城西雍門外起立佛寺。於其壁畫千乘萬騎繞塔三匝。……』

前記稱「寫取經在十四石函中」。似是指經在彼土藏以石函。至是則忽變爲蘭臺石室第十四間矣。前諸書只言迎取經像。至是則言立寺洛陽。且指其地點矣。復次則梁僧祐出三藏記(卷一)四十二章經條下云。

『……使者張騫羽林郎中將秦景。……於月支國遇沙門竺摩騰。譯寫此經。還洛陽。藏在蘭臺石室。』

此文與前異者。前皆只言「寫取佛經」。至是則寫本變爲譯本。又於使節之外。忽添出一同來之竺摩騰。求法之成績。益增上矣。及梁慧皎作

高僧傳時「漢明求法」之傳說又生變化其攝摩騰傳云

『漢永平中遣郎中蔡愔博士弟子秦景等使往天竺尋訪佛法愔等於彼遇見摩騰要還漢地』

竊思彼時佛徒歷史之學乃驟進居然知張騫與明帝並不同時急急抽換乃杜撰出蔡愔其人者以爲代愔爲大使不可無官也卽以副使之官官之又覺羽林中郎將爲武職非求法使臣所宜也則删削顧之爲「郎中」其尤淹博可佩者居然更知歷年派充副使之秦景其職業實爲博士弟子亟爲之正名定分而將隨員中冒充博士弟子之王遵革去所惜者秦博士向伊存受經時上距永平已七十餘歲垂老而遠行役未免不情耳然以較舊說則已周密數倍後此魏書釋老志歷代三寶記等皆祖述之遂成爲佛門鐵公案矣高僧傳又云

『騰所住處今雒陽城西雍門外白馬寺是也』（攝摩騰傳）

『蔡愔至中天竺時竺法蘭與摩騰共契遊化遂相隨而來會彼學徒留礙蘭乃間行……達雒陽與騰同止……善漢言譯十地斷結……四十二章等經五部』（竺法蘭傳）

使臣歸國之結果初但言賚還經像耳第二步變爲立寺第三步則寺有所在地點第四步則並寺名而有之矣初則言使臣獨歸第二步添出一譯經之摩騰第三步又添出一法蘭第四步則法蘭譯經且多種矣凡此皆作僞進化之跡歷歷可尋者也

漢法本內傳者見唐道宣所撰廣弘明集卷一注云「未詳作者」勘其事狀及文體蓋出於元魏高齊釋道交鬨最烈時其述此事益極荒誕略言

『蔡愔偕摩騰法蘭歸道家積不能平道士褚善信等六百九十人以永平十四年正月一日抗表請比對其月十五日明帝集諸道士於白馬寺使與騰蘭二人賽法道經皆焚燼騰等現種種神通道士費叔才慚死呂惠通等六百餘人出家宮嬪等二百三十人士庶千餘人出家』

嗚呼作僞至此歎觀止矣信如法本內傳所說則當時出家者已盈千累萬而三百年後王度奏事乃謂漢魏之制除西域人外不許出家此等語安能形諸奏牘信如高僧傳所說則摩騰法蘭已大興譯事而下距安世高之來垂百年間無一新譯佛徒之辱其宗不亦甚耶

綜以上所考證吾敢斷言曰漢明求法乃一羌無故實之談其始起於妖道之架誣其後成於愚禿之附會而習非成是二千年竟未有人敢致疑焉吾所以不能已於辯者以非將此迷霧廓淸則佛教發展之階段無由說明而思想進化之公例破矣其有舛失願來哲匡之

附錄二　四十二章經辯僞

藏。中本經標題云。『佛說四十二章經後漢迦葉摩騰同竺法蘭譯。』高僧傳云。『漢地見存諸經。唯此爲始。』此語蓋二千年來佛徒所公認。摩騰之姓。或作竺。或作攝。或作迦葉。此經或云摩騰譯。或云法蘭譯。或云騰蘭同譯。兩人籍貫。或云月支。或云天竺。此皆枝末異說。未有從根本上致疑於其僞者。如吾前文所考證。漢明求法。既羌無故實。騰蘭二人。皆子虛烏有。則此經託命之點。已根本動搖。然則此經果何時代何人所作乎。此問題向佛典目錄學中求之。或可解答一二也。

隋費長房歷代三寶記（省稱長房錄）本經條下云。

『舊錄云「本是外國經抄。元出大部。撮要引俗。似此孝經十八章。」……』

此言此經性質最明瞭。蓋並非根據梵文原本比照翻譯。實撮取羣經精要。摹仿此土孝經老子。別撰成篇。質言之。則乃撰本而非譯本也。然則誰實撰之耶。吾以教理及文體衡之。則其撰人應具有下列三條件。（一）在大乘經典輸入以後。而其人頗通大乘教理者。（二）深通老莊之學。懷抱調和釋道思想者。（三）文學優美者。故其人不能於漢代譯家中求之。只能向三國兩晉著作家中求之。

現存經錄最古者。爲梁僧祐之出三藏集記（省稱祐錄）四十二章經之著錄。即始於彼。原注云。

『舊錄云。「孝明皇帝四十二章。」安法師所撰錄闕此經。』

安法師者。即道安。其所撰錄。即所謂安錄是也（今佚）此經既不著於安錄。則可斷言爲道安所未見。蓋安錄記載極博。雖疑僞之經。猶不闕遺。苟其見之。必當有所論列也。道安與苻堅同時。安既不見此經。則其出固當在東晉之中晚矣。但猶有一事當注意者。祐錄長房錄中所引『舊錄』爲何人所撰。撰者在道安前。抑在其後。若能得其出處。則四十二章之時代可以大明。因此又當牽涉及「經錄研究」。據長房以後諸書所引。有曹魏朱士行著漢錄。其書若眞。則年代在安錄前。然以僧祐博極羣書。何以於此漢錄一無徵引。高僧傳道安傳云。『自漢魏迄晉。經來稍多。而傳經之人。名字弗說。後人追尋。莫測年代。安乃詮品新舊。撰爲經錄。衆經有據。實由其功。』

然則安以前並無著經錄之人。士行安錄之僞託。蓋不待辯。而此所謂「舊錄」者。斷非士行錄。更不待辯。然則道安以後僧祐以前之經錄共有幾種耶。據大唐內典錄所記。有東晉竺道祖衆經錄四卷。有東晉支敏度經論都錄一卷。別錄一卷。有蕭齊王宗經錄一卷。此所謂「舊錄」者。總不能出此三種以外。又考祐錄阿述達經大六向拜經兩條下引「舊錄」。長房錄所引文全同。而稱爲支錄。則凡僧祐所謂「舊錄」。殆即支敏度之經論都錄。若吾所推定不謬。則四十二章經之著錄。實自支錄始矣。支敏度履歷。據內典錄云。『晉成帝時豫章沙門。』其人蓋與道安同時。但安在北。而彼在南。然則此書或即其時南人所僞撰。故敏度見之而道安未見也。敏度又嘗將首楞嚴維摩詰兩經諸家舊譯彙而抄之其序見祐錄中。然則敏度蓋有抄經癖所謂「撮要引俗」者實其專長。或此經即出敏度手。亦未可知也。

尤有一點應注意者長房錄於支謙條下。亦列有四十二章經注云

『第二出與摩騰譯者小異文義允正辭句可觀見別錄』

此別錄即支敏度之衆經別錄（其他經錄無以別名者）然則度所編集有兩本矣。此經理趣文筆皆與支謙諸書系統相近。指爲謙作。亦近情理。

要之此書必爲中國人作而非譯自印度。作者必爲南人而非北人。其年代最早不過吳。最晚不過東晉。而其與漢明無關係。則可斷言也。

今當研究佛教初輸入地之問題。—向來史家爲漢明求法所束縛。總以佛教先盛於北。謂自康僧會入吳。乃爲江南有佛教之始。高僧傳卷一康僧會傳 其北方輸入所取途則西域陸路也。以漢代與月支罽賓交通之跡考之。吾固不敢謂此方面之灌輸絕無影響。但舉要言之。則佛教之來。非由陸而由海。其最初根據地不在京洛而在江淮。漢武帝刻意欲從蜀滇通印度。卒歸失敗。然非久實已由海道通印度而不自知。蓋漢代黃支即大唐西域記中西印度境之建志補羅國。時以廣東之徐聞合浦爲海行起點。以彼土之已程不爲終點。賈船轉相送致。（注一）自爾以來。天竺大秦貢獻。皆遵海道。（注二）凡此皆足證明兩漢時中印交通皆在海上。其與南方佛教之關係蓋可思也。

（注一）漢書地理志云『自日南障塞徐聞合浦（案皆今縣名）船行可五月。有都元國。又船行可四月。有邑盧沒國。又船行可二十餘日。有諶離國。步行可十餘日。有夫甘都盧國。自夫甘都盧船行可二月餘。有黃支國。……自武帝以來皆獻見。有譯長。……蠻夷賈船。轉送致之。……平帝時王莽厚遺黃支王令遣使送生犀牛。自黃支船行可八月到皮宗。船行可八月到日南象林界云。黃支之南有已程不國。漢之譯使自此還矣』右所列國名。除黃支外皆難確考其今地。大約皆在南洋羣島錫蘭及南印度境也。官書中紀其行程。則交通已頗頻繁。蓋可想見。

考中國對外關係之沿革者最當留意也

（注二）後漢書西域傳天竺國條下云『和帝時數遣使貢獻後西域反畔乃絕桓帝延熹二年四年頻從日南徼外來獻』又大秦國條下云『桓帝延熹九年大秦王安敦遣使自日南徼外獻象牙犀角瑇瑁』安敦即羅馬皇帝 Antony 也此皆中國海通最古之史蹟

楚王英奉佛固屬個人信仰然其受地方思想之薰染蓋有不可誣者我國南北思想兩系統在先秦本極著明北方孔墨之徒雖陳義有異同然其重現世貴實行則一南方自楚先君鬻熊相傳已有遺書為後世道家所祖老莊籍貫以當時論固南人也其治學則尚談玄其論道則慕出世戰國末大文學家屈原其思想之表現於遠遊諸篇者亦與老莊極相近蓋江淮間學風與中原對峙由來久矣西漢初淮南王安受封故楚與其地學者蘇飛李尚輩講論成淮南鴻烈解傳於今集道家言之大成焉然則在全國各地方各民族中惟江淮人對於佛教最易感受對於佛學最易了解固其所也中印交通樞紐本在廣東但其時學人太蒙昧未能任此高尚教理之媒介漢武平南粵後大遷其人於江淮（漢書南越傳）此後百數十年中粵淮間交通當甚盛故渡海移根之佛教旋即播蒔於楚鄉此事理之最順者而楚王英奉佛即此種歷史事實最有力之暗示也

尤有一事當注意者後漢書陶謙傳稱『丹陽（今鎮江）人笮融在徐州廣陵（今揚州）間大起浮屠寺上累金盤下為重樓……作黃金塗像……每浴佛輒多設飲飯布席於路其有就食及觀者且萬餘』融與曹操同時其人為南人其所治地為南土其時佛塔之建造佛像之雕塗佛徒之供養如此奢麗此雖半由本人之迷信然以歷史家眼光觀之謂其不受社會環境幾分之示唆焉不可得也

楚王英前後之佛教度不過極粗淺之迷信譚耳於後此教宗之建設不能謂有多關係其眞為佛教理的輸入

者。不得不首推安世高。世高爲譯經之第一人。其書傳於今者。眞僞合計。尚三十餘種。其爲中國佛教開山之祖。固無待言。舊說皆謂世高譯業在洛陽。然按諸高僧傳本傳。則世高在廣州在豫章在荊州在丹陽在會稽皆有遺跡。淮以北則無有。（注一）且爲高襄譯者實臨淮人嚴佛調。（注二）以吾之武斷。竟欲謂高譯諸經。皆南方也。倘以上所推測不甚謬。則我國佛教。實先從南方得有根據。乃展轉傳播於北方。與舊籍所傳者。適得其反矣。

（注一）安世高傳記。幾純屬神話的性質。頗難悉認爲史料。即其年代。非無可徵信。通常之說。謂爲漢桓帝時入中國。然有謂晉時猶生存者。又有謂彼前身死於廣州。再世爲安息王太子重來中國者。高僧傳博采衆說。言世高曾兩到廣州。曾往廬山度䢼亭廟神。曾在荊州城東南隅立白馬寺。曾在丹陽立瓦官寺。最後卒於會稽。其史蹟多詭誕。不可盡信。然以情理度之。世高蓋從海道來。在廣東登岸。經江西北上。而在江淮間最久。江左人士受其感化甚深。故到處有其神話也。世高原籍安息。（今波斯）時中印海運業。皆在安息人手。世高遡海來。最近於事實。

（注二）嚴佛調所襄譯事。或云安世高。或云安玄。然吾頗疑並無安玄其人者。或即世高之異名耳。

據上所述。則佛教實產育於老莊學派最發達之地。思想系統聯絡之跡。隱然可尋。故永平詔書。襄楷奏議。皆以黃老浮屠並舉。蓋當時實認佛教爲黃老之支與流裔也。其蔚爲大國。則自魏晉以後耳。

然則北方佛教。果以何時始發展耶。吾所揣測。則翻譯界第二座明星支婁迦讖。實其濫觴。讖以漢靈帝時至洛陽。各書記載。皆無異說。其襄譯者孟福張蓮。皆洛陽人。更足爲其譯業在北之鐵證。（看梁高僧傳本傳）即以翻譯文體論。安高略採意譯法。其文較華。支讖純採直譯法。其文極樸。讀高書則與老莊學每起聯想。覺其易入。讀讖書。苦不易索解。但覺其非我所固有。吾於初期兩大譯家。覘我民族兩種氣分焉。

歐人分印度佛教爲南北宗。北宗指迦濕彌羅健陀羅所傳者。南宗指錫蘭所傳者。因習聞中國佛教出西域。遂指爲北宗所衍。歐人此種分類。吾本不以爲然。但即如彼說。吾國亦兩宗兼承。海通傳南。陸通傳北。而南宗之來。且視北爲蚤焉。以現存譯本論。世高所譯。皆阿含中單品及上座部所傳禪定法。其與錫蘭之巴利藏經同一系統甚明。支讖所譯。皆華嚴般若寶積中單品大乘最昌時那爛陀派所誦習也。故初期兩譯師實足爲兩宗代表也。顧吾於兩宗之說。素不心折。但藉此驗時代先後。明彼我思想駢進之狀況而已。(注一)

(注一)漢明求法說雖不足信。但其所依附各事蹟。自必屬於初期傳說。因此轉可以證明佛教之自南而北。彼言明帝所夢爲「金人」。然以近世學者所考證。北印度佛像無塗金者。「金人」說殆因笮融造金像而起。此南印度案達羅派之雕塗也。又言蔡愔齎來之佛像爲「倚像」。倚像明屬西印度系統。若北方犍陀羅所造。則皆立像也。又言「西雍門外之佛寺。千乘萬騎。羣象繞塔」。此明屬西印南印之圖案也。以上區別。今世印度美術專家多能言之。吾因此益信漢魏間佛教。皆歐人所謂南宗也。

兩晉以降。南北皆大師輩出。(此指中國之南北非印度之南北)但衡大勢以相比較。北方佛教。多帶宗教的色彩。南方佛教。多帶哲學的色彩。北人信仰力堅。南人理解力强。北學尙專篤。南學尙調融。在在皆足以表風氣之殊。而各宗派之能紛呈其特色。以光飾我思想史。亦未始不由此也。

佛教在漢代。雖漸得一部分人之信仰。然正式出家。猶爲功令所禁。苻堅時著作郎王度奏云。『漢初傳其道。唯聽西域人得立寺都邑。以奉其神。其漢人皆不得出家。魏承漢制。亦循前軌。』(梁高僧傳卷十佛圖澄傳引)此與唐貞觀間許景教徒阿羅斯立大秦寺事同一律。蓋我國歷代相傳「懷柔遠人」「不易其俗」之政策也。至於本國人之信仰。則尙加以限制。歷代三寶記卷三年表中於魏甘露五年條下注云。『朱士行出家。漢地沙門之始。』甘露五年下距晉之篡魏僅四年耳。則謂此禁至晉始開焉可也。要之秦景憲爲中國人誦佛經之始。楚王英爲中國人祀佛之始。嚴佛調爲中國人襄譯佛經之始。笮融爲中國人建塔造像之始。朱士行爲中國人出家之始。初期佛門掌故信而有徵者不出此矣。

最後尤有一事當置辯者即所謂牟子理惑論也。此書舊題漢牟融撰。若不謬者則漢代佛教可云已極光大。而本章所考證皆爲多事。但吾終不信此書爲漢人著述。故未敢以此遽易吾說也。

附錄三　牟子理惑論辯僞

理惑論三十七章。全文見梁僧祐弘明集卷一。題漢牟融撰。附注云『一名蒼梧太守牟子博傳。』隋書經籍志子部儒家類有牟子二卷。注云『後漢太尉牟融撰』。殆即是書。融字子優。不字子博。後漢書有傳。其爲太尉在明帝永平十二年。史不稱其有著書。本書稱『孝明皇帝云云』。其決非太尉融所撰。更不俟辯。即謂漢末有同姓名者。然書中自序稱『靈帝崩後……牟子將母避世交趾。年二十六歸蒼梧娶妻。太守謁請署吏』。則蒼梧平民。非太守也。故僅就原書標題論。已支離不可究詰。序中又言笮融事。而文義不相屬。竊疑此書爲東晉劉宋間人僞作。初託諸笮融。或以笮字形近轉譌爲牟。或因笮融不得其死。傳此書者欲別依託一有令譽之人。偶見後漢名融者有一牟太尉。又事熱心求法之明帝。與佛有緣。遂展轉嫁名於彼。此所推測。雖不敢必當。要之後漢初之牟融決未嘗著理惑論。而後漢末並無牟融其人者。則可斷言也。

此書文體一望而知爲兩晉六朝鄉曲人不善屬文者所作。漢賢決無此手筆。稍明文章流別者自能辨之。其中更有數點最足證明僞跡者。

(一)原文云『僕嘗遊于闐之國。數與沙門道士相見。』考後漢書西域傳『于闐自王敬矯命造亂被戕。桓帝不能討。自此與中國絕。』靈獻之交。中國人安得遊于闐。此必在朱士行西行求法以後。于闐交通盛開。作僞者乃有此言耳。

(二)原文云『今沙門剃頭』。『今沙門既好酒漿。或畜妻子』。漢魏皆禁漢人不得出家。靈獻時安得有中國人爲沙門者。據此文所述。僧徒風紀已極敗壞。必在石趙姚秦極力提倡舉世風靡之後。始有此現象耳。

(三)原書凡三十七章。自云『吾覽佛經之要有三十七品。故法之焉』。佛經皆譯「章」爲「品」。作僞者乃竊取斯義。考「三十七品」之名。始見於維摩詰經之佛國品。乃四念處。四正勤。四如意足。五根。五力。七覺支。八正道之總名。亦名三十七法。非篇章之謂也。作僞者耳食誤用。殊爲可笑。抑可證其書出支謙羅什所譯維摩盛行之後矣。

(四)原文云『世人學士多譏毀佛法。』後漢人著述亡佚雖多。其傳於今者亦不少。至如單篇零札。裒而錄之。可逾千篇。除襄楷奏議外。吾未見有一語及佛法者。王充論衡。專以批評爲業。亦未齒及。此實漢代士夫不知有佛學之明證。既無聞見。安有毀譽。此作僞者。道晉宋閒情狀耳。

此書斷斷辨夷狄之敎非不可用。此蓋在顧歡夷夏論出世前後。其他辨毀容。辨無後。皆東晉間三教辯爭之主要問題。而作此書之人。頗以調和三敎爲職志。亦正屬彼時一部分之時代精神。故斷爲晉後僞書。當無大過。但理既膚淺。文復靡弱。其價值又出四十二章經下矣。

惟有一事足資旁證者。著書之地。託諸交趾。原序云『時交趾差安。北方異人。咸來在焉。』此或爲漢末交趾佛教頗盛之一種暗示。蓋當時中印交通。實以日南爲孔道也。

飲冰室專集之五十三

印度佛教概觀

印度史蹟與佛教之關係

無論若何高邃之宗教。要之皆人類社會之產物也。既爲社會產物。故一方面能影響社會。一方面又恆受社會之影響。此事理之無可逃避者。佛教有二千餘年之歷史。有東西數十國之地盤。其播殖於五印以外者。順應各時代各地方之社會情狀。爲種種醇化蛻遷。固無待言。卽以印度本境論。幅員既如彼其遼廣。種族既如彼其複雜。文化既如彼其繁榮。則佛教在彼土千餘年間之分合盛衰。必與其政治上學藝上有相應相倚之關係明矣。然而徒以印人歷史觀念缺乏。至今竟無一完備之信史足爲依據。而佛教徒亦向不以此爲意。故無得而徵焉。然而佛教自佛滅度後。循機體發育之公例。爲不斷的進化蛻分。其間或榮或悴。經無數波折。卒乃滅絕而遷化於他方。此既章章不可掩之事實。苟非略察其社會變遷之跡。則此種現象殆無由說明。而其所輸入中國之教理。何故有種種異相。亦無由知其淵源所自。吾故先爲此章。刺取印度政治上大事與佛教有密切關係者。述其概要。俾學者得一簡明概念。爲研究佛教宗派史之預備焉。

佛陀在世布教之跡。略同孔子。孔子轍環所及。在黃河下游齊魯宋衛約千里間。南極蔡楚而止。佛陀亦然。其足跡所及。在恆河下游摩竭陀憍薩羅迦尸憍賞彌數國。約千里間。南極膽波而止。約當今之孟加拉省而因緣最深者。則摩竭陀之王舍城（竹林精舍所在）憍薩維之舍衛城（給孤獨園所在）迦尸之婆羅奈城（鹿苑所在）此諸地方實當時印度人口最密之處。而文化之中心也（至今猶然）就中王舍城最爲主要舍衛次之而此二地則外道之窟穴也（注一）佛教首立根據於此可謂力爲其難而後此佛教與外道軋轢不絕且彼此思想常迭相爲影響則亦以此。

（注一）當時最有力之耆那教——即尼犍子其教祖與摩竭陀王室有血統關係久爲該王族所歸依事見阿闍蘭伽經及刼波經。

王舍城之竹林精舍本尼乾子教徒所居頻毗婆羅王及迦蘭陀長者驅逐尼乾施與釋尊事見曇無德律及西域記。

據以上史實可知佛教未興以前此地外道之盛中間雖被佛教奪作根據然非久旋復滋長迦膩色迦王之「第四結集」本議在王舍城舉行而脇尊者謂『彼多外道異論糾紛』（見西域記）知其地已復爲外道所蟠矣。

舍衛之給孤獨園——即祇洹精舍爲長者須達所施須達初請佛往佛謂『舍衛城中人多信邪難染聖教』後徇其請使舍利弗先往經營外道六師羣起攻難其國王請舍利弗與彼角術勝之乃得建立事見賢愚因緣經。

佛滅度時摩竭陀王爲阿闍世其人本弒父篡國之惡徒且常黨於耆那與佛爲難然當佛滅前已悔罪歸依（據阿闍世王經）故有名之「第一結集」（詳次章）即在王舍城舉行其後阿闍世戰勝波斯匿兼併憍薩羅拓境西至摩偷羅西南至阿槃提東南至鴦伽（即今之印度首都加拿吉打所在地）奄有五河全城（恆河所受五河）王既信佛故佛教亦隨其政治勢力而擴張因擴張之結果而地方的派別漸生。

佛滅後百五十二年（西紀前三二七）有一事爲印度文化史上所宜特筆大書者則亞歷山大大王之大軍侵入是也大王軍力所及雖僅在印度河流域其時間雖僅十二年然印度希臘兩文化系之接觸實自茲始時大王領土奄有波斯及中亞細亞逮大軍退出挾印度文明之一部分以爲歸贐佛教之入西域此其遠因且自茲役後犍陀羅迦濕彌羅一帶已漸受希臘思想之濡染而此兩地實爲後此佛教之中樞故佛教在同一根本原理之下爲

多方面之發展．其受外來文化之戟刺．不可誣也．

西北部之客軍方退．而中部之內爭旋起．時則有所謂四惡王者．日尋干戈．破壞塔寺．殺戮比丘．一般人民．固受塗炭．而佛教受創特甚．（注一）至佛滅後二百十九年．（西紀前二六六）阿育王卽位．教乃中興．

（注一）四惡王事見雜阿含經卷二十五．南釋迦王．北耶槃那王．西鉢羅婆王．東兜沙羅王．其年代在希臘軍侵入前抑在其後．尙難確考．

阿育王 Asopa 爲佛教最有力之護法者．稍治佛學之人類能知之．（注一）其祖父旃陀羅鞠多．當亞歷大軍退出後．蹶起西北．逐希臘人所置將帥．旋龕定四惡王．統一中印度．建立所謂孔雀王朝者．再傳至阿育．國勢益張．南滅羯餕伽．西服犍陀羅．五印役屬．餘威且及域外．而奠都於摩竭陀之華氏城．（亦稱波鳌吒子城在王舍城西約二百里佛在世時所常游處也）既厭征伐．遂皈正法．時則有目犍連帝須 Moggaliputta Tissa 者．實爲國師．爲王立種種關於宗教上之設施．既在華氏城舉行「第三結集」．調和上座大衆兩部之爭．（注二）更派遣宣教師於國內外．大舉弘法．其布教區域及教師名．具見善見律毘婆沙中．（注三）其今地名略可考定者如下．

罽賓及犍陀羅吒	迦溼彌羅及阿富汗南部
摩醯娑慢陀羅	南印度奇士拿河一帶
婆那婆私 阿波蘭多迦 摩訶勒吒	……此三地難確指大約皆印度邊境
臾那世界（希臘人領土	阿富汗及中亞細亞

雪山邊國　　尼波羅（廓爾喀）

金地圖　　緬甸（或馬來半島）

師子國　　錫蘭島

近歐人治梵學者。發見阿育王石刻二十餘種。（注四）內中一小摩崖有『派宣敎師二百五十六人』一語。據此可知善見律所紀。蓋爲未盡。又其摩崖最大者七處。皆刻詔書十四通。其第十三通中有云。

『王卽位第九年。征服羯餕伽 Kalinga……歸依正法流布佛敎……王以爲最上之勝利。正法之勝利也。此勝利行於王之領域。又遠及於六百由旬外之鄰邦。若臾婆那 Yavana（卽臾那）王安捺歌 Antiyoko 之國。調拉馬耶 Turamaya 安忒尼 Antikini 馬加 Maka 亞歷加達拉 Alikasudara 四王之國。南及初拉 Colu 槃耶 Tandya 瞻波槃尼 Tamba-pani（錫蘭）諸國。又王之領域內……諸地所至皆受王使之宣說隨順正法……』

此碑文中所舉外國之諸王。正可爲善見律之臾那世界作注脚。蓋臾婆那者。當時印度人呼希臘人以此名。此諸王者。皆亞歷山大諸將之胤也。以近今學者所考定。則安捺歌卽叙利亞王安德歌士 Antiochos（西紀前二六一—二四六領有叙利亞及西亞細亞）其調拉馬耶卽埃及王德黎彌 Ptolemy 二世（前二八五—二四七）其安忒尼卽馬基頓王安特哉拿士 Antigonas 二世（前二七八—二三九）其亞歷加達拉卽歐比羅王亞歷山大（前二七二—二五八）據他處摩崖所刻。尙有『王國所屬與那世界』一語。似此諸王當時皆對於阿育修職貢者。故得自由布敎於其境內也。據此則阿育王與佛敎關係之鉅。可以想見。前此佛敎所被。僅在五河——中印東印之境。（注五）至是不惟普逮全印。更北抵雪山之尼波羅東漸緬甸．及馬來半島．南渡海入錫蘭．西北出阿富汗至中亞細亞．極西踰波斯散布地中海東岸．且延及非洲之埃及．至是而佛教始含世界性矣．

（注一）阿育王事蹟．今藏中有西晉安法欽譯之阿育王傳．梁僧伽婆羅譯之阿育王經．可供史料．其餘帶神話性質散見各書者甚多．相傳王造八萬四千塔．中國境內亦有之．事固絕不可信．亦可見其勢力深入人心也．

（注二）「第三結集」事．僅見善見律．謂目連帝須爲上座選一千比丘．仿大迦葉故事．集法藏律藏．然阿育王經傳及石刻．皆不言此事．是否傳信．未敢斷言．上座大衆之諍詳次章．

（注三）善見律毘婆沙卷三．『爾時於波利吒弗國集毘尼藏竟．目犍連子帝須作如是念．「當來佛法何處久住．」即以神通力觀看．當於邊地中興．於是帝須語諸長老．「汝等各持佛法至邊地豎立．」……即遣大德末闡提至罽賓犍陀羅國．摩訶提婆至摩醯娑末陀羅國．勒棄多至婆那婆私國．曇無德至阿波蘭多迦國．摩訶曇無德至摩訶勒吒．摩訶勒棄多至臾那世界．末示摩至雪山邊國．須那迦鬱多羅至金地國．摩哂陀鬱帝夜參婆樓跋陀至師子國．各豎立佛法．』

（注四）阿育王石刻之研究．創自英人勃雷涉 James Prinsep 因印度古錢有希臘印度二體書．以希讀梵．始能了解．始知所銘刻者．皆阿育振興佛教之成績．於一八三七年公布其研究之結果．爾來陸續發掘．所得石刻文凡七種．其樹立地散在二十餘處．至今治印度史者以爲瓌寶焉．

（注五）據善見律．則罽賓佛教．似亦由阿育王傳播．但他書所記．則佛滅百餘年間．罽賓佛教似已確立．而所派之末闡提．似非阿育時人．（說詳第三篇佛教與西域章）果爾則前此佛教已擴於西北矣．兩說未知孰是．

自茲以後．佛教應邊地中興之讖．分南北兩路進展．北路經西域入中國．南路獨盛於錫蘭．而印度內地亦以教區日恢．地方色彩益分明．宗派部執．蠭起并作．詳次章 阿育殂落後百餘年——約當西紀前二世紀．有婆羅門種之武將弗密多羅者．覆孔雀王朝．仇虐佛徒．自是中印度之佛教寖衰．

護法人王之最有力者。前推阿育。後則迦膩色迦。而介乎其間者。尚有一彌蘭。Milinda 彌蘭王。希臘人也。其先代已侵入北印度之舍竭。臨信度河而居。王嗣位約當西紀前百五十年。勢力已漸進至恆河流域。聞龍軍 Nagasena 論師之教。皈依佛法。（注一）希臘人奉佛之確鑿有證者。王其首也。蓋至是而印希兩文化已由交互而漸趨融合矣。中印佛教頹勢。得此似亦稍振。

（注一）彌蘭王事蹟。見那先比丘經（二卷東晉譯）那先為那伽犀那之省譯。義即龍軍。實初倡大乘之一大論師也。此經即載那先與彌蘭問答。發端敘彌蘭履歷云『生於海邊為國王太子』篇中記『那先問王本生何國。王言我本生大秦國。國名阿荔散』「阿荔散」即「亞歷山大」之對音。其國蓋以亞歷山大王得名。舍竭即西域記之奢羯羅。梵文 Cakala 巴利文 Sagala 即礫迦國故城。東據毘播奢河。西臨信度河。蓋迦濕彌羅東南境一大國也。那先比丘經。今錫蘭之巴利藏亦有之。名為 Milinda—panpa 近有英譯本。名為彌蘭王問經 The Evestion of King Milind 歐人研究印度古錢。得此王錢多枚。皆印希文並用。刻有「護法王」字樣。因其錢知為西紀前約百五十年人。又知其曾占領五河地方。

迦膩色迦王。蓋佛滅後第七百年——西歷第二世紀初期之人。以月氏種而王印度者也。（注一）月氏本我甘肅邊陲一游牧族。當漢初時。轉徙度蔥嶺。奪希臘人舊領地。百餘年間。漸次南下。成一大王國。都健陀羅。進據迦濕彌羅。遂為印度共主。其史蹟略見於兩漢書西域傳。（參看第三篇佛教與西域章）而迦膩色迦。則全盛時代之王也。當西歷紀元前後。佛教中心。已由中印移於西北。而健陀羅迦濕彌羅。實為之樞。此兩地既與歐西接觸頻繁。文化性質。頗極複雜。且中印屢經喪亂。重以外道壓迫。教宗耆宿。相率避地北來。故當時號稱佛教正統派之薩婆多部。即以迦濕彌羅為根據。迦膩色迦王在此種環境之下為治統者。自然對於佛教。當生信仰。其事業之最足紀者。則迦濕彌羅之「第四結集」。今所傳大毘婆沙論二百卷。（玄奘譯）即成於是時也。（詳次章）迦膩色迦與脇尊者馬鳴菩薩同時。時大乘已漸興。王一面崇禮正統派之薩婆多部。一面又建迦膩色迦寺。供養大乘僧。自茲以後。龍樹提婆繼起。佛教如日中天矣。此王遠祖旣發祥中國。當其全盛時。葱嶺內外諸國。咸役屬之。故於佛教東漸之因緣。關係最鉅焉。（詳第三篇）

（注一）迦膩色迦王事蹟見於漢籍者。大唐西域記最詳。雜寶藏經。大莊嚴經。大毘婆沙論。僧伽羅剎所集經等。皆有記載。而十三世紀時一蒙古人名多拉那陀 Tarunatha 者。著印度佛教史（原本用西藏文一八六九年譯成德文）述「第四結集」事。與西域記略同而加詳焉。惟其年代則異論繁滋。如西域記卷三則謂當佛滅後第四百年。阿毘曇八犍度序謂當六百餘年。僧伽羅剎經謂當七百年。近來歐人研究印度古錢。發見月氏諸王遺幣甚多。再以比附漢書後漢書西域傳中月氏諸王之名氏。愈益糾紛。至今在歐洲考古學界成一大問題。異說不下二十餘種。以吾所見則八犍度序六百餘年之說。最爲近是。容當別著專篇論之。

佛滅後第九百年之初——西紀三一九年。笈多王朝 Gupta 之毘訖羅摩秩多 Vikramaditga 王。（唐言超日）統一全印。威力不讓阿育。此王崇信毘濕拏教。頗祖外道。致世親之師如意論師含憤而死。事見西域記（卷二）及婆藪槃豆傳（眞諦譯）然其末代之王。似已有皈依佛教者。（注一）

（注一）近發見一石刻。有笈多百六十五年（西四八四）字樣。其題名爲佛陀笈多。似此朝之後王。已皈依佛教。（井上哲次郎印度宗教史四九六）

讀玄奘之西域記。義淨之南海寄歸傳。當能知隋唐時代之中印度有所謂那爛陀 Nalanda 寺者。學徒極盛。實爲佛教之中心。（注一●二）寺在王舍城北三十餘里。與佛教發祥地之竹林精舍相附近。知其時佛教中心。復歸於摩竭陀矣。此寺據西域記。謂佛滅後不久。卽以設立。然法顯遊印。當西歷五世紀初。其遊記敍摩竭陀諸寺頗詳。獨不及那爛陀則知此寺必興於我國六朝間矣。要之佛滅後千年至千二百年間中印佛敎復大盛。即據那爛陀歷史可以證明之。

(注一)大唐西域記卷九云。『那爛陀大伽藍僧徒數千。並俊才高學也。……請益談玄。竭日不足。夙夜警誡。少長相成。……異域學人欲馳聲問。咸來稽疑。……欲入談議門者。詰難多屈而還。學深今古。乃得入焉。…… 明德哲人。聯暉繼軌。至如護法護月振芳塵於遺敎。德慧堅慧。流雅譽於當時。光友之淸論。勝友之高談。智月則夙鑒明敏。戒賢乃至德幽邃。若此上人。衆所知識。……述作論釋各十數部並盛流通』讀此可知當時那爛陀之盛況。著名大師皆出此間也。

(注二)南海寄歸義法傳云。『至如那爛陀寺人衆殷繁。僧徒數出五千。造次難爲羣集。寺有八院。房有三百』……此義淨所記。距玄奘時又後數十年。其盛猶如此。可知此寺實有三百餘年全盛之歷史也。

當第七世紀上半期——佛滅後千一百餘年時。摩竭陀共主爲戒日王——即尸羅阿迭多。蓋代笈多朝而興者。玄奘在印學成。而戒日實爲其檀越。嘗廣集四方學徒。使與奘辨難。奘立「眞唯識量」。王懸諸國門。衆莫能詰。其詳具見慈恩傳。迦膩色迦以後。護法之勤。當推此王矣。

中部正敎復興。而餘部轉更變衰。西北迦濕彌羅一帶。前此大德輩出。至七世紀以後。漸爲溼婆敎耆那敎所占領。多剽竊佛敎敎理儀式以亂眞。(注一)東南諸地。亦外道猖獗。僧徒受其影響。佛敎變爲祕密迷信的性質。詳次章　義淨西遊時。八世紀初唐武后時 佛敎衰微已見端矣。

(注一)西域記卷三摩訶補羅國條下云。『有白衣外道。……傍建天祠。其徒苦行。……本師所說之法。多竊佛經之義。隨類設法。擬則軌儀。……律行頗同僧法。唯留小髮。加以露形。或有所服。白色爲異。……其天師像。竊擬如來。衣服爲差。相好無異』

今據大唐西域記製爲左表。覘當時佛敎外道勢力比較焉。

第七世紀佛滅後第五千二百年印度諸國敎勢分布表

國名	面積	佛法 概況	佛法 寺數	佛法 僧數	佛法 宗派	外道 天祠	外道 人數	外道 宗派
北印度								
濫波	千餘里		十餘	寡少	大乘	數十		
那羅曷羅	六百里	崇敬佛法				無		
健馱羅	千餘里	少信正法				百數		雜
烏仗那	五千里	崇重佛法	千四百	萬八千	多大乘	十餘		雜
鉢露羅	四千里		數百	數千				
呾叉始羅	二千里	伽藍雖多荒蕪已甚		寡少	大乘			
烏剌尸	二千里			寡少	大乘			
迦濕彌羅	七千里	邪正兼信	百餘	五千		頗多		
磔迦	萬餘里	少信佛法	十			數百		
至那僕底	二千里	信兼邪正	十		一切有部	八		
闍爛達羅	二千里		五十餘	二千餘	大小乘兼	三	五百餘	塗灰派
屈露多	三千里		二十餘	千餘	多大乘	十五		雜
設多圖盧	二千里	敦信佛法	十數					
波理夜呾羅				寡少	小乘	十數	千餘	
秣菟羅	五千里		二十餘	二千餘	大小乘兼	五		
婆羅吸摩補羅	四千里	邪正雜信	五	寡少		十餘		

境	鉢伐多	五千餘		十餘	千餘	大小乘兼	二十		
	弗栗恃	四千里	少信佛法	十餘	減千人		數十		
中印	薩他泥溼伐羅	七千里		三	七百	小乘	百餘	甚多	
	窣祿勒那	六千里		五	千餘		百餘	多	貴藝學尙福慧
	秣底補羅	六千里		十餘	八百	多小乘	五十		
	瞿毘霜那	二千里		二	百餘		三千餘		求現在樂
	堊醯掣呾邏	三千里		十餘	千餘	小乘正量部	九	三百	事自在天
	毗羅刪拏	二千里		二	三百		五	多	
	劫所他	二千里		四	千餘	大乘	十		事自在天
	羯若鞠闍	四千里	邪正相半	百餘	萬餘	大小乘兼	二百餘	數千	雜
	阿踰陀	五千里		百餘	三千	大小乘兼	十	寡少	
	阿耶穆佉	二千餘		五	千餘	正量部	十		
	鉢邏那伽	五千里		二	少		數百	極多	
	憍賞彌	六千里	伽藍傾頽荒蕪	十餘	三百	小乘	五十	多	
	鞞索迦	四千里		二十餘	三千	正量部	五十餘	多	
	室羅伐悉底（即舍衞）	六千里	伽藍數百圮壞殆盡		寡少	正量部	百餘	甚多	
	迦毘羅衞	四千里		一	三千	正量部	二		雜

（中印）度境								
婆羅痆斯	四千里		三十餘	三千	正量部	百餘	萬餘	事自在大
戰主	二千里		十餘	減千人		二十		雜
吠舍釐	五千里	伽藍數百多圮壞	三五	稀少		數十		露形派
尼波羅	四千里	少信	十餘	減千		數十		
摩揭陀	五千里	尊敬佛法	五十餘	萬餘	多大乘	數十	甚多	
伊爛拏鉢伐多	三千里		十餘	四千	正量部及一切有部	二十		雜
瞻波	四千里	伽藍多傾毀		二百	小乘	二十		雜
奔那伐彈那	四千里	俗好學	二千餘	三千	大小乘兼	百所		露形及尼乾
憍薩羅	六千里	邪正兼信	百餘	萬人	大乘	七十		
摩醯溼伐羅補羅	三千里	不信佛法				數十		塗灰派
東印度境								
迦摩縷波	萬餘里	不信佛法無一迦藍有淨信者竊念而已				數百	數萬	
三摩呾吒	三千里	邪正兼信	三十餘	二千	上座部	百所		露形尼乾
耽摩栗底	千餘里	邪正兼信	十餘	千餘		五十餘		
羯羅拏蘇伐剌那	四千五百里	邪正兼信	十餘	二千	正量部	五十餘	多	
烏荼	七千里	多信佛法	百餘	萬餘	大乘	五十		
恭御陀	千餘里	不信佛法				百餘	萬餘	

南印度境	羯餕伽	五千里	少信正法	十餘	五百	上座部	百餘		尼乾
	案達羅	三千里		二十餘	三千餘		三十餘	亦多	
	歇那羯磔迦	六千里	伽藍鱗次荒蕪已甚	現存二十餘	千餘	大乘	百餘	甚多	
	珠利邪	二千四五百里	伽藍頹毀粗有僧徒				數十		露形
	達羅毘茶	六千里		百餘	萬餘	上座部	八十餘		露形
	秣羅矩吒	五千里	伽藍故基實多有者甚少		甚少		數百	甚多	露形
	恭建那補羅	五千里		百餘	萬餘	大小乘兼	百數	甚多	
	摩訶剌佗	六千里		百餘	五千	大小乘兼	百數	甚多	
	跋祿羯呫婆	二千里		十餘	三百	上座部	十餘		
	摩臘婆	六千里		數百	二萬餘	正量部	數百	甚多	塗灰
	阿吒釐	六千里	不信佛法				千餘		雜
	契吒	三千里			千餘	大小乘兼	數十	衆多	
	伐臘毘	六千里		百餘	六千餘	正量部	數百	甚多	
	鄔闍衍那	六千里	舊伽藍數十	現存三五			數十		雜
	擲枳那				少		十餘	千餘	
	蘇剌侘	四千里		五十餘	三千餘	上座部	百餘		
西	瞻折羅	五千里	少信佛法	一	百餘	一切有部	數十	多	

印度境								
信度	七千里	深信佛法	數百	萬餘	正量部	三十餘		
茂羅三部盧	四千里	少信佛法	多圮	少			多	拜日
阿默婆翅羅	五千里	敬崇三寶	八十餘	五千餘	正量部	十		塗灰
狼揭羅	萬餘里		百餘	六千	大小乘兼	數百	極衆	塗灰自在天
臂多勢羅	三千里	淳信	五十餘	三千	正量部	二十		塗灰
阿軬荼	二千里	淳信	二十餘	二千	正量部	五		塗灰
伐剌拏	四千里		數十多荒圮	三百	大乘	五		塗灰

讀此表。可見當時佛教在各地。已不敵外道。其外道之尤盛者。則塗灰（卽吠檀多派計有自在天者）露形（卽尼乾子亦卽耆那亦卽無慚外道）兩派。殆與佛徒三分天下。而佛教昔盛今衰之跡。亦歷歷可見。如寶羅伐悉底（卽舍衛）爲祇洹精舍（卽給孤獨園）所在地。如婆羅痆斯（卽波羅奈）爲鹿苑所在地。如迦毘羅衛。爲佛生地。如憍賞彌爲佛常遊地。如迦濕彌羅健陀羅爲佛滅後五六百年間佛教中心地。如吠舍釐爲「第二結集」所在地。其時殆皆已淪於外道。歷史上聖境猶存其故者。僅摩揭陀之王舍城而已。

西歷八世紀中葉。印度佛教始日就衰頹。蓋吠檀多派之商羯羅 Sankara 採佛教教理之一部分以中興婆羅門舊教。既投俗尚。趨之者衆。而佛教徒亦日陷於迷信。不復能自張其軍矣。及西一千二百年（約佛滅後千七百年）回教徒蹂躪全印。燒蕩伽藍。屠戮僧侶。佛教在印度者。自是無孑遺。而像末餘暉。乃在震旦也。

飲冰室專集之五十四

佛陀時代及原始佛教教理綱要（原題印度之佛教）

劉先生爲諸君講史。正講到印度部分。因爲我喜歡研究佛教。請我代講「印度佛教」一章。可惜我所有關於佛教的參考書都沒有帶來。而且爲別的功課所牽。沒有時間來做較完密的講義。現在所講很粗略。而且還許有不少的錯誤。只好待將來改正罷。

所講分兩大部如下。

第一部　佛陀時代及原始佛教教理綱要

第二部　佛滅後宗派之衍變及其衰亡（此部缺）

十四。十。廿五。　屬稿。　啓超。　清華。

佛生滅年　釋迦牟尼佛到底什麼時候的人呢。因爲印度人看輕歷史。而且時間觀念尤極麻糊。所以五印典籍中對於佛生滅年竟沒有明確的記載。後來各地傳聞到五六十種之多。最早的和最晚的比較相去至五六百年。直到最近。歐洲人用希臘史料考證亞歷山大大王與印度之笈多大王會盟年代。循此上推。又參以新發見之阿育王的石刻華表。又參以錫蘭島的年代記。才考出釋迦是在西紀前四百八十三年入滅。幾成爲學界定說。但中國大藏中原有一條孤證。卽所謂「衆聖點記」者。足與近說相發明。可惜向來佛教徒不注意。且不肯相信。梁僧祐出三藏集記卷十一善見律毘婆沙記條下。記善見律卷末有一行跋語云『仰惟世尊泥洹以來年載。至七月十五日受歲竟。於衆前謹下一點。年年如此。感慕心悲。不覺流淚』。隋費長房歷代三寶記卷十一詳載此事本末。大概如下。佛涅槃後。佛弟子優波離卽時結集律藏。編成這部善見律。以其年七月十五日「夏安居」終了時。將這律用香花供養。隨在律的末簡點一點。年年如此。優波離臨死。將這律傳與弟子陀寫佚。再傳到須倶。如是師師相傳。都係以那日點一點。到六朝時。那原本傳到僧伽跋陀羅手。僧伽跋陀羅帶到中國。以齊永明七年在廣州竹林寺譯成漢文。卽以其年七月十五日下最後一點。共約九百七十五點。循此上推。知佛入滅在周敬王三十五年。魯哀公七年。卽西歷紀元前四百八十五年。比孔子早死七年。這段衆聖點記故事。雖祐房兩書記得很確鑿。但中國唐宋後佛教徒。總喜歡把佛的年代提前。來壓倒道教的老子。所以釋迦譜佛祖通載一類書。對於此說都肆行攻駁。現在歐人所考。若合符契。於是此說價值乃驟增。我們根據彼我兩方最寶貴的資料。可以斷定釋迦牟尼是距今未滿二千五百年前我國春秋末年和孔子同時的一位聖人。

佛之種姓產地及其略歷　印度把人類分爲四階級。一婆羅門。二剎帝利。三吠舍。四首陀。我國譯爲四種姓。釋迦屬第二級之剎帝利種姓。他的產地是迦比羅城。西藏印度交界有座大雪山。那城卽緊靠山麓。他便是城主淨飯王的太子。俗名悉達多。他出世不到一箇月便死了母親。靠姨母撫育長成。十九歲便出家學道。相傳未出家前嘗游四城。碰着生老病死四種人。他發生無限感慨和非常煩懣。刻意對於人生問題求根本的解決。於是拋棄他的王位和一切世間娛樂。不管家人如何勸阻。毅然出家去。出家後到處求師訪道。曾請教過當時有名的兩位大師阿邏羅迦藍和鬱陀伽羅摩子。但討論的結果。不能令他滿足。於是跑到深林裏苦行六年。每日僅食很少很少的東西維繫著生命。到底無所得。最後他覺得路走得不對。卒拋棄這種無謂的苦行。很舒泰的觀察宇宙實相。到底被他發明這千古不磨的佛法。他確然自信已具「一切智」。能度一切苦厄。不顧獨善其身便了。更起而普度衆生。於是巡行說法四十九年。從最初度憍陳如等五比丘起。到最後度百歲老嫗須跋止。直接受業弟子數千。受感化在家修行者不計其數。他周遊所及約及印度全境之三分一。屢遊及常住的爲摩竭陀國之王舍城吠舍離城拘薩羅國之舍衛城等處。七八十歲時。在拘尸城外婆羅雙樹下作最後之說法。遂入涅槃。

* * * * *

佛出世時婆羅門舊教之形勢　印度文化發源於四吠陀。Veda 四吠陀次第成立。其最大者蓋起自佛前二千年。次則優波尼煞曇 Vpanisad 或譯爲奧義書。亦起於佛前五六百年。（奧義書卽第四吠陀。前三吠陀偏重宗教儀式。此多言哲理。近人張本華曾極口讚歎。謂爲人類最高智慧之產物。奧義書亦次第成立。最早之部分蓋起於佛前數百年。然佛時代及佛滅後似尚增補不少）這都是婆羅門種姓所創造的文化。直至現代。所謂婆羅門教或印度教者。仍是在這一條線上。衍襲出來。卽佛教也未嘗不憑藉他做基礎。雖然。當佛出生前後。實印度思想極混雜而革新機運將到之時。我們從佛典中斷片的資料比較考證。可以看出當時有吠陀派與反吠陀運動之兩大潮流。吠陀派中復可分爲下列三條。

(一)婆羅門傳統思想。　他們有三句話。『吠陀是天書。』婆羅門種姓是人類中最尊貴的。』『祭禮是萬能的。』這種思想。本是一千多年傳襲下來。到佛生時當然還保持著他的惰力。但是這種頑固專制主義。終不能永束縛方新之人心。況且那時的婆羅門驕奢淫泆。恰如歐洲宗教革命前之羅馬舊教徒。其不能維持社會之信仰明矣。

（二）民間迷信對象之蛻變。吠陀純屬多神教，祭典極繁重，到那時人民漸厭倦那嚴格的儀式，往往在諸神之中擇一神為信仰中心。那時最時髦的神有三箇，一梵天，二毘紐拏天，三濕婆天。信仰對象漸有由多神趨於一神之勢。

（三）奧義書之哲學的研究。　奧義書雖為四吠陀之一，但其中關於哲學理論方面的話極多，所謂『梵即我，我即梵』之最高理想，以視前三吠陀，實際上已奪胎換骨。與佛教先後並起之數論 Samkhya 瑜伽 Yoga 兩派哲學，雖仍宗吠陀，精神實已大生變化。

吠陀派本身形勢既已如此，此外不滿於吠陀教義的人，當然是益趨極端了。還有一點應該注意：當佛生前一二百年間，印度始終以恆河上游俱盧地方為文化中心，俱盧文化純然為婆羅門所造成。到佛生時，東部南部新創立四箇王國，就中摩竭陀拘薩羅兩國尤强，（後二百年統一全印的阿育王即摩竭陀王）這兩國都是最獎厲自由思想的國家，無論何派學者都加保護敬禮，所以「反吠陀派運動」都以這兩國京城——舍衞及王舍城為大本營。自此印度文化中心也隨政治中心而轉移到東南了。自「反吠陀運動」發生以來，印度思想界極燦爛而亦極混雜，佛教即此參加此運動中之一派，而最能應時勢以指導民衆者也。

當時思想界之革新及其混亂　佛時代之印度思想界，恰如戰國時代之中國思想界。寫戰國思想界最有趣味之著作，莫如莊子天下篇，荀子非十二子篇。在佛典中求此類性質之作品，則長阿含裏頭的梵動經和沙門果經便是。據梵動經所說，當時外道有六十二見，（六十二種見解）就這六十二家歸納起來，可分為八大類。第一類，常見論，主張世界及自我皆常存。第二類，半常半無常論，主張一切現象都一部分常存，一部分變滅。第三類有邊無邊論。專討論世界有限無限之問題。第四類詭辯論。卽不死矯亂論。對於一切問題都不下決定的解答。專爲不可捉摸之說。故亦號捕鰻論。以上四類皆就現世立論。故謂之「本劫本見」。分屬此四類者凡十八家。第五類無因論。主張一切現象皆偶然發生。無因果關係。第六類死後有想無想論。專討論死後意識是否存在及作何狀態等種種問題。第七類斷見論。主張死後滅斷。第八類現法涅槃論。主張現在爲最高理想境界。以上四類皆就未來立論。故謂之「末劫末見」。分屬此四類者凡四十四家。觀此則當時思想界之龐雜。略可概見。

諸家之中。當時最有名的六大師。其學說梗概略見於沙門果經。

第一。富蘭那迦葉。他是論理的懷疑論者。以爲善惡沒有一定標準。不過因社會習慣而得名。社會所謂善惡。未必便是眞善惡。故爲善爲惡。不應有業報。

第二。末伽梨拘舍羅。他主張極端的定命論。謂吾人之行爲及運命皆爲自然法則所支配。非人力所得如何。吾人欲求解脫。只有聽其自然。到你的宿命注定你該解脫的時候。自然會解脫。提倡一種恬淡無爲之教。和我們的老莊哲學頗相類。佛家叫他做「邪命外道」。

第三。阿夷多翅舍欽婆羅。他是極端的唯物論者。謂人生由「四大」——地水火風的物質合成。物質外更無生命。死後一切斷滅。故人生之目的。只求現在的享樂。一切嚴肅的倫理道德論。皆當排斥。絕似我們的楊朱派哲學。佛家叫他做「順世外道」。

第四。浮陀迦旃延。他是極端的「常見」與順世外道之極端的「斷見」正相反對。他主張物心二元不滅論。他說人生由七種要素——地水火風苦樂生命——合成。生死不過七要素之集散離合現象。七要素的本身並不因此而有生滅。例如人被刀殺死。依他說。不過那刀把一時集合的地水火風折散。於生命存亡無關。他用這種理論來鼓厲人不必怕死。

第五。散惹耶毘羅梨子。　他是詭辯派。他是「不死矯亂論者。」他的持論如何我不甚了了。但知道佛的大弟子舍利弗目揵連兩人。當未從佛以前。是散惹耶門下大將。因此可想見他學說在哲學上總該有相當價值了。比方先秦諸子。當是惠施公孫龍一流。

第六。尼乾子若提子。　他是有名的「耆那」教開山之祖。在印度思想史上的所占地位。幾與釋迦牟尼同一重要。當時佛教徒和耆那教徒接觸最頻繁。佛經中記兩家辨論的話最多。他的教理是標立生命非生命的二元為基礎。用種種嚴整的範疇來說明他。實踐方面。他主張極端的苦行。很像中國的墨家哲學『以自苦為極』

以上六大師。其名屢見佛典中。都是當時最有名的哲人。與釋迦牟尼同為對於吠陀舊教之革命者。同在摩竭提拘薩羅等新興國召集徒侶宣傳教義。同受那些國王們的敬禮。內中最盛行的為佛教與耆那教。恰如儒墨兩家在戰國時稱為「顯學。」次則邪命外道。恰似老莊派的地位。更次則順世外道。恰如楊朱。其餘三家似不甚振。

既了解當時思想界形勢之大概。從此可以講到佛教之特色及其價值了。

以中庸實踐爲教的佛教　若以各派外道比先秦百家言則釋迦恰是那時印度的孔子他在羣言殽亂之中折衷長短以中庸爲教就修養方法論一面有順世派之極端快樂主義一面有耆那派之極端苦行主義釋迦兩皆不取以「不苦不樂」爲精神修養之鵠就靈魂問題論一面有極端常住論者一面有極端斷滅論者釋迦兩皆不取揭出「因緣和合」之流動生命觀就因果問題論一面有極端的宿命論一面有極端的無因論釋迦兩皆不取以「自業自得」明道德的責任諸如此類對於一切問題皆然故佛家常自稱爲中道教 Majjhao 和孔子所說『執其兩端用其中於民』同一精神

一般人多以佛教爲談玄家在後此各派佛學誠有此傾向原始佛教卻不然釋迦是一位最注重實踐的人當時哲學界最時髦的問題如「世界有始無始」「有邊無邊」「身體與生命是一是二」「如來死或不死」……等等有人拿這些問題問佛或佛弟子大抵皆答以「無記」（無記是佛教術語中性的意思或不下斷定的意思）爲什麼無記呢佛以爲不必研究研究徒擔閣實踐工夫於人生無益中阿含卷六十有箭喻經一篇說得最痛快當時有位鬘童子拿這些問題問佛佛答道『譬如有人身中毒箭命在呼吸做醫生的當然該火急把箭拔出敷上藥來救他倘使那醫生說『且慢拔箭我先要研究病人姓甚名誰身材面色長短粗細黑白剎帝利種抑吠舍種首陀種且慢拔箭我要先研究這弓是桑做的抑或柘做的槻做的角做的弓絃是牛筋還是鹿筋還是絲且慢拔箭我要先研究箭羽是什麼毛箭鏃是什麼金屬且慢拔箭我要先研究造箭的人

姓甚名誰，「那箭來自何處」，如此，不等到你研究清楚，『那病人早已死了』。這段譬喻，眞算得千古妙文，快文。因此可見，釋迦說法並不是談空說有鬧著頑，他是一位最忠實的臨牀醫生，專講究對證下藥，凡一切玄妙理論，『非梵行本，不趣智，不趣覺，不趣涅槃者，一向不說』（箭喻經原文）就這一點論和孔子說的『未能事人焉能事鬼，未知生焉知死』正同一態度。

理論與實際之調合　然則釋迦絕對的排斥理論嗎，不，不，當時正是奧義書研究極盛的時候，諸家學說，都以哲學的思辯爲後盾，釋迦若僅如基督之宣傳直覺的福音，或僅如孔子之提示極簡要的實踐倫理，決不足以光大其學，況釋迦之爲教，與一般所謂宗教不同，一般宗教，大率建設於迷信的基礎之上，佛教不然，要「解信」「要悟信」（因解得信，因悟得信）釋迦唯一目的在替衆生治病，但決不是靠神符聖水來治，決不是靠湯頭歌訣來治，他是以實際的醫學爲基礎，生理，解剖，病理……等等，一切都經過科學的嚴密考察，分析，批評，然後確定治病方針，不惟如此，他要把這種學識傳給病人，令他們會病前豫防，病中對治，病後療養，把自己本身力量培養發展，用來剷除自己病根，就這一點論，釋迦很有點像康德，一面提倡實踐哲學，一面提倡批判哲學，所以也可以名佛教爲「哲學的宗教」。

假使我們認佛教是一派哲學，那麼這派哲學所研究的對象是甚麼呢，佛未嘗不說宇宙，但以爲不能離人生而考察宇宙，換句話說，佛教的宇宙論，完全以人生問題爲中心，所以佛的徽號亦名「世間解」Lohavidu，再詳細點說，佛教並不是先假定一種由梵天或上帝所命令的形而上的原理，拿來作推論基本，他是承認宇宙間一切事實，從事實裏面用分析綜合工夫觀察其本來之相——即人生成立活動的眞相，然後根據這眞相。以求得人生目的之所歸向。所以佛教哲學的出發點。非玄學的而科學的。非演繹的而歸納的。他所研究的問題與其說是注重本體。毋寧說是注重現象。與其說是注重存在。毋寧說是注重生滅過程。他所以和婆羅門舊教及一切外道不同者在此。

佛經最喜歡用「如實」兩箇字。又說「如實知見」「諸法實相」等等。「如實」者。即「恰如其實際」之謂。對於一切現象用極忠實的客觀考察法以求得其眞相。不容以自己所願望所憎嫌者而加減於其間。爲什麼呢。佛以爲用「情執」來支配認識。便是致「迷」之根本。佛嘗述自己之經歷。說他未成道以前在深林中脩行。對於夜裏的黑暗而生恐怖。他用當時外道通行「視夜如晝視晝如夜」的方法來對付他。雖然能暫時將恐怖擺脫。但他以爲這種誣蔑事實的方法斷斷不可用。必須在『晝即晝夜即夜』的眞實觀念之下。而能擺脫黑暗的恐怖。纔算是眞無恐怖。（見巴利文中阿含經卷四漢譯本漏卻此條。今據木村泰賢原始佛教思想論所譯引）所以宗教上的興奮劑或痲醉劑。虛搆沒對證的話令信徒因自欺而得安慰。佛所最不取也。佛教徹頭徹尾在令人得「正解」。得「般若」（譯言智慧）以超度自己。正解般若最要的條件。便是「如實」凡非「如實知見」則佛家謂之邪知邪見。質而言之。佛教是建設在極嚴密極忠實的認識論之上。用巧妙的分析法解剖宇宙及人生成立之要素及其活動方式。更進而評判其價值。因以求得最大之自由解放而達人生最高之目的者也。

從認識論出發的因緣觀　宇宙何以能成立。人生何以能存在。佛的答案極簡單——只有一箇字——「因緣。」因緣這個字怎麼解呢。佛典中的解釋。不下幾百萬言。今不必繁徵博引。試用現代通行的話解之。大約「

關係」這個字和原意相去不遠．佛自己解釋「因緣」最愛用的幾句話是『有此則有彼．此生則彼生．無此則無彼．此滅則彼滅』（這幾句話四阿含裏頭不下百數十見今不必注出處）這幾句話又怎麼解呢．他是表示宇宙一切現象都沒有絕對的存在．都是以相對的依存關係而存在．依存關係有兩種．一同時的．二異時的．異時的依存關係．卽所謂『此生則彼生．此滅則彼滅』此爲因而彼爲果．同時的依存關係．卽所謂『有此則有彼．無此則無彼』此爲主而彼爲從．但是從某一觀點看．固可以說此因彼果此主彼從．換一個觀點看．則果又爲他現象之因．因又爲他現象之果．主從關係亦然．所以不惟沒有絕對的存在．而且沒有絕對的因果主從．一切都是相對的．由此言之．所謂宇宙者．從時間的來看．有無數之異時因果關係．從空間的來看．有無數之同時主從關係．像一張大網．重重牽引．繼續不斷．互相依賴而存在．佛教所謂『因緣所生法』．就是如此．再詳細點講佛所謂「同時依存關係」者．最主要之點是「主觀的能認識之識體」與客觀的所認識之對象相交涉相對待而成世界．佛經裏屢說的『識緣名色．名色緣識』這兩句便是因緣論的根據．今引雜阿含經卷十二的一段如下．

『佛說．譬如有兩根束蘆（束蘆係印度一種植物．中國像沒有．）互相依倚纔能植立．朋友們．緣名色而有識．緣識而有名色．此生則彼生．此滅則彼滅．正復如此．朋友們．兩根束蘆拿去這根．那根便豎不起來．拿去那根．這根也豎不起來．名色滅則識滅．識滅則名色滅．正復如此．』

我們想了解這段話．不能不先把「名色」兩箇字解釋一下．佛說一切衆生之存在．都是由「五蘊」的因緣和合．五蘊者．一色．二受．三想．四行．五識．色蘊謂之「色」．受想行識四蘊謂之「名」．色者指宇宙間一切物質及人身上眼耳鼻舌身諸器官。名者指心理活動的狀態。簡單說色是指物質的和生理的現象。名是指心理的現象。這兩項把人生活動之全部都包含盡了。實為認識之總對象。佛家給他一箇總名叫做「名色」。我們何以能認識這些名色呢。那種本能就叫做「識」。主觀的要素——識與客觀的要素——名色相對待相接觸。名之曰「因緣」。但最當注意者主觀客觀兩要素並非有現成的兩件東西如兩箇球呆呆相碰。依佛所說主觀卽搆成客觀之一條件。客觀亦卽搆成主觀之一條件。離主觀則客觀不能存在。離客觀則主觀不能存在。故曰『識緣名色。名色緣識。此生則彼生。此滅則彼滅。』宇宙萬有皆藉此種認識論的結合而得有存在之相。以供我們研究。佛所謂『因緣所生法』者如此。所以極端的唯物論家說萬有不過物質集散現象。與極端的觀念論家說萬有不過人心幻影搆成。由佛看來。都非「如實」之相。

所謂「異時依存關係」者。卽佛成道前七日在菩提樹下所發明之「十二因緣觀」——所謂『無明緣行。行緣識。識緣名色。名色緣六入。六入緣觸。觸緣受。受緣愛。愛緣取。取緣有。有緣生。生緣老死。』人生一期到老死而終結。老死總是人世最悲哀的事。故印度所有宗教和哲學都以脫離老死為目的。——佛教是否亦以此為目的另一問題。但佛以為若想脫離老死。不可不先知老死之來源。於是卽以此為觀察之出發點。『為什麼有老死。有「生」故有老死。為什麼有生。有「有」故有生。……乃至為什麼有識。有「行」故有識。為什麼有行。有「無明」故有行。』如是像剝蕉一般層層剝進去。剝到盡頭。以「無明」為最初的動因。從無明到老死這十二件都是以因果連鎖的關係組織成人生之一期。其中最主要之樞紐。則尤在「識」與「名色」。今列舉十二件之梵文及其略釋並示其相緣之關係如下。

(1)無明（無意識的本能活動）
(2)行（意志之活動）
(3)識（能認識之主觀要素）
(4)名色（所認識之客觀要素）義已詳前
(5)六入（感覺的認識機關——眼耳鼻舌身意）
(6)觸（感覺）
(7)受（愛憎的感情）
(8)愛（欲望）
(9)取（執著）
(10)有（世界及各箇體之物理的存在）
(11)生（各箇體之生存）
(12)老死（各箇體之老死）

（圖示：無明→行→識→名色→六入→觸→受→愛→取→有→生→老死，識與名色互爲緣）

佛在菩提樹下作如是思惟。(1)老死及與老死連帶而起的憂悲苦惱。是人類所不能免的。這些都緣何而來。當然因爲有這(2)生命。生命從那裏來呢。這問題便是「緣起觀」（即因緣觀）的出發點。人之所以生。條件很多。依佛說。最主要的條件是「有」。佛家對於有的解釋。所謂「三界有」。指器世界及有情世界。（器世界指地球乃至恆星系。有情世界指人類及其他生物。）必須有此世界。然後生命有所寄託。故列爲第三件「有」

從那裏來呢。佛說『有緣取。』取者執著之意。佛以爲苟無執著。則三界不過物理的存在。和我們不生關係。（例如戲場只管熱鬧。我不打算看戲。那戲場便不是我的世界。）執著從那裏來呢。佛以爲由於有愛——卽欲望。欲望卽生命活動之發源也。欲望從那裏來呢。由於領受外界現象而發生愛憎的情感。故『愛緣受。』怎麼能領受而生情感呢。由於與外界接觸而有感覺。故『受緣觸。』必有感覺機關纔能感覺。故『觸緣六入。』感覺機關以何爲依存呢。由於五蘊和合。故『六入緣名色。』名色便是生命組織體之全部。「名」指受想行識四蘊。包含一切心理狀態。前文已經說過。「識」本是四蘊之一。屬於名之一部分。但佛從認識論的立場特提出「識」爲能認識之主觀要素。其關係略如一家族中有主人。主人本家族之一員。但以主人治家。主人與家便立於對待的地位。佛之別「識」於「名色」。意蓋在此。如此『識緣名色。名色緣識。』如前表所示「名色⇅識」之關係。是爲因緣論最主要的關鍵。再往上追求我們的識——卽認識活動從何而來。由於有意志。佛謂之「行。」行又從那裏來呢。佛以爲是由於無意識的本能活動。叫做「無明。」

以上十二因緣。爲佛教一切原理所從出。若詳細解釋。則七千卷大藏經皆其註腳。我現在所說。不過粗舉其意而已。要之佛以爲一個人的生命。並非由天所賦予。亦非無因而突然發生。都是由自己的意志力創造出來。現在的生命。乃由過去的「無明」與「行」所構成。當生命存在期間。「識」「名色」「六入」「觸」「受」「愛」「取」「有」剎那剎那。展轉相緣。增長「無明」的業力。又造出未來的生命。於是乎繼續有「生」有「老死。」後此說一切有部詳細解釋。謂之「三世兩重因果。」這些道理。要懂得「業」與「輪迴」的意義之後。方能明了。今將三世兩重因果說圖示如下。

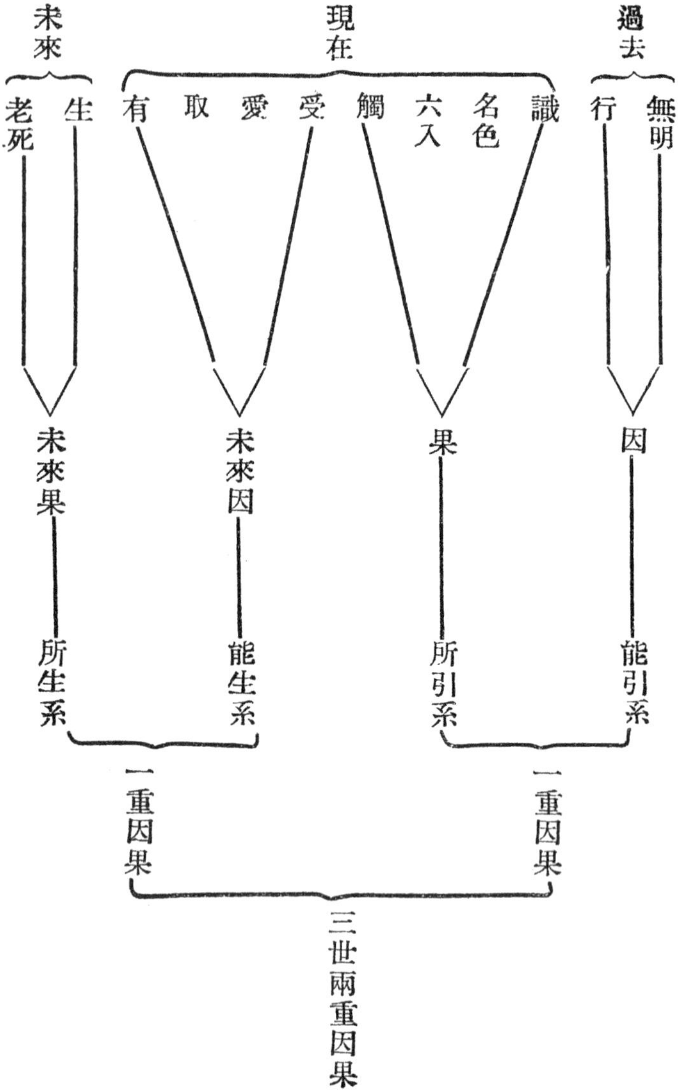

業與輪迴　依一般人的常識所謂生命者以出生之日起到死亡之日止截頭截尾無來無去從佛家的眼光看人生若果是如此那麼我們之出生乃偶然間突如其來這便是「無因論」死了之後什麼都沒有這便是

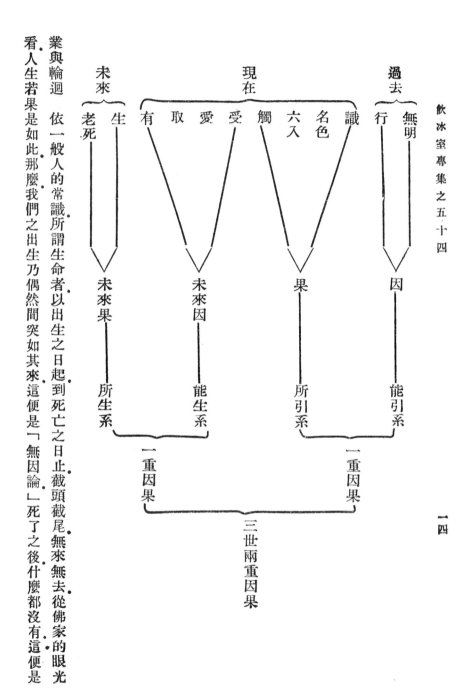

「斷滅論」佛以為兩種論都不合理。於是用他的智慧觀察。發明「業力輪迴」之一大原則。

「業」梵名 Karma 音譯為「羯磨」。用現在的話來解釋。大約是各人憑自己的意志力不斷的活動。活動的反應的結果。造成自己的性格。這性格又成為將來活動的根抵。支配自己的運命。從支配運命那一點說。名曰業果或業報。業是永遠不滅的。除非「業盡」——意志活動停止。活動若轉一箇方向。業便也轉箇方向而存在。業果業報決非以一期的生命之死亡而終了。死亡不過這「色身」——物質所搆成的身體循物理的法則由聚而散。生命並不是純物質的。所以各人所造業並不因物質的身體之死亡而消滅。死亡之後。業的力會自己毆引自己換一箇別的方向別的形式。又形成一箇新生命。這種轉換狀態名曰「輪迴」。懂得輪迴的道理。便可以證明「業力不滅」的原則。

業的形相究竟怎麼樣呢。諸君聽見過那些收藏宜興茶壺的人的話嗎。茶壺越舊越好。舊茶壺而向來所泡都是好茶則更好。為什麼呢。每多泡一次茶。那壺的內容便生一次變化。茶吃完了。茶葉倒去了。洗得乾乾淨淨。表面上看來什麼也沒有。然而茶的「精」漬在壺內。第二次再泡新茶。前次漬下的茶精便起一番作用。能令茶味更好。如此泡過二次三次乃至幾百幾千次。每次漬一點。每次漬一點。久而久之。便不放茶葉。拿開水冲進去。不到一會。居然有色有味。可以當茶喝。吃鴉片煙的人亦然。他們最講究用舊槍舊斗。非此不過癮。因為舊槍舊斗漬有無窮的煙精。這種茶精煙精。用佛家話。便可以說是茶業煙業。我這箇比喻雖然不十分確切——拿無生命的茶煙比有生命的人。當然不能確切——但循此著想。對於業的形相也可彷彿一二了。我們所有一切身心活動。都是一剎那一剎那的飛奔過去。隨起隨滅。毫不停留。但是每活動一次。他的魂影便永遠留在宇宙間不能磨滅除非所得果報已經和他對沖抵銷這便是業力不滅的公例一種活動能惹起別種活動而且能令別種活動生影響起變化這便是業業相引的公例每一次活動所留下的魂影便形成自己性格之一部分支配自己將來的命運這便是自業自得的公例

業又有「自分別業」「同分共業」之兩種茶壺是死的呆的各歸各的這個壺漬下的茶精不能通到那個壺人類不然活的整個的相通的一個人的活動勢必影響到別人而且跑得像電子一般快立刻波盪到他所屬的社會及人類全體活動留下來的魂影本人漬得最深大部分遺傳到他的今生他生或他的子孫是之謂「自分別業」還有一部分像細霧一般霏灑在他所屬的社會乃至全宇宙也是永不磨滅是之謂「同分共業」例如我們說「清華學風」說「中國國民性」這兩句話怎麼解呢你想叫清華學校拿出他的學風給你看那是拿不出看不見的然而「清華學風」這樣東西是確實有的問他從那裏來呢當然不是上帝賦予的當然不是無因而生的全是自清華成立以來前後全部師生各個人一切身心活動所留下的魂影霏灑在清華學校這個有機體上頭形成他一種特別性格例如我今晚在堂上講兩點鐘書便也替清華造了一部分的業諸君剛才在運動場打了半點鐘的球便也替清華造了一部分的業所有種種活動都能引起清華裏頭自己或別人同時或將來的別種活動且能規定其活動方向之幾分這些活動魂影一點一點積起來——像宜興壺裏茶精一般便成了所謂清華學風者中國國民性亦然所謂同分共業其意義大概如此

以上所說業的意義大概可以明瞭了以下請說「輪迴」的意義

輪迴梵文 Samsara 直譯之則流轉之義佛所說輪迴並非如現在和尚們或婦人女子們所揣想各人有一個

靈魂．死後「靈魂出殼」跑到別個地方去變人變猪變狗．像砲彈子從砲膛打出去打到別處．這種話是外道的「神我說．」與佛說最不能相容．關於這一點．在下文講「無常無我」那一節再詳說．現在先說佛的輪迴說之大槪．

依佛的意思．人生時時刻刻都在輪迴中．不過有急性有慢性．慢性的叫做「生滅」或叫做「變異」．急性的叫做「輪迴．」（輪迴不過各種變異形式中之一種）你看我們肉體天天變化．我身上的骨肉血不到一個禮拜已經變成了街上的糞泥塵．何止生理上如此．心理上的活動還不是時時刻刻變遷．現在站在講堂上的梁啓超和五十年前抱在他母親懷裏的梁啓超到底是一個人還是兩個人．也很可以發生疑問．這種循環生滅之相．我們便叫他做輪迴也可以．不過變異得甚微而且甚慢．我們不覺得不驚異．這種循環生滅常人以爲到死時便全部停息．依佛的觀察則不然．只要業力存在．生滅依然相續．不過經一箇時期畫一箇段落．到那時忽然現一種突變的狀態．這種突變狀態給他一個特別名詞叫做輪迴．有位黎士德威夫人 Mrs. Rhys Davids 做一個圖形容得甚好．

$$A—A'—A''—A'''—A^n\cdots\cdots a_nB—B'—B''—B'''—B^n\cdots\cdots b_nC——\cdots\cdots$$

譬如A是假定的一個人本來的性格．他時時刻刻活動不休．活動的反應（卽業）漸漸添上別的新成分．變爲A'．次第往前活動去．從前的業依然保留．隨時又添上新的．變爲A''A'''．到最後把這一個時期的經驗都積集起來變爲A^n，便是這一期生命所造業的總和．這個人的肉身受物理原則的支配．到某時期當然會死去．但A^n的業依然不滅．得箇機會．他便變而爲Bc．其實B是由A^n突變而成．表示他突變的關係．可以寫爲「$^{n}aBc.$」以後「bn C」「cn D」「dn E」遞續嬗變下去都是如此從表面看ABCD截然不同形實則B的原動力由A來A'A''A'''的種種業都包含在B之中A爲B因B爲A果所謂三世兩重之因果便是如此這樣看來輪迴恰像蠶變蛹蛹變蛾表面上分明三件東西骨子裏原是一蟲所變說蠶即蛾也不對說蠶非蛾也不對說蛾即蠶也可以說蛾非蠶也可以。

還有一個譬喩一棵樹經一期的活動發芽長葉開花結子子中所藏的核便將這樹所有特性全部收集在裏頭表面上看核裏一無所有葉也沒有花也沒有但他蘊藏著那能引起開花發葉的「業力」所以碰著機緣（例如種植）便會創造出一棵新樹新樹與舊樹也類似一種輪迴了假定這核係桃核栽出來的新樹當然也是桃不會變做李但是倘使換一塊地土去栽另用一種新肥料培養他將來所結桃果便會別是個味兒假使把平果樹給他接上那桃又必帶有平果味將來把這個新核再栽出新樹又必結出帶平果味的桃子這個譬喩可以說明佛家所謂「種子現行相熏相引相生」的道理桃核即「種子」即十二因緣第一支之「無明」核是前身桃樹的結晶把舊桃的特性（即業）全部收集在裏頭故亦稱業種無核則新桃不會發生所以說『一切衆生皆由業轉』核的本身蘊藏有開枝發葉的原動力便是第二支的「行」假使那核煮過或泡過種子焦了爛了失卻原動力便不會生長原動力是種子能發生的條件所以說『無明緣行』無明是種子行是種子固有之屬性所以兩項可以統名爲種子這兩項都是從過去世遺傳下來新桃樹未出現以前核的本身自有這種作用這便是能生的因那核栽在地下本身的原動力將他所含特性發動起來和外界環境相感應於是發芽長葉開花結子乃至葉落根枯到這樹的一期生活修了都謂之「現行」識名色六入觸受

愛取有．都是現行的變化．種子靠現行的重習力纔能逐漸開發．否則核只是核．不會發芽．芽只是芽．不會長葉開花等等現行也靠種子的熏習力纔會跟著自己特性那條線上開發上去．桃核開發出的是桃不是杏．杏核開發出的是杏不是梨．這便是種子現行相熏相引．一期生活的現行中．內力受外界刺激起種種反應原種子也跟著變化．漸漸形成這一期的新特性．例如桃樹接上平果便成了含有平果成分的特種桃．此外因氣候土質肥料人工等等之特殊．所資以形成其特性者不知凡幾．這種特性總合起來．——卽「業」之總和．全部分又蘊藏在新結的核裏頭爲下一次別棵桃樹的新種子．十二支的最末兩支——「生」「老死」卽他所生的未來之果．這便是前節說的「三世兩重因果法則」．拿現在的話講講種子可以勉强說是遺傳現行可以勉强說是環境．（但佛家所謂種子現行比生物學家所謂遺傳環境函義更廣）禀受過去的遺傳．適應於現在環境．爲不斷的活動活動的反應形成新個性．又遺傳下去業與輪迴的根本理法大概如此．（注意拿樹來比人總是不對．因爲樹是沒有意識的．所以「識緣名色名色緣識」的道理．拿樹譬喻不出來人類活動以「識」爲中樞．識之活動範圍極廣．大事項極複雜．種子受熏習而起的變化．亦與之相應．當然不是一棵樹一期生活之變遷所能比了）

我們若相信佛說那麼我們的生命．全由自己過去的業力創造出來．也不是無因而生．也不是由天所命．在這生命存在的幾十年間．又不歇的被這業力所引．順應著環境．去增長舊業加添新業．一切業都能支配未來的生命．近之則一秒一分鐘後一日後一年後幾十年後的未來．遠之則他生永劫的未來．循自業自得的公例．絲毫不能假借．尤有當注意者兩點．（一）佛說的業果報應是不准抵銷的．並非如袁了凡功過格所說做了一百件過再做一百件功便可以沖抵。例如今日做過一件殺人的惡業。將來一定受償命的惡報。沒有法子能躲免。明天重新做一件救人的善業。等前頭的惡報受完了。善報自然會輪到頭。譬如打電報。北京局裏打出一個a字。上海局裏立刻現出一個a字。再打b字。那邊自然又現出b字。卻不能說後來有箇b便把從前的a取銷。又如電影片。照過一個醜女。到映演時醜女定要現出來。並不因爲後來再照一個美人便能把醜形蓋過。(二)佛說的業果報應不是算總帳的。並非如基督教所說到世界末日耶穌復生時所有死去的人都從墳墓裏爬出來受審判或登天堂或下地獄。因爲佛的生命觀是流動的不是固定的。所以除卻把帳簿一筆勾銷。時時刻刻都是結的流水帳。因能生果。果復生因。橫看則因果重重。豎看則因果相續。絕不會有停頓著等結總帳的時候。關於這一點。在下文「無常無我」那一節再予說明。

以上所說業與輪迴之意義大概可以明白了。依我所見。從哲學方面看。此說最爲近於科學的。最爲合理的。因爲我們可以借許多生物學上心理學上的法則來烘托證明。從宗教或教育方面看。此說對於行爲責任扣得最緊。而鼓舞人向上心又最有力。不能不說是最上法門。

無常與無我　佛教三法印。『(一)諸行無常。(二)諸法無我。(三)涅槃寂靜。』什麼是無常。佛說『凡世間一切變異法。破壞法。皆無常。』世界所有一切現象都是變異的。破壞的。顯而易見。地球乃至恆星系。天天在流轉變遷中。再經若干千萬年終須有一天毀滅。人生更不消說了。『君不見黃河之水天上來。奔流到海不復回。君不見高堂明鏡悲白髮。朝如青絲暮如雪。』何止生理上如此。從心理上看。後念甫生。前念已滅。所謂『剎那剎那念念之間不得停住。』所以後來唯識家下一個妙喻說『恆轉如瀑流。』拿現在事物作譬。最確切的莫如電影人之一生只是活動和活動的關係銜接而成活動是沒有前後絕對同樣的也沒有一刻休息也沒有一件停留甲活動立刻引起乙活動乙活動正現時甲活動已跑得無影無踪了白布上活動一旦停息這一幕電影便算完生理心理上活動一旦停息這一期生命便算結束活動即生命除卻活動別無生命『逝者如斯夫不舍晝夜』人生的「如實相」確是如此

與無常論連帶而起的便是無我論尋常人認七尺之軀爲我印度諸外道多說有「神我」佛則以爲一切有情之生命皆由五蘊合成五蘊復分爲二三物質方面即色蘊亦名爲「色」二精神方面即受想行識四蘊統名爲「名」生命不過物質精神兩要素在一期間內因緣和合俗人因喚之爲「我」今試問我在那裏若從物質要素中求我到底眼是我呀還是耳是我鼻是我舌是我身是我若說都是我豈不成了無數的我若說分開不是我合起來才成個我既已不是我合起來怎麼合成個我況且搆成眼耳鼻舌身的物質排泄變遷刻刻不同若說這些是我則今日之我還是昨日之我嗎若從精神要素中求我到底受是我呀還是想是我行是我識是我析或合起來才成我答案之不可通正與前同況且心理活動刻刻變遷也和物質一樣此類之說所謂「即蘊我」說（求我於五蘊中）其幼稚不合理無待多駁還有「離蘊我」說（求我於五蘊外）例如道教所說有個元神可以從口裏或顖門裏跑出跑進又或尸解後成了神仙來往洞天福地又如基督教說的靈魂永生當時印度外道所謂神我亦即屬此類此類神我論在事實上既絕對沒有見證用科學方法去認識推論又絕對不可能佛認爲是自欺欺人之談不得不嚴行駁斥（欲知佛家對於有我論之詳細辨駁可讀成唯識論述記卷一卷二）想明白佛教無我論的眞諦最好還是拿電影作譬電影裏一個人的動作用無數照片

湊成。拆開一張一張的片只有極微的差異。完全是呆板一塊紙。因爲電力轉得快。前片後片銜接不停的動。那動相映到看客的眼簾。便儼然成了整個人整個馬的動作。「恆轉如瀑流」的人生活動。背後儼然像有個人格存在。就是這種道理。換句話說。一般人所指爲人格爲自我者。不過我們錯覺所搆成。並沒有本體。佛家名之爲補特伽羅 Pudgala 譯言「假我」。不是眞我。要而言之。佛以爲在這種變壞無常的世間法中。絕對不能發見出有眞我。既已無我。當然更沒有我的所有物。所以佛教極重要一句格言曰『無我無所。』

無常無我。佛用他的如實知見觀察人生實相。灼然見爲如此。然則這樣的人生。他的價值怎麼樣呢。佛毅然下一個斷語說是『一切苦。』在無常的人生底下。一切都不得安定。男女兩性打得滾熱。忽然給你一個死別生離。功名富貴震耀一時。轉眼變成一堆黃土。好像小孩子吹胰子泡。吹得大大的。五色透明可愛。結果總是一個破滅完事。你說苦惱不苦惱。在無我的人生底下。一切自己作不得主。全隨著業力驅引。雖說是用自己意志開拓自己命運。然自己意志先已自爲過去業力所支配。業業相引。現前的行動又替將來作繭自縛。塵塵劫劫在磨盤裏旋轉。不能自拔。你說苦惱不苦惱。所以佛對於人生事實的判斷。說『諸行無常諸法無我。』對於人生價值的判斷。說『一切苦。』

解脫與涅槃　這樣說來。佛教豈不是純粹的厭世主義嗎。不。不。不。佛若厭世。何必創這個教。且天下也從沒有以厭世爲教而可以成一個教團。得大多數人之信仰。且努力傳播者。佛教當然不是消極的詛呪人生。他是對於一般人的生活不滿足。自己別有一個最高理想的生活。積極的闖上前去。

最高理想生活是什麼。曰涅槃。怎麼才能得到涅槃。曰解脫。

解脫梵名木义Moksa。譯言離縛得自在。用現在話解釋。則解放而得自由。詳細點說。卽脫離囚奴束縛的生活。恢復自由自主的地位。再詳細點說。這些束縛。並非別人加之於我。原來都是自己找來的。解脫不外自己解放自己。因爲束縛非自外來。故解脫有可能性。亦正惟因束縛是自己找的。故解脫大不易。非十分努力從事修養不可。

佛教修養方法。因衆生根器各各不同。隨緣對治。所謂「八萬四千法門」。如三學——戒定慧。四聖諦——苦集滅道。八正道——正見正思惟正語正業正命正精進正念正定等等。今不必具述。要其指歸。不外求得兩種解脫。一曰慧解脫。卽從智識方面得解放。二曰心解脫。卽從情意方面得解放。我們爲講解便利起見。可以分智情意三項爲簡單的說明。

(一)智慧的修養。 佛教是理智的宗教。在科學上有他的立場。但卻不能認他是主知主義派哲學。他並非如希臘哲學家因對於宇宙之驚奇而鼓動起研究熱心。「爲思辯而思辯」的議論。佛所常呵斥也。佛所謂智慧者。謂對於一切「世相」。能爲正當之價値判斷。根據這種判斷。更進求向上的理想。心經說『行深般若波羅蜜多時。照見五蘊皆空。度一切苦厄……乃至無罣礙無有恐怖』。般若譯言智慧。一面觀察世相。深通因緣和合無常無我之理。不受世俗雜念之所纏繞。一面確認理想界有高純妙樂之一境。向上尋求。佛家所用各種「觀」。全是從這方面著力。

(二)意志的修養。 意志修養有消極積極兩方面。消極方面。主要在破除我執。制御意志。換句話說。要立下決心。自己不肯做自己奴隸。佛以爲衆生無明業種。皆由對於我的執著而生。因爲誤認五蘊和合之幻體爲我。既認有我。便有「我所」事事以這箇假我爲本位。一切活動。都成了假我的奴隸。下等的替肉體假我當奴隸。例如爲奉養舌頭而刻意求美食。爲奉養眼珠而刻意求美色之類。高等的替精神假我當奴隸。例如受一種先入爲主的思想。或見解所束縛而不能自拔之類。佛以爲此等皆是由我執發生的頑迷意志。我們向來一切活動都爲他所左右。我們至少要自己當得起自己的家。如何能令這種盲目意志專横。非以全力克服他不可。後來禪家最愛說『大死一番』這句話。就是要把假我觀念完全征伏絕其根株的意思。

但佛家所謂制御意志者。並非制止身心活動使形如槁木心如死灰之謂。孟子說『人有不爲也。然後可以有爲。』一方面爲意志之裁抑。他方面正所以求意志之昂進。阿難說『以欲制欲』（雜阿含三十五）佛常說。「法欲」又說「欲三昧」凡夫被目前小欲束縛住。失卻自由。佛則有一絕對無限的大欲在前懸以爲目標。敎人努力往前驀進。所以「勇猛」「精進」「不退轉」一類話。佛常不離口。可見佛對於意志。不僅消極的制御而已。其所注重者實在積極的磨鍊激厲之一途。

(三)感情的修養。　感情方面佛專敎人以同情心之擴大。所謂『萬法以慈悲爲本』慈謂與人同喜。悲謂與人同憂。佛以破除假我故。實現物我同體的境界。對於一切衆生。恰如慈母對於愛子。熱戀者對於其戀人。所有苦樂。悉同身受。佛以爲這種純潔的愛他心。必須盡量發揮。纔算得佛的眞信徒。

以上所說算是佛敎修養的大綱。傾因講演時間太短。只能極簡略的說說罷了。爲什麼要修養呢。爲想實現我們的最高理想境界。這個境界。佛家名曰涅槃。

涅槃到底是什麼樣境界呢。佛每說到涅槃。總說是在現法中自證自知自實現。我們既未自證自現。當然一個字也說不上來。依訓詁家所解釋。大概是絕對清涼無熱惱。絕對安定無破壞。絕對平等無差別，絕對自由無繫縛的一種境界。實相畢竟如何。我便不敢插嘴了。但我們所能知道者。安住涅槃。不必定要拋離塵俗。佛在菩提樹下已經得著涅槃。然而還說四十九年的法不厭不倦。這便是涅槃與世法不相妨的絕大憑據。

附錄

說無我

佛說法五十年。其法語以我國文字書寫解釋今存大藏中者。垂八千卷。一言以蔽之。曰「無我」。

佛何故說無我耶。無我之義何以可尊耶。「我」之毒害在「我愛」「我慢」。而其所由成立則在「我見」。何謂我愛。成唯識論卷四云『我愛者。謂我貪於所執我。深生耽著』我愛與兼愛不相容。對於我而有所偏愛。則必對於非我「他」而有所不愛。如是則一切世界不成安立。我身。我妻子。我家族。我財產。我鄉土。我團體。我階級。我國家。如是種種。認爲是卽我或我所有。從而私之。其他身。他家族。乃至他階級。他國家。以非我故。對之而生貪慳嫉妒怨毒欺詐賊害鬬爭。以是之故。一切世界不成安立。何謂我慢。成唯識論云『我慢者。謂倨傲恃所執我。令心高舉』萬事以我爲中心。以主我的精神行之。謂環乎我者皆宜受我支配。供我芻狗。其淺狹者。如箇人的我慢。階級的我慢。族姓的我慢。國家的我慢。且不必道。其尤普遍而深廣者。則人類的我慢。謂我爲天帝之胤。爲萬物之靈。天地爲我而運行。日月爲我而明照。含生萬類爲我而孳育。以五官所經驗。謂足窮事物之情狀。以意境所幻搆。謂足明宇宙之體用。故見自封。習非成是。湮覆眞理。增長迷情。我愛我慢。其毒天下如此。至其爲箇人苦惱之根源。更不必論矣。而其所由起。則徒以有我之見存。故謂之「我見」。不破此我見。則我愛與我慢。決末由蕩滌。此佛所以以無我爲敎義之中堅也。

所謂「無我」者。非本有我而强指爲無也。若爾者。則是爲戲論。爲妄語。佛所斷不肯出。大智度論三十六云。『

佛說諸法性常自空。非以「空三昧」令法空。佛之無我說其所自證境界何若。非吾所敢妄談。至其所施設以教吾人者。則實脫離純主觀的獨斷論。專用科學的分析法。說明「我」之決不存在。質言之。則謂吾人所認為我者。不過心理過程上一種幻影。求其實體了不可得。更質言之。則此「無我」之斷案。實建設於極隱實極緻密的認識論之上。其義云何。即有名之「五蘊皆空說」是已。今當先釋五蘊之名。次乃述其與「我見」之關係。

蘊。Khandha 舊譯陰。亦譯聚。亦譯衆。大乘廣五蘊論云。

問蘊為何義。答積聚是蘊義。謂世間相續品類趣處差別色等總略攝故。如世尊說。所有色。若過去。若未來。若現在。若內若外。若粗若細。若勝若劣。若近若遠。如是總攝為一「色蘊」。

(今譯)問什麼叫做蘊。答蘊是積聚的意思。將時間的相續不斷之種種差別現象。分出類來。每類作為一聚。這便是蘊。例如世尊告某比丘說。所有一切物質(色)現在的過去的未來的內的外的粗的細的勝的劣的遠的近的。總括起來。成為一箇「色蘊」。

蘊訓積聚。故凡有積聚義者皆得名蘊。(例如篇名亦謂之蘊發智論大毘婆沙皆分八蘊即八篇也舊譯取梵音名八犍度)此所謂蘊者。專就意識活動過程上之類聚而言。凡分為五。

一色蘊 Rupa　物質物態——感覺之客觀化

二受蘊 Vedana　感覺

三想蘊 Sanna　知覺聯想印象

（以上三者）所認識之對象

四行蘊 Sankhara　執意思維……

五識蘊 Ninnˆnɩ　了別集起……能認識之主體

以上所釋。尚有未明未惬之處。更分釋如下。

(一)色蘊　增壹阿含經廿八云『此四大身是四大所造色。是故名為色陰。……所謂色者。寒亦是色。熱亦是色。飢亦是色。渴亦是色』大乘廣五蘊論云『云何色蘊。謂四大種及大種所造色——無表色等』色蘊所攝如下圖。

色
- (甲)四大種＝地界堅性。水界溼性。火界煖性。風界動性。
- (乙)四大所造色
  - (一)五根＝眼根。耳根。鼻根。舌根。身根。
  - (二)五境＝色境。聲境。香境。味境。及觸境之一部分。
  - (三)無表色

(說明)四大種指物質。四大所造色指物質之運動。此二者不容混為一談。最近倡相對論之哀定登 A. S. Eddington 已極言其分別之必要。「所造色」分三類。第一類五根即雜阿含所謂四大身。第二類五境即五根所接之對境。第三類無表色分為極略。極逈。定所生。偏計所起等。極略極逈皆極微之意。「極略」謂將木石等有形之物質分析至極微。「極逈」謂將聲光等無形之物質分析至極微。甚與現代物理學的分析相似矣。「定所生」謂用定力變成之幻境。如諸大乘經所說「華嚴樓閣」等。「偏計所起」謂由幻覺變現。如空華第二月等。合以上諸種。總名色蘊。

以吾人常識所計。此所謂色者。全屬物理的現象。(除無表色中一小部分)何故以廁諸心理現象之五蘊耶。須知認識之成立。必由主客兩觀相對待。無主觀則客觀不能獨存。外而山河大地。內而五官百骸。苟非吾人認識之。曷由知其存在。既已入吾識域而知其存在。則知其決不能離吾識而獨立。故佛家之謂此爲識所變。論云『云何色由識變。謂識生時內因緣力變似眼等色等相現。卽以此相爲所依緣。』（成唯識論卷一）又如經所說寒熱飢渴等。驟視似純屬生理的事實。其實對於此種外界之刺戟。心理的對應先起。而生理的衝射乃隨其後。特此種極微細的心之狀態。素朴思想家未察及耳。故吾總括此諸種「色」名之曰感覺的客觀化。此義在毘婆沙俱舍瑜伽唯識諸書。剖之極詳。得近世歐美心理學者一部分的證明。更易了解。

(二)受蘊　經云。（增壹阿含廿八下同）『受者名覺。覺爲何物。覺苦覺樂。覺不苦覺不樂。』廣五蘊論云。『受謂識之領納。』與色蘊相應之寒熱飢渴等。不過受刺激之一剎那間。爲純任自然之對應。不含有差別去取作用。再進一步。則在並時所應之無數對境中領受其某部分。例如冬令圍爐則覺受「熱色」而起樂感。冒雪則覺受「寒色」而起苦感。是之謂受。當心理學書所謂感覺。

(三)想蘊　經云『云何名想陰。所謂三世共會。……想亦是知。知青黃白黑。知苦知樂。』阿毘曇雜心論云。『想者。謂於境界能取像貌。』此所謂想者。不應解作廣義的「思想」。蓋僅能攝取事物之像貌。如照相機而已。然攝取一像貌。必須其像貌能示別於他像貌。則非有聯想的作用不爲功。經言三世共會者。三謂過去現在未來。共會者。卽聯想之義。何以能知青黃白黑。前此本有如何是青的概念。現在受某種「表色」。則知其與舊所記憶之青的概念相應。而示區別於其他之黃白黑。此卽所謂知覺。而其所得則印象也。

四)行蘊　經云『所謂行者。能有所成。……或成善行。或成惡行。』行蘊所含最廣。心理現象之大部分皆屬焉。

今依大乘五蘊論及百法明門以百法中之九十四有爲法．分配五蘊．列爲左表．讀之可以知行蘊內容之複雜焉．

法
- 有爲法
  - 色蘊 ＝ 色法十一種（五根五境及無表）
  - 受蘊 ＝ 心所法中之「受」法
  - 想蘊 ＝ 心所法中之「想」法
  - 行蘊
    - （甲）除受想外餘心所法
      - （一）偏行法五種之中三（觸作意思）
      - （二）別境法五種
      - （三）善地法十一種
      - （四）煩惱法六種
      - （五）隨煩惱法二十種
      - （六）不定法四種
    - （乙）不相應行法二十四種
  - 識蘊 ＝ 心法八種（眼耳鼻舌身意識末那識阿賴耶識）
- 無爲法……六種

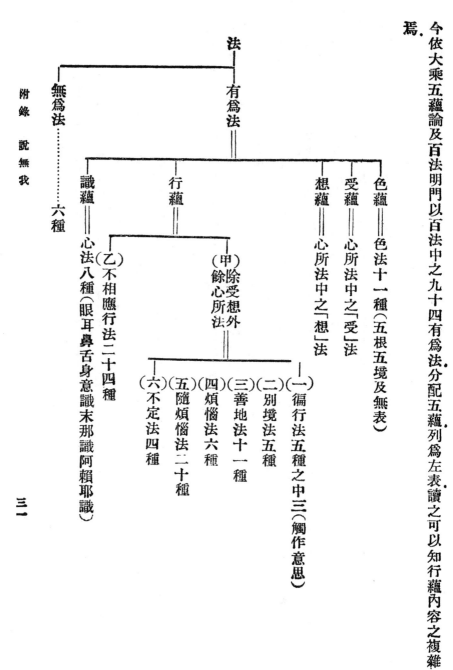

（說明）法字按諸今語。可譯爲概念。百法之名。非佛時所有。佛常言一切法。而未舉其數。小乘家如俱舍論等舉七十五法。大乘家如瑜伽師地論等舉六百六十法。此所依百法明門乃天親撮瑜伽爲略數。此皆將心理現象綿密分析。近世歐美斯學專家。尚不逮其精密。

百法中除六種無爲法超絕五蘊外。餘九十四種有爲法大分爲四類。一心法二心所法三色法四不相應法。此中復分爲二系。心法自爲一系。即能認識之主體。餘三類合爲一系。即所認識之對象。彼三類中色法即物理的對象。心所法者謂「心之所有」即心理之對象也。不相應法者謂與色與心俱不相應。如生命語言文字等皆屬之。

此諸法中心所法與不相應法最爲複雜。共占七十五種。以配五蘊。則除此中兩種分屬受蘊想蘊外。餘七十三種俱屬行蘊。此可見行蘊之內容矣。

觀右表。則知行蘊所攝。殆亘心理之現象之全部。欲概括說明。頗極不易。但其中最要者。爲徧行法中之觸。作意。思三種。徧行法有五一作意二觸三受四想五思（此據百法明門次第）受想各分屬其本蘊餘三屬行蘊如上表依廣五蘊論所釋『觸謂眼色識等三和合分別』謂眼根色境眼識湊會在一處。乃成爲「觸」也。（此色字非色蘊之色此觸字非色聲香味觸之觸勿混）『作意謂令心心所法現前警動。』即今語所謂特別注意。『思謂令心造作意業。猶如磁石引鐵令動。』是知「行蘊」者。對於想蘊所得之印象加重主觀的分量。經選擇注意而心境凝集一點。完爲一箇性的觀念也。故曰『能有所成』。

（五）識蘊　識蘊。小乘謂有眼耳鼻舌身意六識。大乘加以第七末那識第八阿賴耶識。是爲八識。廣五蘊論云。『云何識蘊。謂於所緣了別爲性。亦名心。亦名意。此能採集諸行種子。又此行相不可分別。前後一類相續轉。』順正理論（卷三）云。『識謂了別者。是爲總取境界相義。各各總取彼彼境相。各各了別。謂彼眼識雖有色等多境現前。然惟取色。不取聲等。……於其自境惟總取相。』法相宗書數百卷。不外說明一「識」字。繁徵細剖。恐讀者轉增迷惘。且俟下文隨時詮釋。今但以極簡單語略示其概念。『識也者。能認識之自體。而對於所認識之對象。了別其總相。能整理統一箇箇之觀念使不相撓亂。又能使箇箇觀念繼續集起不斷者也。其實色受想行。皆識所變現。一識蘊卽足以包五蘊。所以立五名者。不過施設之以資觀察之便利。謂意識活動之過程。有此五者而已。所謂七十五法百法乃至六百六十法皆不外一種方便的施設但求不違眞理名數不妨異同試爲淺譬如印刷。然色蘊爲字模受想行則排字之次第經過逐段遞進。識蘊則紙上之印刷成品。機器一動。全文齊現。此譬雖未悉眞。亦庶近之。佛典屢用色名二字色卽指色蘊名指受想行識四蘊因其爲方便施設之一種名號也此則前一蘊爲一類後四蘊爲一類若就能所區別論則前四蘊爲一類後一蘊爲一類

飲冰室專集之五十五

佛教與西域

中印交通以西域爲媒介故必先明此三地相互之關係然後佛教輸入之本末可得言也以吾所見西域印度關係以大月氏人侵入印度（西第二世紀）爲最要關鍵中國西域關係以東晉時代五胡亂華五涼獨立（西第四紀末）爲最要關鍵

讀印度史蹟與佛教之關係當已知迦膩色迦王與印度佛教之關係此王爲誰則大月氏人而後漢書所謂閻膏珍也月氏亦稱月支本氐羌族秦漢間爲我西陲一小部落漢書西域傳謂『大月氏本居敦煌祁連間』者是也（今甘肅甘州府高臺縣一帶）西漢初月氏爲匈奴所破西北徙越伊犂浩罕度葱嶺而都於今之布哈爾（俄屬土耳其斯坦南與我新疆接壤）其後轉盛益南下占領帕米爾高原及阿富汗而都於今北印度之克什米爾未幾遂奄有中印度爲全印之共主卽所謂迦膩色迦王是也事在我西漢哀平間恰當西紀初元此實亞洲民族交通之一大事而在我國佛教史上有極大關係也（注一）

（注一）近歐人研究迦膩色迦事蹟者頗多其資料之大部分皆採自中國史籍而輔以近年來發掘之遺物其年代頗滋爭辯或謂在紀元前或謂在初世紀或謂在二世紀今列舉各史言月氏征服印度事蹟及各傳記言迦膩色迦王事蹟彙考如下

（漢書西域傳）『大月氏本居敦煌祁連間至冒頓攻破月氏而老上單于殺月氏以其頭爲飲器月氏乃遠去過大宛西擊大夏而臣之

都嬀水北爲王庭。……有五翖侯。一休密翖侯。二雙靡翖侯。三貴霜翖侯。四肸頓翖侯。……』

（又）『昔匈奴破大月氏。大月氏西君大夏而塞王南君罽賓』

（後漢書西域傳大月氏條下）『初月氏爲匈奴所滅。遷於大夏分其國爲五部翖侯。後百餘歲貴霜翖侯邱就郤攻滅四翖侯。自立爲王。國號貴霜王侵安息取高附地。又滅濮達罽賓悉有其國。邱就郤年八十餘死子閻膏珍代爲王。後滅天竺』

（又天竺條下）『天竺……有別城數百。……別國數十。其時皆屬月氏。月氏殺其王而置將令統其人。和帝時數貢獻。』

（魏書釋老志）『漢哀帝元壽元年。博士弟子秦景憲受大月氏王使伊存口授浮屠經』

（法顯佛國記）『昔月氏王大興兵衆來伐縛喝國。欲取佛鉢既伏此國已月氏王等篤信佛法。』

（又）『從犍陀衞南行四日至佛樓沙國。塔廟壯嚴。乃罽賓膩伽王所作佛鉢在此國。』

（玄奘大唐西域記卷三）『健馱羅國迦膩色迦王。以如來涅槃之後第四百年。應期撫運王風遠被殊俗內附……』

吾綜合此諸書。假定一斷案。謂迦膩色迦卽罽賓膩伽。亦卽閻膏珍。其時代約正當西歷紀元前後。五十年至八十年之間。當東漢光武明章時。老上單于殺月氏王。當西漢呂后時。約西歷紀元前百七八十年。月氏所遷之大夏。卽今俄屬布哈爾及美屬阿富汗諸地。而西史稱其時希臘之柏忒里亞諸王。由彼地侵入北印度恒河流域。此卽前書所謂『月氏北君大夏而塞王南君罽賓也。西史又稱紀元前五六十年頃月氏人攻入北印度而柏忒里亞王國亡。卽後書所謂『後百餘歲。而邱就郤滅濮達罽賓也。其子閻膏珍滅印度。計期應在紀元前三四十年間。與迦膩王時代略相當。迦膩王爲佛滅後四百年之人。西域記既明著之。據第一章所考佛滅年代。應在紀元前四百二三十年。而近日歐人所發掘之瑪尼基拉塔。爲迦膩王所造者。內有紀元前三十三年之羅馬貨幣。則其造塔時最少亦當在此年後可知。又歐人所發掘之迦膩王貨幣有兩種。前者有波斯火敎之標識。後者有佛敎之標識。是此王先信火敎。後乃信佛敎。據此知佛國記所稱「攻滅縛喝乃信佛法」之月氏王。卽是此人。而後漢書所稱滅天竺之月氏王。亦卽此人也。佛國記不言此王爲何名。然此王攻縛喝之動機。實緣欲取佛鉢而佛鉢即在弗樓沙國罽賓膩伽王所造塔中．故知此王必膩伽也．何以稱爲罽賓膩伽．謂罽賓王名膩伽也．其人爲誰．即伽膩色迦．亦即閻膏珍也．「閻膏珍」三字之音譯．疑即從「罽賓膩伽」四字轉來．此王既本爲月氏王．後爲印度王．何故稱爲罽賓王耶．因其父先王罽賓．彼乃更王印度．故亦兼襲罽賓王之名．西域記稱之爲「健馱羅迦膩色迦王．」亦因其兼王健馱羅也．而我國入則始終呼之爲月氏王．釋老志所記大月氏王使伊存口授佛經．此王即閻膏珍迦膩色迦也．何以明之。月氏人當未攻滅縛喝以前．並不信佛教．使臣授佛經．知必非邱就郤時人．而據歐人所考．迦膩王在位蓋三四十年。其崩逝約在紀元後三十年左右．故知此王必迦膩無疑也．然則此王入主印度在紀元前耶．紀元後耶．答曰．在紀元前．漢哀帝元壽元年．當紀元前兩年．其使臣已奉佛法。則其入印度必在此前年可知也．此考證若不謬．則更爲研究佛滅年代者增一證據。迦膩王結集大藏在佛滅後第四百年．其年總應在漢哀元壽前後．故佛以紀元前四世紀前後入滅．無可疑也．

月氏之「氏」讀如「支」．即「氐」字也．氐族與吾族關係本深．商周時已霑我文化．詩所謂『氐羌莫敢不來王』是也．月氏西徙後．張騫曾間關奉使．謀共拒匈奴．雖不得要領．而開西域之動機．實始於此．漢西域都護所轄三十六國．皆在葱嶺東．今新疆境內．夙與印度文化渺不相接．故班書所紀．靡得而稱焉．乃魏晉以後．于闐龜茲諸地．學者輩出大有資益於中國．其故安在．蓋迦膩色迦王（閻膏珍）時代之月氏．實合今之土耳其斯坦阿富汗帕米爾印度爲一大帝國．而我新疆之喀什噶爾一帶．且爲其保護國．（注二）跨葱嶺東西爲一大政治區域．使葱嶺不復能爲彼我文化之障壁者．實月氏也．而迦膩色迦又爲阿育王以後第一熱心護法之人．嘗在罽賓．（克什米爾）舉行佛藏第二次結集．自是罽賓爲佛教中心．（注三）罽賓與于闐接壤．僅隔一山．文化流入．勢自甚順．其時匈奴已衰不復能侵苦西域．中亦數度棄置西域．不復經略．故玉門以西葱嶺以東諸國．頗能爲自動的發展．而于闐（今縣）鄯善（今縣）龜茲（今庫車）疏勒（今喀什噶爾）爲之魁．其公共文化之樞．則佛教也．而中亞細亞諸國．若安息．若康居．亦往往臣服月氏．宗教勢力隨政治勢力而北暨．故環帕米爾高原四周數萬里．成一佛教之天下．

（注二）後漢書西域傳『安帝元初中．疏勒王安國以舅臣磐有罪．徙月氏．安國死．月氏以兵送臣磐還立爲王．疏勒以强』疏勒今喀什噶爾．新疆最西境．故與葱嶺外之月氏相結．

（注三）迦濕彌羅辨機西域記注云『舊曰罽賓．訛也』今坊本地圖譯作克什米爾．正唐音之舊．迦濕彌羅本迦王入主印度時最初之舊都．自此次結集後．以其城施諸僧徒．印度佛教之中心．遂移至迦濕彌羅．其於佛教之輸入中國．實有密切關係．

月氏雖遠竄嶺外．然與我國情好夙敦．前漢時「五翖侯共禀漢使．」（見前書月氏傳）後漢「和帝時數貢獻．至西域反乃絕．桓帝時頻從日南徼外來獻．」（見後書天竺傳）後漢一代中國月氏之交通．即中國印度之交通也．考中國佛教最古之史蹟三．而皆與月氏有關係．其一．漢武帝時．張騫使大夏還．傳其旁有身毒國．始聞有「浮屠」之教．（魏書釋老志）當時……大夏即月氏所臣服也．其二．哀帝元壽元年．博士弟子秦景憲受大月氏王使伊存口授浮屠經．（同上）是最初傳譯佛經者．實月氏使臣也．其三．明帝夢金人．因傅毅之對．乃於永平七年遣蔡愔秦景王遵等適天竺求佛經像．愔等至月氏．與迦葉摩騰竺法蘭偕賚經像以歸．（隋費長房歷代三寶紀）是當時所謂通印度者．即通月氏也．（注四）

（注四）蔡愔秦景等之行．魏書釋老志．隋書經籍志及高僧傳等書．皆謂其到天竺．獨費長房謂其僅到月氏．當有所據．考愔等之行．以永平七年出．九年歸．在途不過兩年．以後此法顯玄奘遊記校之．此短期間內．萬不能往返印度．計愔等所至．或健馱羅（阿富汗）或罽賓（克什米）皆月氏故都也．時月印已爲一國．故抵月氏．亦得云抵印度耳．

秦景憲從伊存口受佛經事。除魏書釋老志外。他書皆不載。然當不謬。其時正閻膏珍（迦王）征服印度前後也。

又秦景憲與秦景史皆稱爲博士弟子。是否一人不可考。其年代似不相及。元壽元年與永平七年相去六十六年矣。

佛教既徧被西域。乃由西域間接輸入中國。吾輩驟讀佛門記載。輒覺魏晉之間。印度名僧入吾國者至夥。其實不然。什九皆西域僧耳。僧名初皆冠以國。以支爲姓者皆月支（月氏）人。以安爲姓者皆安息人。以康爲姓者皆康居人。以竺爲姓者則天竺人。不冠國名者多類皆葱嶺以東諸西域國人。試細校高僧傳之籍貫而可見也。

（注五）今造表如下

初期佛教異域譯經名僧表第一

（表例）一　年代斷自隋以前。

二　人限於譯經者。地限於國外。

三　根據書籍（一）梁慧皎高僧傳（二）隋費長房歷代三寶記（三）唐靖邁古今譯經圖記（四）唐道宣續高僧傳。

（人名）	（產地）	（年代）
迦葉摩騰	中天竺	漢明帝永平間
竺法蘭	同	同
衆護	不詳	不詳
安世高	安息	漢桓帝靈帝間
支婁迦讖	月支	漢靈帝光和中平間
竺佛朔	天竺	漢靈帝嘉平間

安玄	安息	漢靈帝光和間
支曜	月支	漢靈帝中平間
康孟詳	康居	漢獻帝興平建安間
竺大力	天竺	漢獻帝建安間
曇果	西域	同上
曇柯迦羅	中天竺	魏文帝黃初間
康僧鎧	康居	魏廢帝嘉平間
曇諦	安息	魏正元間
帛延	不詳	同上
安法延	安息	不詳
支謙	月支	吳黃武建興間
康僧會	康居	吳赤烏間
支彊梁	月支	吳　不詳
維祇難	天竺	吳黃武間
安法欽	安息	晉武帝太康間
無羅叉	于闐	晉惠帝元康間
竺法護	月支	晉武惠間
帛尸梨蜜	西域	晉懷帝永嘉間
曇摩難提	兜佉勒（月支）	苻秦建元間

僧伽提婆	罽賓	同上
曇摩耶舍	同上	同上
鳩摩羅什	天竺龜茲	苻秦姚秦間
弗若多羅	罽賓	姚秦間
曇摩流支	西域	同上
卑摩羅乂	罽賓	同上
佛陀耶舍	同上	同上
馱跋陀羅	中天竺	同上
曇無讖	中天竺	涼沮渠蒙遜時
佛馱什	罽賓	劉宋景平元嘉間
浮陀跋摩覩貨羅（月支）	西域	宋元嘉間
求那跋摩	罽賓	同上
僧伽跋摩	天竺	同上
曇摩蜜多	罽賓	同上
畺良耶舍	西域	同上
求那跋陀羅	中天竺	同上
求那毗地	中天竺	蕭齊永明間
僧伽婆羅	扶南	蕭梁天監間
眞諦	西天竺	梁天監大同間

菩提流支	北天竺	元魏宣武永寧間
那連提黎耶舍	北天竺	隋開皇間
闍那崛多	犍陀羅	北齊至隋
達摩笈多	天竺	隋開皇間

右所列者．隋以前異域古德略具矣．惟佛圖澄．達摩以非譯經人不錄．澄西域人．摩中天竺人也．讀此表可知我國佛教輸入實分三期．第一西域期．則東漢三國也．第二罽賓期．則兩晉劉宋也．第三天竺期．則蕭梁魏隋也．第一期中月支四人．安息五人．康居三人．其他當屬嶺東之西域．內天竺亦有六人．摩騰法蘭．由我國專使特聘而來．實爲例外．餘則無甚可表見．且來歷亦不甚明．或印人流寓西域者耳．其成績最著之安世高、支婁迦讖、康孟詳、支謙．皆非印人也．第二期以罽賓爲中心．凡得八人．咸有良績．小乘於是確立焉．內西域亦六人．竺法護最著．其人生長燉煌．實中國人矣．天竺亦六人．鳩摩羅什最著．其人生長龜茲．則實西域人也．罽賓後雖爲北印度之一部．然當迦膩色迦王以前．實一獨立國．其文化亦不與印度同．故我國人別之於天竺焉．第三期則天竺人爲中心矣．我國人漸不滿於西域之間接輸入．思直接求之於印度．於是有法顯曇無竭等西行求法之舉．而印土大師．聞風踵至者亦日多．此則佛學所由大成也．

（注五）中國僧侶以釋爲姓．始釋道安．安謂從佛教者卽爲佛子．卽爲釋種．宜廢俗姓而從釋姓．安以前本國佛徒．誠有用俗姓者．例如嚴佛調．（東漢人）然外來僧侶．皆以國名爲姓．檢前表康支安竺諸人便知．其弟子則從師姓．如支婁迦讖弟子有支亮．其後有支遁．皆中國人也．道安師事竺佛圖澄．本名竺道安．後乃易竺爲釋．此雖末節．然借以考初期佛敎輸入之淵源．亦頗有趣．

既知西域與印度之關係。當更言西域與中國之關係。前漢西域諸國。爲中國與匈奴間迭脅迫。罕能自振。東漢以後。文化漸可觀矣。而我國三度閉絕西通之路。故佛教雖大盛於彼。而輸入不銳。觀後漢書西域傳稱。閻膏珍入主印度後。尚屢聘中國。西域閉乃絕。他可推也。及五胡之亂。苻秦姚秦皆以西陲氐羌之族入據漢晉舊都。甘涼與中原之關係日益密矣。苻堅雄略黷武。以欲迎致鳩摩羅什故。興師七萬。滅車師烏耆龜茲三國。其後呂氏、段氏、楊氏、禿髮氏、沮渠氏、既各據土稱尊。不能不用武於外。則遠至于闐莎車疏勒溫宿。往往蹂躪焉。而亦常寇中原。於是西域與內地。因兵事之轇轕。轉促成文化之交通。諸涼之主。往往迎禮胡僧。胡僧或因避亂。或因觀光。東游者日衆。而涼人亦多諳胡語信佛法。試檢高僧傳自竺佛念竺法護以下至寶雲智嚴道普法盛等。凡初期之名僧。什九皆涼州燉煌高昌籍。可知兩晉之世。隴西與關外。（即今甘邊與新疆）殆已別爲一箇混成的文化區域。而爲中印灌注之樞。就此點論。則西羌民族。固大有造於我。其去匈奴與東胡遠矣。

飲冰室專集之五十六

又佛教與西域

此篇與前篇題同文異似爲修改前篇之作玆併錄存讀者比較觀之可耳

佛教萌芽實先遵海以入南部其跡甚明然自三國迄東晉中葉海通故實忽更寂寥是否當時海運情況有所變動吾尚未搜得相當之史料惟有兩現象當注意者其一時正值印度之笈多王朝中印南印佛教頗受摧殘彼土佛教重心已移於北境以外其二我國南北分裂江左與中原隔絕而交廣之在南朝亦羈縻耳海上文化益乏灌注全國之緣會此兩種事實最少當爲南部佛教活動暫時停頓之一部分原因也同時我國西陲狀況亦起一大變化——前此介居漢族匈奴兩大間俯仰隨人之西域民族至是漸獨立發展其間優秀之一族且進而爲印度之主權者旋飽吸所征服地之文明且分輸於其友族質言之則兩漢西域傳所記之國什九已爲「印度化」以佛教史的眼光觀之則彼固我之先進國而中印兩文明之結婚彼乃爲最有力之蹇脩也此間消息吾當於本篇述之

論述之前須先定「西域」之範圍吾國史家所稱西域不惟包含印度乃至地中海四岸諸國咸括於此名稱之下今吾所論者惟在葱嶺東西諸國且專舉其與佛教有關係者而已

西域

- 葱嶺以西
  - (一)月氏（今俄屬土耳其斯坦。阿富汗。及北印度）
  - (二)安息（今波斯之一部及阿富汗之一部）
  - (三)康居（今土耳其斯坦北部西伯利亞南部）
  - (四)犍陀羅（今阿富汗之干達馬克）
  - (五)罽賓（即迦濕彌羅。今北印度境）
- 葱嶺以東（新疆省境內）
  - (一)于闐（今縣）
  - (二)斫句迦（今莎車縣東南）
  - (三)龜茲（今庫車縣）
  - (四)疏勒（今喀什噶爾）
  - (五)高昌（今土魯番）

讀者想能記月氏王使伊存授經於我博士弟子之一事耶。不特此也。吾國人知世界上有所謂印度國。實由張騫奉使。聞諸月氏。（見史記匈奴傳大宛傳漢書西域傳）月氏在我佛教史上占何等位置。可推見矣。吾儕對於媒介中印文化之月氏。欲認識其價值。不得不稍涉枝節。於全世界民族接觸之大勢。略置數言。

距今約二千一百年前。極東極西兩民族始相見於疆場。其舞臺則北自阿母河。南迄印度河。其所演劇約歷三百年。其兩造之選手。極西則希臘人。極東則月氏人也。其結果常歸東黨之勝利。而文化則交相熏染增益。二千年來全世界實受其賜。此實最含有「世界性」之史劇。其資料則求諸我舊史中。尚得其輪廓也。月氏本我甘肅山谷間一小部落。我國古代認爲氐族之一種(?)（注一）西漢初爲匈奴所逼。循天山北路(?)西徙越葱嶺北麓。而居於我族五六千年前所嘗居之大夏。其時大夏方爲希臘人遠東殖民之根據地。亞歷山大王部將所建國也。月氏人旣逐此地之希臘人。希臘人轉徙南下。移根據於迦濕彌羅。月氏人復攝其後。奪取迦濕彌羅。進而爲印度共主。自爾希人東漸之鋒盡挫矣。此爲西漢景武間至東漢桓靈間之事實。(?)張騫奉使月氏。正其初占領大夏之時。伊存授經。蓋其初征服迦濕彌羅時。而佛教史上最有關係之迦膩色迦王。則月氏全盛時代之英主也。(注二)

(注一)月氏之「氏」讀如「支」。故亦稱月支。其實本「氏」字也。月氏乃譯義而非譯音。我族蓋認爲氏族之一。其冠以月名者。示別於氐。猶言陰戎驪戎耳。月氏種屬。近代歐西學者考證極詳。今不具引。

(注二)漢書西域傳。『月氏西君大夏。而塞王南君罽賓。』此二語最能提挈當時民族接觸遷徙之綱領。漢書屢言塞種——如云。『塞種分散。往往爲數國。休循捐毒之屬。皆故塞種也。』又云。『烏孫民有塞種。有月氏種。』注家不能指其爲何族。(顏師古謂卽釋迦種。大謬)今考塞王初居大夏。大夏者。今土耳其斯坦之布哈爾州。漢書稱『月氏臣服大夏都嬀水北爲王庭。』嬀水亦稱烏滸水。卽今之阿母河 Amu Darya 也。此地本東方文明發源地。我中華民族曾居之。(黃帝時神話。多與大夏嬀水有關。)春秋戰國間。爲波斯領土。自亞歷山大東征。遂爲希臘殖民地。跨阿母河兩岸。建設柏忒里亞國。Baitria 班書之塞王。卽柏忒里亞王也。當時希臘東陸殖民。不止一處。故曰『往往分散爲數國』且列舉其名也。柏忒里亞亡於月氏。南徙罽賓。(迦濕彌羅)其時代與事實。西史所載正合。故知塞種爲希臘人無疑也。

『月氏初滅大夏。都嬀水北。漸移水南。初分其國爲五翖侯。後百餘歲而貴霜翖侯邱就郤最强。盡滅四翖。自立爲王國。號貴霜王。侵安息(波斯)滅濮達(犍陀羅)罽賓。(迦濕彌羅)其子閻膏珍復滅天竺。置將一人監領之。月氏自此極富盛。諸國稱之皆曰貴霜王。』此後漢書所記之大略也。近歐人從阿魯米尼亞及阿剌伯古文書中。考見 Kusan 王事蹟頗多。卽范書之「貴霜」也。以年代考之。漢哀帝元壽元年遣伊存使中國者。當爲邱就郤。而迦膩色迦王。則閻膏珍之子或其孫也。歐人研究古錢所得智識。知邱就郤信仰佛教。閻膏珍則信婆羅門教或波斯教云。

吾願讀者更聯想吾前文所屢述之阿育王派遣宣教一事。彼所派遣地。不有所謂「臾那世界」者耶。此「世界」非他。即漢書中塞種諸國。而柏忒里亞（大夏）與居其一。蓋不待問也。月氏本遊牧族。文化至低下。一旦入此地。沐此高等宗教之感化。忽信受之。變爲其民族信仰之中心。此自然之數也。況其後更入印度。而與之俱化耶。彼本爲我邊陲一小部落。曾長育於我文明之環境中。而西徙之後。更新有所獲。故中印文化媒介之適任者。無出其右也。

月氏人雖常撫有全印。其所貢獻於文化事業者。遺蹟皆在犍陀羅與迦濕彌羅。此二地者。實佛教東漸歷程中主要之城壘也。故今於其形勢歷史宜略論列。

迦濕彌羅即罽賓。（西域記本條下注云舊云罽賓譌也）國於喜馬拉耶山之西麓。跨至那布奢林兩河之上游。（兩河皆印度河支流）面積約千九百方英里。四山環之。今英屬北印度之一部也。吾儕一語此地。即聯想及佛教正統派之「說一切有部」。蓋大毗婆沙之結集。實在此也。此地佛教開創之祖爲末田底迦 Madhgantika（亦譯摩田地摩田提末闡提等名）或言阿難弟子。或言阿育王所派遣。後說近是。（注一）上座大衆兩部分裂後。中印地盤落大衆手。上座耆宿徙集此邦。（注二）地形本適於保守。而復以保守黨蟠之。故原始佛教之面目。留保於茲地者特多。雖然其地久爲塞種所統治。無形中受希臘思想之影響。故科學的研究之色彩特著焉。其地學術。前此由月氏人間接輸入一部於中國。其直接交涉。則自東晉始也。

（注一）末田底迦爲阿難弟子之說。見阿育王傳卷三、阿育王經卷六、西域記卷三、付法藏因緣傳卷上、等書。其入迦濕彌羅年代。或云佛滅後五十年。或云百年。惟善見律毗婆沙卷三記阿育王時派往迦濕彌羅健馱羅宣教者。即末闡提（末田底迦之異譯）也。二說相去約百餘年。後說與石柱刻文合較近眞。要之此兩地佛敎必爲此人所開闢則無可疑也。

（注二）佛滅後二百年頃大衆部僧大天倡異論與上座部分裂。無憂王（即阿育）祖大衆。上座諸大德現神通騰空渡殑伽（恆）河。飛往西北。事見大毗婆沙論卷九十九。此固「有部」之神話。不能認爲史實。然正可爲正統派求新根據地於迦濕彌羅之一種暗示也。

犍陀羅疆域蓋包有今阿富汗之南部及北印度境之印度河上游。其名不見兩漢書。蓋地爲月氏首都。麗於月氏也。此國爲印希文明交聚點。當迦膩色迦全盛時。大輸入西方藝術。故迄今言佛敎美術者。猶宗犍陀羅。其雕刻建築繪畫皆能鎔集希臘羅馬印度三種精神自成新體。影響於我隋唐美術者至大。就敎理方面論。如世友、法救、脅尊者、諸小乘論師。無著、世親、諸大乘論師。皆犍陀羅產也。蓋自佛滅後五百年至九百年中。此地實爲佛敎之中心。凡從月氏輸入中國之經典皆自此出發也。

安息康居佛敎之淵源不甚可考。但阿育王派往「臾那世界」之敎師。遠及於埃及馬基頓。此二國宜在所不遺。且彼皆與月氏接境。受其影響亦宜。以漢末魏晉間兩國高僧入中國者如彼其多。則佛敎久盛於彼可知矣。就中康居人因國難移居中國者頗衆。（注一）亦大敎發展之一助緣也。

（注一）『隋高僧釋智嶷。姓康。本康居王之胤。先代因國難歸於魏。（曹魏）封於襄陽。歷十餘世。』事見法華經傳記卷五『齊（蕭齊）高僧釋慧明。姓康。本康居人。祖父時避地東吳。』事見梁高僧傳卷十一。可見三國時康居必有大亂。（考西史似是被巴里的亞人侵入）故大去其國者頗多也。『康僧會之父。亦以吳時移居交阯。』事見梁高僧傳卷一。其遷居動機。或亦同一也。

此嶺西諸國佛敎狀況及其與中國關係之大凡也。其在嶺東。則于闐龜茲最爲重要。于闐自漢末絕貢。轉更强盛。其國與迦濕彌羅隔一雪山耳。且久受月氏卵翼。故在今日中華民國境土內求佛教發祥地。舍于闐莫屬也。尤有一特色最當記者。則漢譯諸大乘經典。殆無一不與于闐有因緣。若朱士行之得放光般若。支法領之得華嚴。曇無讖之得大般涅槃。其最著也。（參看佛典之翻譯）此類經典。其「在于闐成立」之痕跡且不少。（註一）據此種種資料。似大乘中一派——實相派之學說。實在于闐地方始成熟產出。因此再檢其他史料。覺于闐民族似屬華印兩人種混合而成。而此類新佛教。即接木移根所生之果。此說雖未十分證信。然密察思想潮流。即已得一種暗示。（註二）此實言東方文化者應賡續覃索之問題也。

（注一）華嚴經菩薩住處品多列于闐地名。學者或指此為華嚴在于闐成立之證據。雖未可盡信。然今六十卷本華嚴。則支法領得之於于闐。八十卷本華嚴。則于闐遺實叉難陀齎來。且親為翻譯。在我國華嚴傳授淵源。舍于闐外別無可考見。此極須注意之一事實也。

（注二）魏書西域傳于闐條下云『自高昌以西諸國人等深目高鼻。唯此一國。貌不甚胡。頗類華』此足為于闐與中國種族相近之一確證。玄奘西域記（卷十二）載于闐建國歷史頗詳。大致情形。則一東方民族征服原住之西方民族。中云『東土帝子蒙譴流徙居此東界。幕下勸進。又自稱王。……且日合戰。西主不利。……東主乘勝。撫集亡國。遷都中地』……洛克海爾氏譯西藏文佛傳（一八八四出版）所記大同小異。略言『有中國人名瞿薩旦那者與印度人——阿育王宰相名耶舍者。合力建設此國云云』瞿薩旦那即西域記所舉于闐國之原名也。此兩書雖皆多神話。不可盡信。然以地理上關係。中印兩民族各自移植此地。固當然之事。經衝突調和之後。混成新種。因而建國。亦歷史之常軌。于闐既為此兩優秀民族合成。固宜能對於人類思想界有新貢獻也。

于闐附近有一小國曰斫句迦者。實為大乘經典總集之寶庫。（注一）與北涼之沮渠同種。涼土佛教之弘。此地亦與有力焉。（注二）

(注一)斫句迦卽漢書西域傳之子合。亦譯遮拘迦、遮拘槃、朱居、朱駒波等名。歷代三寶記卷十二引闍那崛多所述親歷譚云『于闐東南二千餘里有遮拘迦國。彼王純信敬重大乘。……王宮自有摩訶般若、華嚴、大集三部大經。……王躬受持親執鍵鑰。……國東南二十餘里有山甚嶮。其內安置大集、華嚴、方等、寶積、楞伽、舍利弗陀羅尼、華聚陀羅尼、都薩羅藏、摩訶般若、八部般若、大雲經等凡十二部。皆十萬偈。國法相傳。防護守視』。據此則大乘經典寫本藏襲之豐富。當時蓋無出其右。

(注二)西域記斫句迦條下注云『舊曰沮渠』。沮渠與朱居音正同。皆異譯耳。北涼之沮渠蒙遜。提倡佛敎最力。其叔父沮渠京聲。譯業甚富。此皆斫句迦人所貢獻於我國也。

流沙以南之大佛敎國爲于闐。其北則龜茲也。欲知龜茲與中國佛敎之關係。則於初期東來諸僧命名之原則。宜先置一言。中國沙門之以「釋」爲姓。自道安始耳。(注一)前此則本國人皆從俗姓。如嚴佛調、朱士行等。外國人皆以國名爲姓。如安世高爲安息人。支婁迦讖爲月支人。康僧會爲康居人。竺佛朔爲天竺人。其漢人亦或從其師姓。如支亮之師爲支讖。因從姓支之類是也。尙有一例外。曰從其本國俗姓。如龜茲王姓白。其王族來者皆以白(或帛)姓行是也。觀魏晉間白姓高僧之多。知龜茲之有造於我者不淺矣。(注二)至如譯界之王鳩摩羅什。其與龜茲關係之深。讀本傳當能知之。

(注一)梁高僧傳卷五道安傳云『初魏晉沙門依師爲姓。故姓各不同。安以爲大師之本莫尊釋迦。乃以釋命氏。後獲增一阿含。果稱「四河入海無復河名。四姓爲沙門皆稱釋種。」旣懸與經符。遂爲永式』。此佛門一重要掌故也。

(注二)高僧傳卷一帛延、帛尸梨蜜多羅兩傳皆僅稱西域人。不著其國籍。而尸梨蜜傳稱其爲「國王之子」。出三藏集記卷八有首楞嚴後記一篇。記此經譯者爲龜茲王世子帛延。因此知二人皆龜茲人也。魏書西域傳龜茲條下云『其王姓白』。徧檢正史。證據益眞。後漢書所記和帝永元三年班超所立之龜茲王名白霸。安帝延光三年班勇征西域時。龜茲王名白英。晉書記苻堅將呂光滅龜茲。殺其王白純。魏書載繼白純而立者爲白震。北史及隋書記隋大業中龜茲王遣貢。其王名白蘇尼咥。唐書記開元七年龜茲王卒。其名白莫苾。開元九年遣使入貢。其王名白孝節。龜茲王統白姓相傳。信而有徵。則此王子國籍自爲龜茲無疑。帛延帛法祖。他書多作「白」。傳中改白爲帛者。殆恐與中原白姓混。故用同音非姓之字以示別其爲外國人耶。

此外疏勒高昌等。皆隋唐間西域之大佛教國。因與初期輸入事業無甚關係。不復詳述。要之佛教東漸歷程。中置亭堠。發軔天竺。以迦濕彌羅爲第二驛。由是而犍陀羅而于闐而龜茲等。驛驛遞進。每經一驛。恆加增其輜重。而月支安息諸國人。尤其最忠敏之驛使也。今第列東來諸國師國籍。俾有考焉。

東來古德國籍表（後漢之攝摩騰竺法蘭吾認其爲烏有梁之達摩吾認爲來歷不明或非重要人故皆不列入）

安世高	安息	
支婁迦讖	月支	
竺佛朔	天竺	
安玄	安息	此人疑與世高同一人
支曜	月支	
康巨	康居	
康孟詳	康居	

以上後漢

曇柯迦羅	中天竺	僧傳云『外國沙門』今推定爲康居
康僧鎧	康居	
曇無諦	安息	
康僧會	康居	
支謙	月支	
支畺梁	月支	
維祇難	天竺	
竺律炎	天竺	
安法賢	安息	

以上三國

法護	月支	僧傳云『其先月支人世居燉煌』
支法度	月支	
帛延	龜茲	僧傳云『不知何許人』首楞嚴後記云『龜茲王世子』
帛尸梨蜜	龜茲	僧傳云『西域人』今推定爲龜茲
帛法炬	龜茲	各書不敍其氏籍據出三藏集記卷九知爲姓帛當是龜茲人
竺叔蘭		僧傳朱士行傳云本天竺人父世避難居於河南

安法欽	安息	
以上西晉		
佛圖澄	龜茲	僧傳云『西域人本姓帛氏』今推定爲龜茲
僧伽跋澄	罽賓	
曇摩難提	月支	僧傳云『兜佉勒人』兜佉勒即月支異名
僧伽提婆	罽賓	
僧伽羅叉	罽賓	
曇摩耶舍	罽賓	
鳩摩羅什		據僧傳父天竺人母龜茲人
弗若多羅	罽賓	
曇摩流支		僧傳云『西域人』國籍無考
卑摩羅叉	罽賓	
佛陀耶舍	罽賓	
佛馱跋陀羅（覺賢）	天竺	
曇無讖	中天竺	魏書釋老志云『罽賓人』
支道根	月支	

支施崙	月支	見廣弘明集
曇諦	康居	

以上東晉

佛馱什	罽賓	僧傳但云「西域人」求法高僧傳稱爲
浮陀跋摩	月支	覩貨羅人覩貨羅即兜佉勒亦即月支
求那跋摩	罽賓	
僧伽跋摩	天竺	
曇摩蜜多	罽賓	
畺良耶舍		僧傳但云「西域人」國籍無考
求那跋陀羅	中天竺	
求那毗地	中天竺	
僧伽婆羅	扶南	其國所在未深考當是南印度或錫蘭
曼陀羅	扶南	
菩提流支	北天竺	
眞諦（拘那羅陀）	西天竺	
師賢	罽賓	僧傳無傳見大宗僧史錄卷中

月婆首那	月支	僧傳云『中天竺優禪尼人』靜泰衆經目錄云『月支王子』

以上南北朝

那連提黎耶舍	北天竺烏場	此國在罽賓之北
闍那崛多	犍陀羅	
達摩笈多	南天竺羅囉	此國待考

以上隋

波羅頗迦羅	中天竺	
那提	中天竺	
金剛智	南天竺摩賴耶	
善無畏	中天竺	
般剌若	北天竺迦畢試	此國在今阿富汗舊爲月支屬地
若那跋陀羅	南海訶陵	此國今地難確指或是錫蘭
佛陀多羅	罽賓	
佛陀波利	罽賓	
實叉難陀	于闐	
地婆訶羅	中天竺	

提雲般若　　于闐
智嚴　　于闐
寶思惟　　罽賓
菩提流志　　南天竺
蓮華精進　　龜茲
尸羅達摩　　于闐

以上唐

右表所列。東來諸僧在佛學史上占一位置者略具矣。粗爲歸納。則後漢三國。以安息、月支、康居人爲多。兩晉以龜茲、罽賓人爲多。南北朝則西藏諸國與印度人中分勢力。隋唐則印人居優勢。而海南諸國亦有來者。按地以校其派別。亦我思想界一反影矣。

飲冰室專集之五十七

中國印度之交通（亦題爲千五百年前之中國留學生）

我國文化。夙以保守的單調的聞於天下。非民性實然。環境限之也。西方埃及希臘小亞細亞爲文化三大發源地。有地中海以爲之介。遂得於數千年前交相師資。摩盪而日進。我東方則中國印度爲文化兩大發源地。而天乃爲之閾。使不能相聞問。印度西通雖遠。然波斯希臘。尙可遞相銜接。未爲孤也。我國東南皆海。對岸爲亘古未闢之美洲。西北則障之以連山。湮之以大漠。處吾北者。犬羊族耳。無一物足以裨我。惟蹂躪我是務。獨一印度。我比鄰最可親之昆弟也。我其南邁耶。崑崙須彌（喜馬拉耶）兩重障壁。峻極於天。我其西度耶。流沙千里。層冰滿山。嗚呼。我乃數千年間。不獲與世界所謂高等文化諸民族得一度之晤對。傷哉酷哉。天之嗇我以交通。乃至此極。吾家區區文物。乃不過吾祖宗閉戶自精辛勤積累而僅得之。記不云乎。『獨學而無友。則孤陋而寡聞。』彼西方之民何修而多友。我乃並一而無之也。

環境能熏造性質。我民族受此種交通之酷遇。自然養成幾分保守的單調的氣習。固無庸諱言。然使一民族對於外來文化而無容納之可能性。則其族非久遂成爲「殭石化」。而決不足以順應生存於大地。疇昔西方之人頗以此缺點代吾致疑懼。雖然。吾得有反證以明其決不然也。當秦漢以前。與我接觸之他族。其文化皆下我數等。我對之誠不免貢高自慢。然吾族絕未嘗自滿以阻其向上。絕未嘗自是而不肯虛受人。魏晉以降。佛教輸入賢智之士，憬然於六藝九流以外，尚有學問，而他人之所濬發，乃似過我，於是乎積年之「潛在本能」，忽爾觸發，留學印度，遂成爲一種「時代的運動」（Periodical Movement）。此種運動，前後垂五百年，其最熱烈之時期，亦亘兩世紀，運動主要人物，蓋百數，其爲失敗之犧牲者過半，而運動之總結果，乃使我國文化，從物質上精神上皆起一種革命，非直我國史上一大事，實人類文明史上一大事也。

尤當注意者，本篇所記述，確爲留學運動，而非迷信運動。下列諸賢之遠適印度，其所以能熱誠貫注，百折不回者，宗教感情之衝發，誠不失爲原因之一部分，然以比諸基督教徒之禮耶路撒冷，天方教徒之禮麥加，與夫蒙藏喇嘛之禮西天，其動機純爲異種。蓋佛教本貴解悟而賤迷信，其宗教乃建設於哲學的基礎之上，吾國古德，之有崇高深刻之信仰者，常汲汲焉以求得「正知見」爲務，而初期輸入之佛典，皆從西域間接，或篇章不具，或傳譯失眞，其重要浩博之名著，或僅聞其名，未覩其本，且東來僧侶，多二三等人物，非親炙彼土大師，末由抉疑開滯，以此種種原因，故法顯玄奘之流，冒萬險，歷百艱，非直接親求之於印度而不能卽安也。質而言之，則西行求法之動機，一以求精神上之安慰，一以求「學問慾」之滿足，惟其如此，故所產之結果，能大有造於思想界，而不然者，則三家村婦朝普陀，非不虔敬，而於文化何與焉。明乎此義，則知吾所謂「留學運動」，非誕辭矣。

求法高僧，其姓氏爲吾人所耳熟者，不過數輩，東西著述家所稱引，亦僅能舉二三十人。吾積數月之功，刻意搜討，所得乃逾百，以其爲先民一大業，故備列其名，表敬仰，次乃論次其事也。

西行求法古德表

名姓及籍貫	年代	事略
朱士行 潁川人	魏高貴鄉公甘露五年（二六〇）	士行爲漢土沙門之始。亦爲西行求法之第一人。其西遊動機因讀道行經覺文意隱質。諸未盡善。乃誓志捐身遠求大本。遂在于闐得梵書正本九十章。遣弟子弗如檀送歸。後由竺叔蘭無羅叉譯出。卽今本放光般若經是也。士行遂終於于闐。見梁高僧傳卷四本傳。
竺法護 其先月支人世居燉煌	晉武帝中（二六五—二八九）	時寺廟圖像雖崇京邑。而方等深經蘊在葱外。護乃慨然發憤。志弘大道。遂至西域遊歷諸國。通三十六種語言。獲賢劫法華光讚等梵經百五十六部。齎還中夏。沿途傳譯。終身不倦。見梁高僧傳卷一本傳。
慧常 進行 慧辯 籍無考	晉成帝咸和中（三二七—三三四）	此三人僧傳皆無傳。惟道安著合放光光讚略解序云。『會慧常進行慧辯等將如天竺。路經涼州』。知三人有結侶西遊事矣。又失名人著首楞嚴後記稱咸和三年涼州刺史張天錫譯首楞嚴經時。沙門慧常進行在坐。可考見其西遊年代也。兩文俱見出三藏集記卷八。
于法蘭 高陽人	東晉穆帝中（？）（三四五—三六一）	嘗愴然歎曰。「大法雖興。經道多闕。若一聞圓致。夕死可也」。乃遠適西域。欲求異聞。至交州遇疾。終於象林。事見梁高僧傳卷四本傳。其人卒於支遁前。略推定爲東晉穆帝時人。

支法領 籍無考	東晉孝武中(？) (三七五—三九六)	領爲慧遠弟子。奉遠命往尋衆經。踰越沙雪。曠歲方返。見梁高僧傳卷六遠傳。領在于闐得華嚴前分三萬六千偈。見同書卷二佛䭾跋陀羅傳。又僧肇答劉遺民書云『領公遠舉。乃是千載之津梁。於西域還得方等新經二百餘部。』(梁高僧傳卷七僧肇傳引)綜此諸傳。知領此行成績甚優也。
法淨 籍無考	同上	與法領同受慧遠命出遊。見遠傳。
法顯 平陽武陽人	東晉安帝隆興三年往。義熙十二年歸。前後凡十五年。 (三九九—四一六)	法顯與玄奘爲西行求法界前後兩大人物。稍通佛門掌故者。皆能知之。梁高僧傳本傳云『常慨經律舛闕。誓志尋求。』此爲顯出遊之動機。其在長安偕行者有慧景道整慧應慧達慧嵬五人。在張掖後遇僧紹智嚴寶雲慧簡僧景五人。相約同遊。而或在中途折回。或分道行。或道死。或留印不歸。故歸國時孑然僅一人耳。此爲顯同行之伴侶。其行程據佛國記所述。由燉煌渡沙河十七日至鄯善。(今縣)又十五日至㑥彝。(今焉耆縣)由㑥彝西南行。一月五日至于闐。(今縣)西行二十五日至子合。(今葉爾羌南)更南行四日至於麾。(今奇靈卡)更二十五日至竭叉。(今搭什庫爾干)計在今新疆省境內共行百二十二日。從竭叉度葱嶺。行一月。順嶺西南行十五日至烏萇。(今阿富汗國加非利斯坦省之班底)南下至宿訶多。(今地待考)東下五日至犍陀衛。(即健陀羅今干達馬克)南行四日至佛樓沙。(今白沙威爾)南度小雪山。(今阿富汗

		都城南之白瓦里山）更南下十日至跋那。（今哈爾奈）計在今阿富汗國境共行三十三日。由跋那東行三日渡新顯河（卽印度河）至毗荼。（今克爾許爾）則入印度境矣。自燉煌至毗荼共費百五十九日途中屢有勾留。故六年乃達中印度留中印度三年。將返國。附海船適師子國。（今錫蘭島）在彼復留二年。由師子將附船返廣州。遇風漂泊九十日至一國名耶婆提。（今地待考）停五月。在彼易舟歸八十餘日至長廣郡牢山（今青島）登陸。歸途計費三百三十餘日。此爲顯旅行之歷程。顯留印數年學梵語梵書。在中天竺得摩訶僧祇律薩婆多律雜阿毗曇心經。方等泥洹經。在師子國得彌沙塞律長阿含雜阿含及雜藏。皆漢土所無。躬自書寫齎歸。律藏及阿含之輸入。多賴其賜。此爲顯留學之成績。歸國後與佛馱跋陀羅同譯諸經論百餘萬言。又紀旅行中所見聞爲佛國記。（亦作法顯傳）至今治印度學者皆宗之。英法德文皆有譯本。此爲顯對於人類文化永久之貢獻。
道整 洛陽淸水人（？）	同上	據法顯傳。顯發長安時五人同行。整居其一。同行十人中安抵印境者惟整與顯耳。然整遂留印不復歸。 （附考）梁高僧傳卷一曇摩難提傳稱『趙正晚年出家更名道整。』案趙正卽趙文業。仕苻秦與道安同監譯事。最有功佛法。與法顯同遊之道整。當卽其人。惟僧傳言其終於襄陽。佛國記言其終於印度。未知孰是。
智嚴	同上（？）	初與法顯同行至僞彝。因返高昌求行資。遂分道。後獨行至罽賓。留彼地十年。從佛馱先

西涼州人		諮受禪法。敎請佛馱跋陀羅（卽覺賢）東歸。參其譯事。始終相隨。晚年汎海重到天竺。卒於罽賓。事蹟具詳梁高僧傳卷三本傳。
智羽 智遠　籍無考	同上（？）	智嚴弟子。嚴第二次遊印時隨往。嚴卒。歸報。復返印。事見嚴傳。
寶雲　涼州人	同上（？）	在張掖遇法顯與偕行。同至佛樓沙而別。據佛國記謂其先歸。據梁高僧傳卷三本傳。則雲嘗歷于闐天竺諸國。偏學梵書音字詁訓。悉皆備解。歸後在江左主持譯事。與智嚴同爲覺賢高弟也。傳稱其遊履外國。別有記傳。今佚。
僧景　籍無考	同上（？）	與法顯偕遊至佛樓沙。先歸。 （附考）隋書經籍志有釋曇景外國傳五卷。疑卽僧景所撰。今佚。
慧達　籍無考	同上	與法顯道整寶雲等偕遊。至佛樓沙先歸。 （附考）僧傳所記有慧應無慧達。是否一人待考。
僧紹　籍無考	同上	與法顯偕遊。至于闐。顯等西度葱嶺。經阿富汗入印。紹獨別去。隨胡人入罽賓。

慧景	籍無考	同上	與法顯道整偕遊。至小雪山。景凍死。
慧簡		同上	與法顯等偕遊。至僞彝偕智嚴返高昌求行資。其後是否仍與嚴偕。今無考。
慧嵬	籍無考		
沮渠京聲	涼州人	東晉安帝義熙中（？）（四〇五—四一八）	北涼主沮渠蒙遜之叔。封安陽侯。嘗度流沙至于闐。從天竺法師佛馱斯那學禪法。譯書甚多。事蹟附見梁高僧傳卷二曇無讖傳。
康法朗	中山人　同侶四人	東晉（年分無考）	與同學四人發趾張掖。西過流沙。餘四人遂不復西行。朗更遊諸國。研尋經論。後還中山。見梁高僧傳卷四本傳。
慧叡	冀州人	東晉（年分無考）	從蜀之西界。至南天竺。音譯詁訓。無不必曉。後還憩廬山。俄入關從學羅什，見梁高僧傳卷七本傳及釋迦方志卷下。
智猛	雍州新豐人　同侶十五人	姚秦弘始六年往。劉宋元嘉十四年歸。凡在外	猛之出遊。在法顯後四年。蓋不相謀也。猛每聞外國道人說天竺有釋迦遺跡及方等衆經。於是始結同志十有五人出遊。歷流沙至于闐。西南行二千里始登葱嶺而九人退還。尋一人復道死。猛僅與四人共度雪山歷罽賓徧遊印。當時西遊諸賢留印最久者莫如

	三十七年。（四〇三—四二七）	猛。及其歸也。僅與一人偕耳。猛得梵本甚多。僧祇律及大般涅槃其最著也。猛著遊行外國傳。隋唐經籍志並著錄今佚。其事蹟僅見梁高僧傳卷三本傳。
道嵩 籍無考	同上	與智猛同行。至波崘國。道亡。
曇纂 籍無考	同上	與智猛同出同歸。
曇學 成德 河西人 同侶八人	東晉末（年分無考）	賢愚經記（見出三藏集記卷十）云『河西沙門曇學。成德等八僧。結志遊方。遠尋經典於于闐大寺習梵音精思通譯』此八僧曾否到印度今無考。
曇無竭 幽州黃龍人 同侶二十五人	劉宋永初元年（四二〇）往。歸期無考。	曇無竭此云法勇。聞法顯等躬踐佛土。慨然有忘身之誓。乃召集同志二十五人遠適西方度雪山時。經三日方過料檢同侶失十二人。餘十三人經罽賓入中天竺。八人復死於路。僅餘五人同行。後於南天竺隨舶汎海達廣州。據梁高僧傳卷三本傳無竭亦著有遊記。但隨唐志並不著錄。想其佚已久。
僧猛 曇朗	同上	曇無竭同行二十五人中之二人也。事蹟無考。

道普	高昌人	宋元嘉中（四二四—四五三）	普事蹟附見梁高僧傳卷二曇無讖傳中。據稱『經遊西域。徧歷諸國。……善能梵書。備諸國語。遊履異域。別有大傳。』其傳隋志不著錄。想已久佚。其出遊年代不可考。惟讖傳又云『宋元嘉中故重尋涅槃後分。遣普將書吏十人西行尋經。至長廣郡（今青州）舶破傷足。因疾而卒。』此則普第二次西行而以身殉法也。
道泰	籍無考	東晉劉宋間（年分難確指）	開元釋敎錄卷四下云『泰以漢土方等粗備。幽宗粗暢。其所未練。惟三藏九部。故杖策冒險。爰至葱西。綜覽梵文。並獲婆沙梵本十萬餘偈。及諸經論東歸。』釋道挻阿毗曇毗婆沙論序（見原書卷首）云『有沙門道泰。……至葱西。……獲其梵本十萬餘偈。……以乙丑之歲。……傳譯。』法顯諸僧西遊目的在求大乘經典。道泰則注重小乘。婆沙大論輸入泰之賜也。此論以乙丑年傳譯。其年爲宋文帝元嘉二年。泰之出遊當遠在此年以前矣。
法盛	高昌人	東晉劉宋間（？）	梁高僧傳卷二曇無讖傳云『時高昌有沙門法盛。亦經往外國。立傳凡有四卷。』隋唐書經籍志並著錄法盛歷國傳三卷。今佚。
竺法維 僧表	涼州人（？）	東晉劉宋間（？）	二人之名附見曇無讖傳云『並經往佛國。』殆皆北涼時人。梁寶唱名僧傳卷廿六有僧表傳。

姓名	籍貫	年代	事蹟
慧覽	籍無考	宋太明中（四五七—四六四）	覽曾遊迦濕彌羅。從達磨諮受禪要。還至于闐授諸僧戒。見梁高僧傳卷十二本傳。
道藥	籍無考	元魏太武末年（四三三—四三九）	藥從疏勒道入印度經懸度到僧迦施國。還著傳一卷。見唐道宣釋迦方志卷下。所著傳隋書經籍志著錄。今佚。楊衒之洛陽伽藍記引之。
法獻	西海延水人	宋元徽三年（四七五）	獻聞智猛西遊。乃誓欲忘身往覲聖迹。以元徽三年。發踵金陵。西遊巴蜀。路出河南。道經芮芮。既到于闐。欲度葱嶺。值棧道路絕而返。見梁高僧傳卷十四本傳。
惠生	籍無考	元魏熙平元年至正光三年（五一六—五二三）	魏書釋老志云。『熙平元年詔遣沙門惠生使西域。採諸經律。正光三年還京師。所得經論一百七十部行於世。』慧生行傳一卷。隋書經籍志著錄。今佚。洛陽伽藍記引之。
宋雲	燉煌人	同上	洛陽伽藍記卷五云。『宋雲與惠生向西取經。凡得一百七十部。正光二年二月還。』其年月與釋老志小有出入。要之二人同出同歸無疑也。雲著有家記。隋志著錄。今佚。伽藍記引之。唐志別有雲著魏國以西十一國事一卷。是否即家記異名。今無考。
王伏子統法力		同上	魏書嚈噠傳云。『熙平中明帝遣王伏子統宋雲沙門法力等往西域求訪佛經。沙門慧生亦行。』據此知玆遊同行者尚有此三人也。

雲啓	籍貫年代事蹟皆無考。其名僅見佛祖歷代通載卷十。		
寶暹 道邃 僧曇 智周 僧威 法寶 智昭 僧律	籍皆無考	北齊武平六年至十三年（五七四—五八一）	唐高僧傳卷二闍那崛多傳云『有齊僧寶暹道邃僧曇等十人。以武平六年。相結同行。採經西域。往返七載。將事東歸。凡獲梵本二百六十部。迴至突厥。俄而齊亡……大隋受禪。暹等齎經應運。』大抵隋代所譯經論原本多出暹等所齎歸也。同行十人中智周等五人之名見開元釋敎錄卷七。餘二人無考。
玄奘	洛州緱氏人	唐貞觀二年出。十九年歸。前後凡十七年。（六二八—六四五）	玄奘爲中國佛敎第一功臣。其事蹟具見慧立著之慈恩三藏法師傳及唐高僧傳卷四本傳。其遊歷之跡。見奘所自著大唐西域記。諸書現存。爲世界學界鴻寶。今以極簡略之文記其梗概如下。 （一）遊學動機　因研究婆沙雜心俱舍攝大乘諸論。覺未能盡其理解。屢從本國大師質疑。皆不滿足。故發憤西遊。求名師。讀原本。慈恩傳云『師既遍謁衆師。備飡其說。詳考其義。各擅宗途。驗諸聖典。亦隱顯有異。莫知適從。乃誓遊西方。以問所惑。』此奘出遊之主要動機也。時年二十九。 （二）旅途之艱窘　時方嚴越境之禁。奘詣闕陳表。請特許遊學。有司不爲通。乃隨飢民度隴。復偷越五烽（關卡）。備極艱險。乃至高昌（今吐魯番）。高昌王麴文泰夙聞其

名。強留供養。奘以死自誓。乃得脫。猶淹彼國經一夏。時西域諸國。咸服屬突厥。非得突厥護照。不能通行。乃持文泰介紹書。詣突厥葉護可汗牙所。得其許可乃行。故奘所遊者非漢以來西域通路。乃北出特穆爾圖泊。掠西伯利亞之南端。經俄屬土耳其斯坦。乃循阿富汗入迦濕彌羅。此路爲法顯法勇以來所未經行也。途中艱窘狀況。具見本傳。

(三)留學成績　奘出遊十七年。歷五十六國。備通各種語言文字。其間留中印度摩竭提國之那爛陀寺凡五年。實奘畢生學力最得力處也。時印度大乘教方極盛。法相宗尤昌。大師戒賢。即那爛陀之首座。奘親受業。盡傳其學。歷治瑜伽順理顯揚對法諸論。而於瑜伽尤所覃精。其餘如小乘一切有部經量部。及大乘法性宗學說。莫不參稽深造。旁及外道宗趣。咸所取資。畢業後五印諸王。爭先供養。其共主戒日王。敬禮尤至。爲奘特開辯學大會。奘立「眞唯識量」懸諸國門。經月無人能難詰者。後更遍遊諸國。采風問俗。至貞觀十八年乃歸。

(四)歸國之貢獻　奘所齎歸之經典。凡五百二十夾。六百五十七部。各地方各宗派之書咸有。以貞觀十九年正月抵長安。其年三月。即開始翻譯。直至龍朔三年十月。凡十九年間。(六四五——六六三)譯事未嘗一日輟。所譯共七十三部一千三百三十卷。其絕筆之時。距圓寂僅一月耳。

玄照 太州仙掌人	唐貞觀間 (六二七—六四九)	照與玄奘蓋先後出遊。但照之往。取道吐蕃(西藏)蒙文成公主護送。歸途經泥波羅(即尼泊爾。亦稱廓爾喀)此藏印通路爲前人所未經者。照在印凡十一年。詔書徵歸。

	又麟德元年（六六四）	高宗麟德元年，復奉勅往，遂在中印病歿。
師鞭 齊州人	貞觀間（？）	與玄照偕行，至西印度，年三十五，卒於彼地。
道希 齊州歷城人	貞觀間（？）	留學那爛陀寺，攜有漢譯新舊經論四百餘卷，施入該寺，又在大覺寺樹立唐碑一座，卒於印度。
慧業 新羅人	貞觀間	留學那爛陀寺，卒於彼，義淨嘗見其手寫梵本諸經論。
玄恪 新羅人	貞觀間	嘗與玄照同留學大覺寺，後卒於印度。
道方 幷州人	無考	由泥波羅入印，留學大覺寺。
道生 幷州人	貞觀末	由吐蕃路入印，留學那爛陀，卒業後多賫經像歸國，至泥波羅病死。
常慜 幷州人	無考	由海道往，經訶陵國，舟覆溺死，其弟子一人偕亡。

師子惠　京師人	貞觀間	與師鞭偕行。留學信者寺。歸途經泥波羅。病死。
玄會　京師人	無考	由西域入迦溼彌羅。留學大覺寺。歸途經泥波羅。病死。年僅三十。義淨云。『尼波羅有毒藥。所以到彼多亡也。』
僧隆　籍無考	貞觀間	從北道至北印度。後返國經健陀羅。道亡。
明遠　益州淸城人	無考	由交阯泛海往。經訶陵至師子國（錫蘭）欲潛取佛牙。爲國人所覺。頗見陵辱。自是師子人守護佛牙益嚴重云啓超案吾遊錫蘭尙覩所謂佛牙者。
義朗　益州成都人	無考	由海道往。精窮瑜伽。住錫蘭頗久。
智岸　成都人		與義朗偕行。至郎迦國。病死。
義玄　成都人		義朗之弟。與朗偕行。
會寧　成都人	麟德中	由海道往。至訶陵國。得大涅槃經後分。補譯。遂歸。旋客死海外。年僅三十四五。

運期 交州人	同上	會寧弟子。寧譯經遣其賚還。尋復獨遊。
解脫天 交州人	無考	由海道往。留學大覺寺。
窺沖 交州人	無考	明遠弟子。後隨玄照同留中印度。卒於王舍城。年三十許。
智行 愛州人	無考	由海道至西印度留學信者寺。卒於彼地。年五十餘。
慧琰 交州人	無考	智行弟子。隨師到僧訶羅國。
信冑 籍無考	無考	由西域北道至西印度留學信者寺。卒於彼地。年三十五。
大乘燈 愛州人	無考	幼隨父母會遊印度。隨唐使臣郯緒歸國。受業玄奘。矢志出遊。乃由海道經師子國入南印度。旋至東印耽摩立底國。留十二年。隨詣中印。留學那爛陀。卒於此寺。義淨猶覩其遺物。

彼岸 智岸	並高昌人	無考	二人少長京師。後隨使臣王玄策泛海遊印。遇疾俱卒。所攜漢譯本瑜伽及餘經論。保存於室利佛逝國。
曇閏	洛陽人		由海道往。至渤盆國。遇疾死。
義輝	洛陽人	無考	因讀攝論俱舍懷疑未晰。乃往中印度留學。畢業歸國。至郎迦戍國病死。年三十餘。
慧輪	新羅人	貞觀間	隨玄照西行充侍者。留學信者寺十年。義淨遊印時尚存。年向四十。
道琳	荆州江陵人		因欲研究戒律。發心留學。由海道往印。在東印耽摩立底國留三年。次至中印。留那爛陀數年。南印西印各住經年。義淨出遊時尚留印。
曇光	荆州江陵人		由海道往。至東印度訶利雞羅國。後不知所終。
慧命	荆州江陵人		由海道往。至占波。屢遭艱苦。廢然而返。

善行	晉州人		義淨弟子。隨淨至寶羅筏。嬰疾而歸。
僧哲	澧州人		由海道往，留學三摩呾吒國。義學在印，曾與相見。其弟子玄遊。高麗國人。隨哲往師子國。
靈運	澧州人		與僧哲同遊。留學那爛陀寺，
智弘	洛陽人		當時印度使臣王玄策之姪。與無行同泛海西遊。留學大覺寺二年。復詣那爛陀。卒乃在信者寺習小乘敎。譯律藏書甚多。留印共八年。經迦溼彌羅返國。
無行	荆州江陵人		與智弘同泛海西遊。留學那爛陀寺。習瑜伽中觀俱舍。復往羝羅荼寺研究因明。義淨在印常與往還。著有遊記。名曰中天附書。今佚。一切經音義引之。
法振	荆州人		由海道往。至羯荼國病死。年三十五六。
乘悟	同州人		與法振同行，乘悟至瞻波病死，乘如蹤跡不詳。
乘如	梁州人		

大津	灃州人	唐永淳二年至天授三年（六八三—六九二）	初法侶多人泛海西遊。須行。其侶退縮。津乃獨往。留印十年。復附舶歸國。義淨之南海寄歸傳。即託津帶返也。右自玄照至大津。凡四十人。皆見義淨大唐西域求法高僧傳。其常慜傳附見弟子一人。玄恪傳末附見新羅僧二人。玄會傳末附見與北道使人同行者一人。文成公主乳母之息二人。義輝傳末附見唐僧至烏萇國者三人。慧輪傳中附見由蜀川牂牁道西遊之唐僧二十許人。曇光傳中附見訶利雞羅國唐僧一人。皆失名姓。除慧輪傳之二十許人相傳爲五百年前曾來者外。餘五十人皆唐太宗至武后時人。與玄奘義淨先後遊印者也。
義淨	范陽人	唐高宗咸亨二年至武后證聖元年（六七一—六九四）	淨年十五。便蓄志欲遊西域。年三十七乃獲成行。初發足至番禺。得同志數十人。及將登舶。餘皆退罷。淨奮厲孤行。備歷艱險。所至之境。皆洞言音。凡遇酋長。俱加禮重。經二十五年。歷三十餘國。留學那爛陀十年。歸時齎得梵本經律論近四百部。合五十萬頌。歸後從事翻譯。所出五十六部二百三十卷。玄奘以後一人而已。著有大唐西域求法高僧傳南海寄歸傳。內法傳。皆佛門掌故珍要之書。求法傳卷下玄逵傳末自述遊跡頗詳。
貞固	滎川人	唐武后永昌元年（六八九）	義淨在印度。附書廣州制旨寺。求紙墨供寫經之用。並求助譯之人。固時年四十。奮焉遄往。淨有詩贈之。
孟懷業	廣州人	同上	貞固弟子。隨師遊學。復爲義淨侍者。助譯事。

道宏　汴州人	同上	隨貞固出遊。年僅二十三。既至印度。留學那爛陀。助義淨譯寫。
法朗　襄陽人	同上	隨貞固出遊。年僅二十四。後在訶陵國遇疾卒。以上四人。附見求法高僧傳。
慧日　東萊人	唐中宗嗣聖十九年至玄宗開元七年（七〇二—七一九）	日聞義淨之風。誓志西遊。泛舶歷南洋諸國。三年乃至印度。前後歷七十餘國。歸而專弘淨土之敎。見宋高僧傳卷二十七本傳。
慧超　籍無考	唐開元十五歲歸（七二七）	超名不見諸傳記。（唐僧傳有兩慧超皆非此人）惟慧琳一切經音義卷一百。有慧超往五天竺傳音義。知其人爲西行求法且有著書者。但其書隋唐志皆不著錄。佚蓋久矣。近年燉煌石室寫經出世。忽發現其書末殘卷數葉。知其以開元十五年歸。歸途經于闐疏勒焉耆達安西。實學界一快事也。
不空　本北印度人隨叔父留寓中國	唐玄宗開元二十九年至天寶八載（七四一—七四九）	不空爲我國密宗開祖。奉其師金剛智遺命。率弟子二十七人西遊。求得密藏經論五百餘部賫歸。見宋高僧傳卷一本傳。

含光		同上	不空弟子。隨空行。光別有傳。見宋高僧傳卷二十七。
慧警			
悟空	京兆雲陽人	唐玄宗天寶十載至德宗貞元五年（七五一—七八九）	空本名車奉朝。隨中使張韜光由安西路奉使罽賓。旋在罽賓出家。歷游印度諸國。留彼四十年。歸時年已六十餘。

右表所列。共得百零五人。其佚名者尚八十二人。（康法朗同行者佚三人智猛同行者佚十三人曇學等同行者佚六人曇無竭同行者佚二十三人寶暹等同行者佚二人求法高僧傳中佚名者十人不空同行者佚二十五人）嗚呼盛矣。據求法高僧傳所述。則距義淨五百餘年前。尚有由蜀川牂牁道入印之唐僧二十許人。注一其年代確否雖未敢定。然有專寺供其棲息。事當非誣。再考印度境內華人專寺。其見於載籍者有四。

（一）東印度殑伽河下游之支那寺。注一

（二）迦濕彌羅之漢寺。注二

（三）王舍城中之漢寺。注三

（四）華氏城東南百里之支那西寺。注三

此諸寺者。殆可稱為千餘年前之中國留學生會館。夫必學生多然後會館立。然則當時西行求法之人姓氏失考者殆更不止此數耳。

(注一)求法高僧傳卷上云『那爛陀寺東四十驛許，循殑伽河而下，至蜜栗伽悉伽鉢娜寺。去此寺不遠，有一故寺，但有塼基，厥號支那寺。相傳是室利笈多大王爲支那國僧所造。於時有唐僧二十許人，從蜀川牂牁道而出，王施此地以充停息，給大村封二十四所……准量支那寺至今可五百餘年矣。現今地屬東印度，其王每言若有大唐天子處數僧來者，我爲重興此寺』。案義淨前五百餘年，則當在法顯以前。此年代恐不確。惟淨既親覽此寺故基，聞其口碑，則其必有是事，固無可疑耳。

(注二)法苑珠林卷三十八引王玄策西域志云『罽賓國都城內有寺名漢寺，昔日漢使向彼，因立浮圖，以石構成，高百尺。道俗虔恭，異於殊常。』

(注三)宋范成大吳船錄卷一引繼業印度行程云，『王舍城中有蘭若隸漢寺。……又北十五里有那爛陀寺。……又東北十里至伽濕彌羅漢寺，寺南距漢寺八里許。自漢寺東行十二里……又東七十里……又西北五十里有支那西寺，古漢寺也。西北百里至花氏城，育王故都也』。案此文頗不明瞭。惟王舍城中那爛陀寺南十五里有一漢寺，華氏城東南百里有一支那西寺，蓋無疑。所謂伽濕彌羅漢寺者，不知是否即王玄策所記。但若爾則地里殊遠，隔不愜矣。或此地之寺由迦濕彌羅分出，故襲其名耶。若爾，則中印應有三漢寺，並東印及罽賓者爲五矣。又案此諸寺玄奘義淨皆不記，其建設當在奘淨西遊後耶。然王玄策年代固較奘稍晚而較淨稍早也。姑存疑以俟續考。

求法運動起於三國末年，訖於唐之中葉，前後殆五百年。區年代以校人數，其統計略如下。

西第三世紀(後半)	二人
第四世紀	五人
第五世紀	六十一人
第六世紀	十四人
第七世紀	五十六人

第八世紀(前半)　三十一人

右三四兩紀之西遊者。皆僅至西域而止。實今新疆省境內耳。內法護一人似曾出葱嶺以西又僧建所到月支當爲今阿富汗境內地未能指爲純粹的留學印度。其留學運動最盛者。爲第五第七兩世紀。而介在其間之第六世紀。較爲衰頽。此種現象之原因。可從三方面推求之。其一印度方面。五世紀爲無著世親出現時代。七世紀爲陳那護法清辯戒賢出現時代。佛教昌明。達於極點。其本身之力。自能吸引外國人之觀光願學。六世紀介在其間。成爲閏位。其二西域方面。五世紀苻姚二秦。與涼州以西諸國。交涉極密。元魏益收西域之半以爲郡縣。故華印間來往利便。六世紀則突厥驟強。交通路梗。諸求法者。欲往末由。觀玄奘之行。必迂道以求保護於葉護。可窺此中消息。七世紀則唐既定天下。威棱遠播。如履戶庭也。其三中國方面。四世紀以前佛教殆爲無條理無意識的輸入。殊不能滿學者之欲望。故五世紀約百年間。相率爲直接自動的輸入運動。至六世紀時。所輸入者已甚豐富。當圖消化之以自建設。故其時爲國內諸宗創立時代。而國外活動力反稍減焉。及七世紀則建設進行之結果。又感資料不足。於是向百尺竿頭再進。爲第二期之國外運動。此實三百年間留學事業消長之主要原因也。

第八世紀之後半紀。印度婆羅門教中興。佛教漸陵夷衰微矣。而中國內部亦藩鎮瘈噬。海宇鼎沸。國人無復餘裕以力於學。故義淨悟空以後。求法之業。無復聞焉。其可稱佛徒留學史之掉尾運動者。則有宋太祖乾德　年至開寶九年九六四—九七六敕遣沙門三百人入印度求舍利及梵本之一事。注一其發程時上距義淨之入寂既二百五十二年矣。此在求法史中最爲大舉。然銜朝命以出。成爲官辦的羣衆運動。故其成績乃一無足紀也。

(注一)此事僅見於范成大之吳船錄。成大蓋錄僧繼業之遊記。繼業即三百人中之一人也。吳船錄卷一云『繼業姓王氏。耀州人。……乾德二年。詔沙門三百人入天竺求舍利及貝葉多書。業預遣中至開寶九年始歸。峨眉牛心寺所藏涅槃經一函四十二卷。業於每卷後分記西域行程。雖不甚詳。然地里大略可考。世所罕見。錄於此。……』成大所錄全文約九百字。當時極勞費之一舉。賴此僅傳矣。業所記雖簡略。然亦有足補顯奘淨諸記所不及者。亦佛門掌故一珍籍也。

前所列百〇五人中。惟宋雲慧生等五人爲北魏熙平中奉勅派往。其餘皆自動也。（內劉宋時之道普唐時之玄照皆先已爲自動的西遊歸後乃勅派再遊者）此可見學問之爲物。純由社會的個人自由開拓。政府所能助力者。蓋甚微耳。

西遊諸賢中有籍貫可考者六十五人。以隸今地。則各省所得統計略如下。

甘肅	十人	河南	八人	山西	七人	兩廣	七人
四川	六人	湖北	五人	直隸	四人	陝西	四人
山東	四人	新疆	四人	遼東	四人	湖南	三人

最奇異之現象。則江淮浙人竟無一也。此一帶爲教義最初輸入發育之地。其人富於理解力。諸大宗派。多在此成立焉。獨於當時之留學運動。乃瞠乎其後者。其毋乃堅忍冒險之精神。不逮北產耶。雖然。當前期（五世紀）運動最盛時。南北朝分立。西域交通。爲北人所專享。後期（七世紀）運動時。政治中心點亦在西北。則江表人士。因乏地理上之便利。不克參加於此運動。亦非甚足怪也。

再將各人之行蹤及生死列統計表如下。

（一）已到印度學成後安返中國者四十二人。

法護　法領　法顯　智嚴　智羽　智遠　寶雲　僧景　慧達　沮渠京聲　康法朗　慧叡　智猛　曇纂　法勇　道普　道泰

法盛　慧覽　道藥　惠生　宋雲　寶暹及其同行者七人　玄奘　玄照　運期　智弘　大津　義淨　慧日　慧超　不空

會光　悟空　繼業

(二)已到西域而曾否到印度無可考者十六人。

朱士行　慧常　進行　慧辯　僧建　慧簡　慧嵬　慧應　曇學及其同行者七人

(三)未到印度而中途折回者人數難確指。

法獻(因葱嶺棧道絕折回)　康法朗同行之四人(過流沙後折回)　智猛同行之九人(臨度葱嶺時折回)　義淨同行之數十人(臨登海船時折回)　大津同行多人(臨登海船時折回)

(四)已到印度隨即折回者二人。

慧命(以不堪艱苦折回)　善行(以病折回)

(五)未到印度而死於道路者三十一人。

于法蘭(死於象林)　慧景(死於小雪山)　道嵩(死於波淪)　法勇同行者十二人(死於雪山)又八人(死於罽賓天竺道中)　智猛同行者一人(死於葱嶺西)　智岸(成都人死於郎迦)　智岸(高昌人死於海船)　彼岸(同上)

曇閏(死於渤盆)　常慜及其弟子一人(死於訶陵)　法朗(死於訶陵)

(六)留學中病死者六人。

師鞭(年三十五)　會寧(年三十四五)　窺冲(年三十許)　信胄(年三十五)　法振乘悟(卒年無考)

(七)學成歸國而死於道路者五人。

道生　師子惠　玄會(俱經尼波羅被毒死)　僧隆(行至健陀羅病死)　義輝(行至郎迦戍病死)

(八)歸國後為第二次出遊者六人。

(甲)再出遊而死於道路者一人。道普（在青島船破而死）
(乙)再出遊而欲歸不得者一人。玄照
(丙)再出遊遂留外不歸者一人。智嚴
(丁)再出遊而曾否再歸無可考者三人。智羽　智遠　運期

(九)留而不歸者七人。（？）

朱士行（留于闐）　道整　道希　慧業　玄恪　智行　大乘燈（並留印度）

(十)歸留生死無考者多人。其數難確指。

法淨　僧紹　僧猛　曇朗　王伏　子統　法力　雲啓　道方　明遠　義朗　義玄　解脫天　慧炎　慧輪　道琳　曇光　僧哲　玄遊　靈運　無行　乘如　貞固　孟懷業　道宏　慧䂮　又與寶暹同行者二人　與不空同行者二十七人　求法傳中佚名者十人　義淨所稱五百年前之唐僧二十許人　合計蹤跡不明者八十餘人

右統計表所當注意者。其學成平安歸國之人確鑿可考者。約占全體四分之一。死於道路者亦四分之一。中途折回者似甚多。而留外不歸之人確鑿可考者數乃頗少也。

又其留學期間之久暫可考見者。列表如下。（以久暫爲次）

悟空	四十年	
智猛	三十七年	
義淨	二十五年	
惠生	宋雲等	十九年
慧日	十九年	

玄奘　十七年
大乘燈　十二年以上
玄照　第一次十一年　第二次不歸
智嚴　第一次十年　第二次不歸
慧輪　十年以上
大津　十年
不空　九年
智弘　八年
寶暹等　七年

又此種留學運動以一人孤征者爲最多。若玄奘之獨往獨來。最足爲此精神之代表矣。然屬於團體運動者亦不少。如法顯等十人團。可爲最初之探險隊。成績亦最優。（智嚴寶雲皆團員之一）次則智猛等十五人團。法勇等二十五人團。曇學等八人團。寶暹等十人團。不空等二十八人團。皆極濟濟矣。然法顯智猛皆結隊往而一人獨歸。抑亦等於孤征矣。至於繼業等之三百人。則以官費派遣。在此項史料中。殊不甚足爲輕重也。

留學運動之總成績。蓋不可以數算。前之法護。後之玄奘。其在譯界功烈之偉大。盡人共知。不復喋述。至如般若之肇立。則自朱士行之得放光也。華嚴之傳播。則自支法領求得其原本。而智嚴寶雲挾譯師覺賢以歸也。涅槃之完成。則賴智猛。阿含之具足及諸派戒律之確立。則賴法顯。婆沙之宣傳。則賴道泰。淨土之盛弘。則賴慧日。戒經之大備。則賴義淨。密宗之創布。則自不空。此皆其最犖犖可記者也。

留學運動之副產物甚豐。其尤顯著者則地理學也。今列舉諸人之遊記考其存佚如下。

(一)法顯　歷遊天竺記傳一卷。今存。

隋書經籍志著錄有佛國記一卷。法顯傳二卷。法顯行傳一卷。蓋一書異名。史官不察。複錄耳。書現存藏中。通稱法顯傳或佛國記。津逮祕書。祕册彙函皆收錄。近人丁謙有注頗詳。

法人(Abel Rémusat)以一八三六年譯成法文。在巴黎刊行。題爲(Foe Koue Ki ou relations des royaumes bouddhiques)。英人(Samuel Beal)續譯成英文。在倫敦刊行。題爲(Travels of Fah Hian and Sung-yun, Buddhist Pilgrims from China to India)。德文亦有譯本。

(二)寶雲　遊履外國傳。梁高僧傳本傳著錄。今佚。隋唐志皆未著錄。

(三)曇景　外國傳五卷。今佚。隋書經籍志著錄。

(四)智猛　遊行外國傳一卷。今佚。

隋書經籍志著錄。唐書藝文志著錄。僧佑出三藏集記引其一段。

(五)法勇　(卽曇無竭)歷國傳記。今佚。隋唐志皆未著錄。

(六)道普　遊履異域傳。見梁高僧傳曇無讖傳。今佚。隋唐志皆未著錄。

(七)法盛　歷國傳二卷。隋書經籍志著錄。唐書藝文志著錄。今佚。

(八)道藥　道藥傳一卷。隋書經籍志著錄。今佚。洛陽伽藍記節引。

(九)惠生　慧生行傳一卷。隋書經籍志著錄。今佚。洛陽伽藍記節引。

(十)宋雲　家記一卷。隋書經籍志著錄。今佚。洛陽伽藍記節引。

魏國以西十一國事一卷。唐書藝文志著錄。今佚。是否家記異名。今無考。

(十一)玄奘　大唐西域記十二卷。今存。

唐書藝文志著錄。現存藏中。近人丁謙著有考證。

法人(Stanislas Julien)有法文譯本。一八五七年刊行。題爲(Mémoires sur les Contrées Occidentales)英人(Samuel Beal)有英文譯本。題爲(Si-yu ki: Buddhist Records of the Western World)

(附)慧立　大慈恩寺三藏法師傳十卷。彥悰箋。今存。

慧立爲玄奘弟子。記其師西遊事蹟。法人(Julien)以一八五三年譯成法文。題爲(Histoire de la Vie de Hiouen Thsang et Ses Voyages dans l'Inde entre les années 629 et de 642 de notre ère)。

(十二)義淨　南海寄歸內法傳四卷。今存。

唐書藝文志著錄。日本高楠順次郎有英文譯本。一八九六年在牛津大學刊行。題爲(Record of the Buddhist Religion)。

(附)義淨　大唐西行求法高僧傳二卷。今存。

此書爲求法高僧五十餘人之小傳。其名具見前表。書中關於印度地理掌故尙多。法人(Ed, Chavannes)以一八九四年譯成法文。題爲(Mémoir sur les religieux éminents qui allérent cher cher la loi dans les-Pays d'occident)。

(十三)無行　中天附書。今佚。

唐志未著錄。求法高僧傳言有此書。慧琳一切經音義卷一百著錄。題爲荆川沙門無行從中天附書於唐國諸大德。

(十四)惠超　往五天竺國傳三卷。久佚。今復出。

唐志未著錄。一切經音義卷一百著錄。近十年來從燉煌石室得寫本殘卷。收入羅氏雲窗叢刻。

(十五)繼業　西域行程。今佚。范成大吳船錄節引。

以上十五種．皆前表中諸留學生之遺著也．其原書首尾具存者．惟法顯玄奘義淨三家．然全世界研究東方文化之人．已視若鴻寶．倘諸家書而悉存者．當更能賚吾儕以無窮之理趣也．其他留學界以外之人關於地理之著述尙多．實則皆受當時學界間接之影響也．舉其可考者如下．

(一)道安　西域志　隋書經籍志著錄今佚酈道安水經注徵引多條道安未嘗出國門一步此書蓋聞諸曾遊西域者據水經注所引其關於葱嶺以西之記載頗不少疑道安朋輩中或有先法顯而遊印度者矣

(二)程士章　西域道里記三卷　隋書經籍志著錄玉海卷十六著錄今佚

(三)彥琮　大隋西國傳十卷　隋唐志皆未著錄唐高僧傳卷二達摩笈多傳列舉其目如下一本傳二方物三時候四居處五國政六學敎七禮儀八飲食九服章十寶貨此書蓋彥琮述其所聞於笈多者實一種有組織之著述也

(四)彥琮　西域玄志一卷　隋唐志未著錄法苑珠林卷百十九著錄今佚

(五)大隋翻經婆羅門法師外國傳五卷　隋書經籍志著錄今佚

(六)裴矩　隋西域圖三卷　隋書經籍志著錄玉海卷十六著錄今佚

(七)王玄策　中天竺行記十卷　唐書藝文志著錄玉海卷十六法苑珠林卷百十九著錄今佚其散見珠林各卷所引玄策爲貞觀末年遣聘印度之使臣在闐賓當爲政治活動與當時留學界關係亦多

(八)韋弘機　西域記　唐志未著錄玉海卷十六著錄今佚

(九)唐西域圖志四十卷　顯慶三年許敬宗等奉勅撰唐書藝文志著錄今佚

(十)西域志六十卷　唐麟德三年百官奉勅撰唐書藝文志著錄法苑珠林卷百十九著錄今佚

此外西方之繪畫彫塑建築音樂經此輩留學生之手輸入中國者尚不知凡幾皆教宗之副產物也其詳當於別篇敍之今且從省要之此四五百年之留學運動實使我中國文明物質上精神上皆生莫大之變化可斷言也

最後更當研究中印間交通狀況今依前表其路線可考者如下

第一　海路

(甲)由廣州放洋　義淨不空等出歸皆遵此路唐代諸僧什九皆同曇無竭歸時遵此路

(乙)由安南放洋　明遠出時遵此路覺賢來時遵此路

(丙)由青島放洋　法顯歸時遵此路道普第二次出時遵此路

凡泛海者皆經訶陵（即爪哇）師子（即錫蘭）等國達印度也

第二　西域渴槃陀路

(甲)經疏勒　宋雲惠生等出歸皆遵此路曇無竭出時遵此路

(乙)經子合　法顯出時遵此路

(丙)經莎車　玄奘歸時遵此路

渴槃陀者今塔什庫爾干即漢書之依耐佛國記之竭叉也地爲葱嶺正脊旅行者或由疏勒或由子合或由莎車皆於此度嶺嶺西則經帕米爾高原阿富汗斯坦以入迦濕彌羅此晉唐間最通行之路也

第三　西域于闐罽賓路　僧紹寶雲遵此路

此路不經葱嶺正脊。從拉達克度嶺直抄迦濕彌羅。實一捷徑也。與法顯同行之僧紹在于闐與顯分路。即遵此行。又寶雲傳稱其『從于闐西南行二千里登葱嶺入罽賓』。當亦即此路。

第四　西域天山北路。　玄奘出時遵此路。

此路由拜城出特穆爾圖泊。徑撒馬罕以入阿富汗。除玄奘外未有行者。

第五　吐蕃尼波羅路。　玄照出歸遵此路。道生師子惠玄會等歸時皆遵此路。道死。

此路由青海入西藏。經尼波羅(即廓爾喀)入印度。惟初唐一度通行。尋復榛塞。

第六　滇緬路。　求法高僧傳所記古代唐僧二十許人遵此路。

求法傳言五百年前有僧二十許人從蜀川牂牁道而出。注云『蜀川至此五百餘驛』。計當時由雲南經緬甸入印也。慧叡傳稱『叡由蜀西界至南天竺』。所遵當即此路。果爾則此爲東晉時一孔道矣。

第六之滇緬路。即張騫所欲開通而卒歸失敗者也。自南詔獨立。此路當然梗塞。故數百年間無遵由者。第五之吐蕃路。初唐時因文成公主之保護。曾一度開通。然西藏至今猶以祕密國聞於天下。古代之錮蔽更可想。故永徽顯慶以後。吾國人經尼波羅者。輒被毒死。此路遂復閉矣。第四之天山北路。則玄奘時因突厥威虐。不能不迂道以就。故他無聞焉。第三之于闐罽賓路。本較便易。而行人罕遵者。其故難明也。是故雖有六路。然惟第一海路之由廣州放洋者與第二西域路之由莎車子合度渴槃陀者最爲通行。前者爲七世紀時交通之主線。後者爲五世紀時交通之主線。

由此而當時留學運動之消長。與學生南北籍貫之偏畸。其消息皆可略窺也。海路之通。雖遠溯漢代。然其時必無定期航行之船。蓋可推定。（注一）廣州夙稱瘴鄉。中原人本視爲畏途。到彼候船。動逾年歲。而能成行與否猶不可期。此宜非人情所欲。故竺僧之來者如曇摩耶舍求那跋陀羅輩。留學畢業歸國者如法顯法勇輩。雖遵此路。而首塗時罕遵者。殆以其無定也。反之而西域正路。自苻秦以來。葱左諸邦。半皆服屬。元魏盛時。威及葱右。自玉門至吐火羅。（即漢時月氏轄境）在政治上幾爲中國之附庸區域。所以行旅鮮阻而西邁者相接也。及北齊北周分裂。突厥病隋。玆路稍榛莽矣。唐太宗盛時。西域吐蕃兩路並通。遊者恣其所擇。然非久緣政治勢力之變動。影響已及於旅途。玄照於高宗麟德中奉使再遊。竟爲西藏人阿剌伯人所阨。欲歸無路。（注二）故求法傳中人物遵陸者什無一二。蓋有所不得已矣。而當時海通事業日益發榮。廣州已專設市舶司。爲國家重要行政之一。且又南北一家。往來無閡。故海途乃代陸而興也。

（注一）覺賢懸記五舶將至。坐此幾搆大獄。事見梁高僧傳卷二本傳。即此可見晉時海船甚稀少也。

（注二）求法高僧傳玄照傳記照二次西游欲歸路絕云。『泥波羅道。吐蕃擁塞不通。迦畢試途。多氏捉而難度。』注云。『言多氏者。即大食國也。』案大食即阿剌伯。迦畢試者。即今阿富汗都城喀布爾也。吐蕃擁塞。當指其時泥波羅設毒事。傳又言照嘗遇匈奴寇。僅存餘命。可見彼時中國陸路交通之梗矣。

無論從何路行。艱苦皆不可名狀。其在西域諸路。第一難關。厥爲流沙。法顯佛國記云。『沙河中多熱風。遇則無全。上無飛鳥。下無走獸。遍望極目。莫知所擬。惟以死人枯骨爲標幟。』慧立慈恩傳云。『莫賀延磧長八百餘里。……四顧茫然。人馬俱絕。夜則妖魑舉火。爛若繁星。晝則驚風捲沙。散如時雨。……心無所懼。但苦水盡。四夜五日。無一滴沾喉。口腹乾燥。幾將殞絕。』此其艱悴可見一斑。第二難關則度嶺也。法顯傳云。『葱嶺冬夏積雪。有惡龍吐毒。風雨砂礫。山路艱危。壁立千仞。鑿石通路。傍施梯道。凡度七百餘所。又躡懸絙過河。數十餘處。』自餘各書描寫艱狀者尚多。不具引。故智猛結侶十五。至葱嶺而九人退還。（見本傳）慧立之讚玄奘亦曰。『嗟乎。若非爲衆生求無上正法。寧有稟父母遺體而遊此者哉。』（見慈恩傳）第三難關則帕米爾東界之小雪山也。佛國記云。『南度小雪山。山冬夏積雪。由山北陰中過。大寒暴起。人皆噤戰。慧景口吐白沫。語法顯云「我不復活。便可前去。勿俱死。」遂終。法顯悲號。力前得過嶺。』曇無竭傳云『小雪山障氣千重。層冰萬里。下有大江。流急若箭。於東西兩山之脅。繫索爲橋。十人一過。到彼岸已。舉煙爲幟。後人見煙。知前已度。方得更進。若久不見煙。則知暴風吹索。人墮江中。……復過一雪山。懸崖壁立。無安足處。石壁有故杙孔。處處相對。人各執四杙。先拔下杙。右手攀上杙。展轉相攀。經三日方過。及到平地。料檢同侶。失十二人。』此等記載。我輩今日從紙上讀之。猶心驚膽裂。況躬歷其境者哉。海路艱阻。差減於陸。然以當時舟船之小。駕駛之拙。則其險難。亦正頡頏。故法顯東歸。漂流數島。易船三度。歷時三年。海行亦逾二百日。中間船客遇風。謂載沙門不利。議投諸海。（見佛國記）求那跋陀羅絕淡水五日。（見梁高僧傳本傳）不空遭黑風兼旬。（見唐高僧傳本傳）道普舶破傷足。負痛而亡。（見梁高僧傳曇無讖傳）常慜遇難不爭。隨波而沒。（見求法高僧傳本傳）涉川之非坦途。可以想見。故義淨之行。約侶數十。甫登舟而俱退也。（見唐高僧傳本傳）此猶就途中言之也。既到彼國。風土不習。居停無所。其爲困苦。抑又可思。義淨總論之曰。『獨步鐵門之外。亘萬嶺而投身。孤標銅柱之前。跨千江而遺命。或亡餐幾日。輟飲數晨。可謂思慮銷精神。憂勞排正色。致使去者數盈半百。存者僅有幾人。設令得到西國者。以大唐無寺。飄寄棲然。爲客遑遑。停託無所。……』（求法高僧傳原序）固寫實之妙文。抑茹痛之苦語也。

上述地理上及人事上種種障礙。實爲隔梗中印文明之高閫深塹。而我先民能以自力衝破之。無他故焉。一方面在學問上力求眞是之欲望。烈熱熾然。一方而在宗教上悲憫衆生犧牲自己之信條。奉仰堅決。故無論歷何險艱。不屈不撓。常人視爲莫大之恐怖罣礙者。彼輩皆夷然不以介其胸。此所以能獨往獨來。而所創造者乃無量也。嗚呼。後之學子聞其風者。可以興矣。

飲冰室專集之五十八

佛教教理在中國之發展

本章爲原定計畫所無，因第　章以下分論諸宗，於其彼此相互關係及宗派外之預備的發展，敍述不便，故增設一章以補其闕。所用資料不免與他章間有重複，又本章務提綱挈領描出一隱括的概念，其詳細情形，或非參考他章不能了解，又諸宗重要人物，他章既有專敍，故所論從略，其他次要人物，或反加詳，驟視若繁簡失當，此皆爲行文方便起見，望讀者諒察。（按分論諸宗稿未成）

佛教傳自印度，其根本精神爲「印度的」，自無待言。雖然，凡一教理或一學說，從一民族移植於他民族，其實質勢不能不有所蛻化，南北橘枳，理固然也。佛教入中國後，爲進化，爲退化，此屬別問題。惟有一義宜珍重聲明者，則佛教輸入非久，已寖成中國的佛教。若天台、華嚴、禪宗等，純爲中國的，而非印度所有。若三論、法相、律、密諸宗，雖傳自印度，然亦各摻以中國的特色。此種消化的建設的運動，前後經數百年而始成熟，其進行次第，可略言也。

如本篇第一章所言，楚王英、襄楷時代，蓋以佛教與道教同視，或逕認爲道教之附屬品，彼時蓋絕無教理之可言也。自世高、迦讖、支謙、法護輩踵興，譯業佛教始漸從學理上得有根據。然初時並不知有所謂派別，並大小乘之觀念亦無有。翹大乘以示別於小乘，似自朱士行適于闐後也。（注一）然我國自始卽二乘錯雜輸入，兼聽並信。後此雖大乘盛行，然學者殊不以傍習小乘爲病，故大小之爭，在印度爲絕大問題，在我國則幾無有。其揭小乘之幟與大乘對抗者，惟劉宋時有竺法度其人。（注二）此外則慧導疑大品般若，曇樂非撥法華，僧淵誹謗涅槃，（注三）皆可謂在我佛敎史中含有懷疑精神之一種例外。然其學說今不可考見。其勢力更絕不足輕重也。

（注一）梁高僧傳卷四朱士行傳云。「士行至于闐得般若大品梵本。遣弟子弗如檀齎還洛陽。未發之頃。于闐諸小乘衆白王云。『漢地沙門。欲以婆羅門書惑亂正典。王若不禁。將亂大法。』士行乃求燒經爲證。……投經火中。火卽爲滅。……」中國人知有大小乘之爭似自此始。

（注二）梁僧祐出三藏集記卷五有小乘迷學竺法度造異儀記一篇。略言「劉宋元嘉中有外國商人在南康生兒。後爲曇摩耶舍弟子。名竺法度。執學小乘。云無十方佛。唯禮釋迦而已。大乘經典不聽誦讀。」中國人專効忠小乘以反抗時代思潮者。惟此一人而已。

（注三）慧導曇樂僧淵。皆東晉劉宋間人。其疑經之事。並見僧祐異儀記及姚秦僧叡之喻疑篇（出三藏集記卷五引）

中國北地佛敎之開展。不能不歸功於佛圖澄。澄。龜茲人。（以其姓帛知之）以西晉懷帝永嘉四年至洛陽。東晉穆帝永和四年寂。凡在中國三十九年。（三一〇至三四八）始終皆活動於石趙勢力之下。據本傳（梁高僧傳卷十）所紀事蹟。半帶神祕性。用是能感動石勒父子。起其信仰。傳謂『澄知勒不達深理。正可以道術爲徵。』此殆其不得已之苦衷耶。澄生平未譯一經。未著一論。然不能疑爲空疏無學。傳「稱其誦經數百萬言。善解文義。雖未讀此土儒史。而與諸學士論辨疑滯。皆闇若符契。無能屈者。」又云「澄妙解深經。傍通世論。……聽其講說。皆妙達精理。研測幽微。」竊意澄對於中國人心理研究最爲深刻。故能爲我佛敎界作空前之開拓。其門徒極盛。（注一）而最能光大其業者。則道安也。

（注一）本傳云。「受業追隨者。常有數百。前後門徒。幾且一萬。」澄門下之盛。可以概見。今依梁高僧傳。製澄門傳授表如下。

- 佛圖澄
  - 道安
    - 曇翼
    - 慧寶
    - 法淨
  - 法和
    - 竺曇壹
    - 法遇
    - 法領

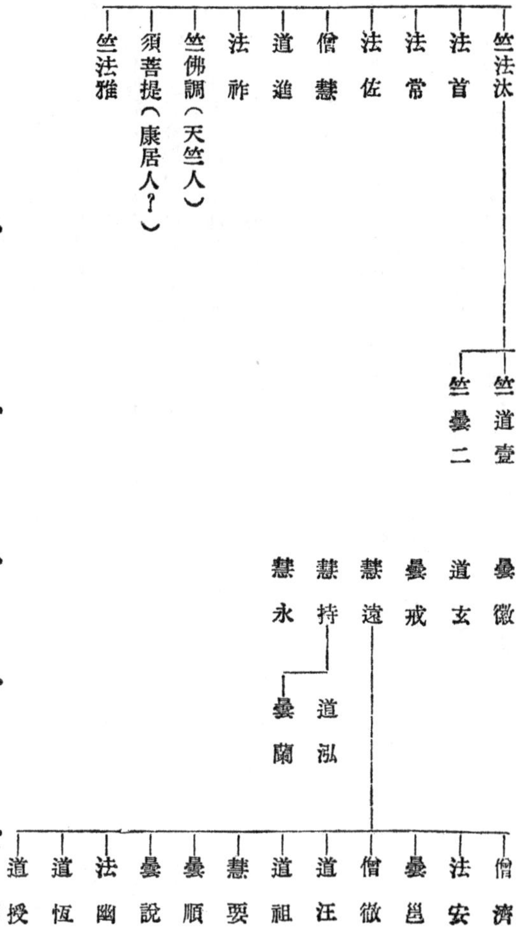

使我佛教而失一道安。能否蔚爲大國。吾蓋不敢言。安本姓衞。常山扶柳人（今直隸正定）蓋生於西晉惠帝時。以東晉孝武帝太元十四年（三八九）示寂。年可九十餘（注一）早歲績學燕趙間。中年久居襄沔。晚乃入關中。其傳記爲一極複雜而極一貫之歷史。其偉大人格之面影。隨處發現。佛教之有安。殆如歷朝創業期。得一名相。然後開國規模具也。破除俗姓。以釋爲氏。發揮四海兄弟之眞精神者。安也。（注二）制定僧尼軌範。垂爲定式。通行全國者。安也。（注三）舊譯諸經。散漫莫紀。安裒集抉擇。創編經錄。自是佛教界始有目錄之學。功侔於劉中壘。（注四）前此講經。惟循文轉讀。安精意通會。弘闡微言。注經十餘種。自是佛教界始有疏鈔之學。業盛於鄭康成。（注五）安不通梵文。而對於舊譯本。能匡正其誤點。與原文闇相懸契。彼蓋繙譯文學之一大批評家也。（注六）安未嘗自有所繙譯。然大規模之譯業實由彼創設。原始佛教及哲理的佛教之輸入。安其先登也。（注七）佛澄之法統由安普傳。（注八）羅什之東來由安動議。（注九）若南方佛教中心之慧遠。爲安門龍象。又衆所共知矣。（詳下文）習鑿齒與謝安石書曰。「來此見釋道安。故是遠勝。非常道士。師徒數百。齋講不倦。無變化技術可以惑常人之耳目。無重威大勢可以整羣小之參差。而師徒肅肅自相尊敬。洋洋濟濟。乃是吾由來所未見。其人理懷簡衷。多所博涉。內外羣書略皆徧覩。陰陽算數亦皆能通。佛經妙義。故所游刃……」（本傳引）此實絕好一篇道安傳贊也。安遭值亂世。常率其徒千百展轉遷地就食。其一生事業與衆共之。而半成於流離顚沛中。（注十）非絕大之人格感化力。何以致此。安於宗教上情操至强固。中國人之彌勒信仰。似自彼創始。（注十一）然不以此減其學術上批評研究的態度。兩者駢進。故能爲佛教樹健全基礎也。

（注一）本傳記安卒年而未著其所得壽數。無從推其生年。惟傳稱其「年十二出家。三年執勤無怨。數歲後爲師所敬異。遣之遊學。至鄴遇佛圖澄」。安之謁澄。最初亦當十七八歲。故能與澄對語得其嗟賞。澄入中國。在晉懷帝永嘉四年。下距道安卒時之太元十四年。凡七十九年。若安年十七八而澄初至即往謁者。即安當生於惠帝元康三四年間。壽蓋九十六七矣。傳中又述「安年四十五還冀部」。後乃續述石虎死（永和五）冉閔亂（永和六）慕容儁叛（永和八）等事。又言「安在樊沔十五載」。惜未列舉年號對照。不能據以作道安法師年譜也。

（注二）見佛教與西域章注。

（注三）本傳云「安既德爲物宗。所制僧尼軌範。佛法憲章。條爲三例。一曰行香定座上經講經之法。二曰常日六時行道飲食唱時法。三曰布薩差使悔過等法。天下寺舍則而從之」。安可謂佛教教會最初之立法家也。

（注四）本傳云「自漢魏迄晉。經來稍多。而傳經之人名字弗說。後人追尋。莫測年代。安乃總集名目。表其時人。銓品新舊。撰爲經錄。衆經有據。實由其功」。案安所著經錄今已佚。惟僧祐出三藏集記全依據之。此如劉歆七略賴班書藝文志以傳矣。

（注五）安所注經。其目於出三藏記者如下。

光讚析中解一卷
般若析疑准一卷
般若起盡解一卷
了本生死注一卷
賢刧八萬四千度無極解一卷
安般守意解一卷
陰持入注二卷
義指注一卷
三十二相解一卷
光讚抄解一卷
般若析疑略二卷
道行集異注一卷
密迹金剛持心梵天二經甄解一卷
人本欲生經注撮解一卷
　藏中現在者僅此書
大道地經十法句義廿八卷
九十八結解一卷

本傳云「安窮覽經典。鉤深致遠。其所注般若道行密迹安般諸經。凡二十二卷。」右所列者凡十六部十八卷。似尙未盡。又諸書有無從人僞託。尙待考證。要之注經之業。自安始也。又出三藏集記載安所撰諸經序凡十二篇。皆極有價值之文。

（注六）本傳云「初經出已久。而舊譯時謬。……安尋比文句。析疑甄解。……」魏書釋老志云「道安以前所出經。多有舛駁。乃正其乖謬。……安卒後二十年。而羅什至長安。……安所正經義。與羅什新譯。符會如一。初無乖舛。」此亦學界一佳話也。安對於繙譯文力主直譯。繙譯文體之成一問題自安始。余有古代繙譯文學之研究一篇。專論此事。（見改造第三年第十一號）

（注七）前此經典。以二人對譯爲常。道安在苻秦時。與趙文業提攜。於是所謂「譯場組織」者。漸可見。例如增一阿含經之傳譯。由文業發起。曇摩難提誦出。竺佛念譯傳。曇嵩筆受。安與法和考正其文。僧䂮僧茂助校漏失。此實大規模的譯業之濫觴也。其由安主持譯出之重要經典如下。

中阿含經　增壹阿含經　十四卷本鞞婆沙論　阿毗曇心論　三法度論　尊婆須密所集論　僧伽羅剎所集佛行經

右諸書共二百餘卷。四阿含得其二。「說一切有部」之重要論本。始輸入焉。中國之有計畫的繙譯事業。此其發端也。

(注八)本傳云「安至鄴遇佛圖澄澄見而嗟歎與語終日衆見形貌不稱咸共輕怪澄曰此人遠識非爾儔也因事澄爲師澄講安每覆述」

故知安之學實受自澄也。

(注九)本傳云「安先聞羅什在西國思共講析每勸苻堅迎之」後此堅遣呂光伐龜兹迎羅什實采安議矣。

(注十)本傳云「安避難潛於護澤」又云「冉閔之亂安謂其衆曰今天災旱蝗寇賊縱橫聚則不立散則不可遂復率衆入王屋女林山」又云「避亂渡河依陸渾山棲木食修學」又云「南投襄陽行至新野謂徒衆曰今遭凶年不有所依則法難立乃令法汰詣揚州法和入蜀安與弟子慧遠等四百餘人渡河」安中年遭難流離情形略如是晚爲苻堅所禮敬稍安適矣然實目覩苻氏之亡諸重要經典多在圖城中宣譯其所作增一阿含經序云「此年有阿城之役伐鼓近郊而正專在斯業之中」(出三藏集記卷十引)僧伽羅刹經序云「時慕容作難」(同上卷十一引)可見其不以世難廢法事也

(注十一)本傳云「安於彌勒前立誓願生兜率」此種信仰爲淨土宗之前驅當於淨土篇詳敘論之。

在第二期佛教史中與道安占同等位置者則鳩摩羅什也讀者當已知印度大乘教之建設首推龍樹羅什則龍樹之四傳弟子也(注一)龍樹性空之教理在中國最占勢力什實主導之其功績及於我思想界者至偉大當於繙譯事業篇別有所論列今但略次其傳什父天竺產母則龜兹王妹彼實兩異民族間之混血兒也其夙慧乃軼恆理七歲日誦偈三萬二千言已洞解毗曇(小乘論也)九歲隨母適印度師大德盤頭達多受中長二含四百萬言十二返西域疏勒王禮爲國師於是聲滿葱左龜兹王躬往溫宿迎之還國年二十始受戒於王宮蓋昔之國師僅一沙彌耳什本宗小乘旁究四吠陀五明諸論靡不精盡在疏勒時遇莎車王子須耶利蘇摩始改習大乘其本師盤頭達多就詰之爲所折服北面執弟子禮其文辭辯說之優美尤一時無對道安聞其名勸苻堅迎之龜兹留不遣堅遣將呂光滅龜兹挾以歸至姑臧而苻氏亡光自主稱涼王什見羈於涼十有八年姚秦弘始三年

晉隆安四 西四〇〇 涼降於秦．什乃至長安．姚興待以國師之禮．當道安卒後十一年而法顯西行之次年也．與爲闢道遙園．四事供養．請譯經典．都什所譯三百餘卷．諸部經律論咸有．注二 然其主要者乃在般若性空之敎．蓋印土大乘．本自此派發軔也．什卒於弘始十一年．晉義熙八 西四一二 則曇無讖至涼之年也．年壽無考．但似非享高壽者．注三 什雖邃於學．然持戒不嚴．呂光嘗以龜茲王女逼妻之．姚興復强餽妓女十人．傳稱其「每至講說．常先自說．譬如臭泥中生蓮花．但採蓮花．勿取臭泥也．」就此點論．與道安之嚴肅自律．殊科矣．什在中國．歷年雖暫．然其影響之弘大．乃不可思議．門下號稱三千．有四聖十哲之目．北之僧肇道融．南之道生慧觀．其最著也．注四 佛敎從學理上得一健實基礎．而爲有系統的發展．自什始也．

（注一）日本凝然（距今六百四十年前人）八宗綱要述三論宗傳授淵源．謂「龍樹授提婆．提婆授羅睺羅．羅睺羅授莎車王子．王子授羅什三藏．」此王子卽須耶利蘇摩也．其根據所出尙待考．但以年代約算．則龍樹四傳至羅什．固屬可信．至敎義之一脉相承．則甚顯著矣．

（注二）什所譯書．出三藏集記著錄三十二部三百餘卷．（高僧傳同）歷代三寶記著錄九十七部四百二十五卷．開元錄著錄七十四部三百八十四卷．三藏集殆較可信．其要目見第　篇第　章．

（注三）傳稱什年二十受戒後．其母知龜茲將亡．辭往天竺．什留龜茲二年．而槃頭達多至．次敍苻堅建元十三年．遣使往龜茲迎什．次敍十八年呂光滅龜茲．什受戒距建元十三凡幾年．無從確考．但傳又云．「呂光見什年齒尙少．乃戲妻以王女．」以是推之．時什年恐未逾三十也．合之在涼十八年．在長安十二年．壽約六十歟．

（注四）本傳云．「沙門僧䂮……等八百餘人諮受什旨」又據諸經序文所記述．則譯大品時．集伍百餘人．譯法華時．集二千餘人．譯思益時．亦集二千餘人．譯維摩時．集千二百餘人．而唐僧傳卷三波頗傳亦稱「什門三千」雖或稍涉鋪張．然其門下之盛．蓋可推見．今依梁僧傳可考見者．製什門傳授表．而以其印度學統所自出先焉．

龍樹——提婆——羅睺羅——須耶利蘇摩——鳩摩羅什——

- 僧䂮　最老，輩曾參道安譯事。
- 道融　什卒後，自長安還彭城說法，弟子常千人。
- 曇影　助什譯成實論，著法華嚴疏。
- 僧叡　什所繙經，叡並參正，智度中十二門諸論，叡皆有序，今傳。
- 道恆、道標　二人殆皆有政治才，姚興嘗逼令還俗，欲授以政，什䂮力請僅免。
- 僧肇　著般若無知論、不眞空論、物不遷論、涅槃無名論，所謂肇公四論者是也。蔚然稱什門正統，卒時年僅三十一。
- 道生　本居廬山，與慧遠同學。什至，乃入關受業。倡頓悟成佛說，開禪宗端緒。所著有二諦論、佛性當有論、法身無色論、佛無淨土論等。
- 慧叡　本居廬山，與道生同入關從什遊。
- 慧嚴　嚴本居廬山，與道生同入關從什遊。南本涅槃，嚴所再治也。
- 慧觀　觀本居廬山，與道生同入關從什遊，著辯宗論，論頓悟漸悟義。
- 僧弼　參什譯事。
- 龍光
- 曇幹
- 僧苞
- 曇鑒

- 慧安　初入廬山後從什遊。
- 曇無成　著實相論明漸論。
- 僧導　導著成實義疏三論義疏及空有二諦論等。
- 僧因
- 道溫　本慧遠弟子後從什遊。
- 僧楷
- 僧業、慧詢　二人並從什學律。
- 曇濟　四傳而至吉藏爲三論宗之初祖。

道安羅什。實當時佛教之中心人物。而安公以其高尙之人格。宏遠之規畫。提挈衆流。什公以其邃密之學識。銳敏之辯才。創建宗派。可謂相得益彰也矣。兩公弘法之根據地。皆在長安。而其徒侶布於全國。其在吳者則法汰也。道生慧觀僧導也。其在皖者則道融也。其在鄂者則曇翼曇鑒也。其在贛者則慧遠慧叡也。沿長江全域。皆兩公宗風所被矣。

於茲有一重要之地點。宜特敍者。曰涼域。讀吾書者。當已熟知佛教與西域之關係。夫西涼則西域交通之孔道也。西涼佛教界有兩要人。其一法護。其二曇無讖。兩人功績。皆在繙譯。而護爲西行求法之先登者。純大乘的教理之輸入。且先於羅什。但系統未立耳。其在西陲之感化力亦至偉。有燉煌菩薩之號。讖之大業。在譯涅槃。與羅什之般若。譬猶雙峯對峙。二水中分也。其異同之點。下方論之。

今宜論江南矣。吾不嘗言佛教之初輸入在江淮間耶。自楚王英安世高以來。此教在南方已獲有頗深厚之根柢。然以其地非政治中心點所在。發展未充其量也。及孫吳東晉以迄宋齊梁陳。政治上分立之局數百年。且中原故家遺族相率南渡。與其地固有之風土民習相結合。粲然成一新文化。與北地對峙。凡百皆然。而佛教亦其例也。江南佛教教理的開展。以優婆塞支謙爲首功。謙舊名越。字恭明。本月支人。其大父以漢靈帝世率種人數百歸化。故爲中國人焉。謙十三歲學梵書。通六國語。孫權時避地歸吳。譯維摩詰首楞嚴法句本起等二十七經。其文最流便曉暢。然喜雜採老莊理解以入佛典。在譯界中實自爲風氣。（注一）吾固嘗言之矣。江淮間人好談玄。自西漢時已見端。及晉南渡。而斯風大昌。蓋以中原才慧之民。入江左清淑之地。發揮固有之地方思想。而蛻化之以外來之名理。「中國的佛教」實自茲發育。而支謙則最足爲其初期之代表也。

（注一）僧叡著思益梵天所問經序云。「恭明前譯頗麗其辭。仍迷其旨。是使宏標乖於謬文。至味淡於華豔。」道安著摩訶鉢羅若波羅蜜鈔經序云。「叉羅支越。斲鑿之巧者也。巧則巧矣。懼竅成而混純終矣。」（出三藏集記卷九引）觀此可知支謙流之譯風。

有一現象宜特別注意者。則東晉宋齊梁約二百餘年間。北地多高僧。而南地多名居士也。此期間江左僧侶。欲求能媲美北方之道安法顯智嚴寶雲法勇輩者。雖一無有。慧遠慧叡輩。皆北產也。而居士中之有功大教者。乃輩出。夫支謙則固一居士矣。其尤著者。若與慧遠手創蓮社之彭城劉程之。若注安般經之會稽謝敷。若著喻道論之會稽孫綽。若以三禮大家而歸心淨土之南昌雷次宗。若著神不滅論之南陽宗炳。若對宋文帝問而護法有功之廬江何尚之。及其子何點何胤。若著持達性論之口口顏延之。若再治南本涅槃之陽夏謝靈運。若難張融門論之汝南周顒。若創造彫刻藝術之會稽戴逵。若作滅惑論之東莞劉勰。若作心王銘爲禪宗開祖之義烏傅翕。若注法華經之南陽劉虬。若駁顧歡夷夏論之攝山明休烈。皆於佛教所造至深。而所裨至大。然而皆在家白衣也．除弘教外．其文學及他種事業皆足以傳於後．若是者．求諸北地．亦雖一無有也．(?)最奇特者．佐梁元帝蘄除兇逆之荊山居士陸法和．擁軍數萬．開府數州．然自幼至老．嚴守戒律．其部曲皆呼爲弟子也．其餘爲王導庾亮周顗謝鯤桓彝王濛謝安郗超王羲之王坦之王恭王謐范汪殷覬王珣王珉許詢習鑿齒陶潛輩．或執政有聲．或高文擅譽．然皆與佛教有甚深之因緣．至如齊竟陵王蕭子良．梁昭明太子蕭統．皆以帝王胤胄覃精教理．斐然有所述作．若梁武帝之捨身臨講．又衆所共知矣．(注一)要之此二百餘年間南朝之佛教．殆已成「社會化」——爲上流士夫思潮之中心．其勢力乃在緇徒上．而其發展方向．全屬名理的．其宗教色彩乃甚淡．故儀式的出家．反不甚以爲重也．其所爲相率趨於此塗者．則亦政治上社會上種種環境有以促之．劉遺民(即程之)答慧遠云．「晉室無磐石之固．物情有累卵之危．吾何爲哉．」(居士傳本傳)此語可代表當時士大夫之心理．蓋賢智之士本已浸淫於老莊之虛無思想．而所遭值之時勢．又常迫之使有託而逃．其聞此極高尚幽邃之出世的教義．不自知其移我情．有固然也．然因此與印度之原始佛教．已生根本之差違．消極的精神．遂爲我佛教界之主要原素矣．

(注一)所舉諸居士之事蹟及著述．參看清彭際清居士傳．梁僧祐弘明集．唐道宣廣弘明集．及晉書宋書南齊書梁書南史各本傳．

南朝僧侶第一人．端推慧遠．遠固北人．(雁門樓煩人俗姓賈)爲道安大弟子．生於晉元帝咸和八年．卒於晉安帝義熙十二年．(西三三三——四一六)其卒年即法顯歸自印度之年也．彼其一生．略與東晉相終始．安分遣弟子弘法四方．遠遂渡江而南．與其徒四十餘人偕．初止江陵．欲詣羅浮．過廬山．樂其幽靜．棲焉．歷史上有名之東林寺．其遺跡也．遠宅廬三十餘年．未嘗出山一步．而東林爲佛界中心．殆與長安之逍遙園中分天下．宰輔若王謐劉裕．

方鎭若桓伊陶侃殷仲堪，纂賊若桓玄，海盜若盧循，咸入山或齎書致敬，遠悉以平等相視。晉安帝過山下，或諷遠迎謁，遠稱疾不行，帝手書問訊焉。羅什在秦譯大智度論成，秦主姚興親致遠書，乞作序以爲重。（序今存，見出三藏集記卷十一）其爲南北物望所宗類如此。遠未嘗一爲權貴屈，然並非厭事絕俗，遇法門重要問題發生，常以積極的精神赴之。初庾冰欲强沙門致敬王者，朝臣多反對，乃寢。桓玄輔政，重提前議，遠貽書責玄，更著沙門不敬王者論五篇，發揮釋尊平等精神，促僧侶人格上之自覺，玄敬憚，卒從其議。（注一）羅什甫入關，遠即致書通好，盡遣其高第弟子往就學。什譯十誦律，因闍誦人死中輟，遠物色他人介紹之，續其業。什門排擯覺賢，遠爲和解。凡此之類，足見其對外活動，不厭不倦。遠遣弟子法領法淨留學印度，大獲梵本，其遐舉蓋在法顯之先也。遠在廬山置般若臺譯經，實私立譯場之創始者。遠集同志百二十三人結白蓮社，修念佛三昧，爲此方淨土宗之初祖。綜其一生事業，不讓乃師道安，而南部開宗之功，抑艱瘁矣。

（注一）遠此文見弘明集，藏中亦有單本。

吾前文曾有「什門排擯覺賢」一語，覺賢非他，即創譯華嚴之人也。茲事於吾國大乘思潮之分派，有絕大消息，今宜稍詳述之。讀者當已熟知佛滅後印度之佛教，常爲空有兩宗對峙之形勢矣；又知大乘之空有兩宗，以龍樹世親爲代表矣；（看第一篇第三章）又知鳩摩羅什爲龍樹空宗之嫡傳矣。而覺賢蓋即介紹世親有宗入中國之第一人也。覺賢梵名爲佛馱跋陀羅，迦維羅衛人，與釋尊同族屬，學於罽賓，似嘗隸薩婆多部。（注一）師佛大先，精於禪法。（注二）智嚴西行求法，歸時禮請東來，以姚秦時至長安，正羅什萬流仰鏡之時也。賢初見什，即不饜其望。（注三）『秦太子泓欲聞賢說法，乃要命羣僧集論東宮。什與賢數番往復，什問曰：「法云何空？」答曰：「衆微成色，色無自性故唯色常空」又問「既以極微破色空復云何破一微」答曰「羣師或破折一微我意謂不爾」又問「微是常耶」答曰「以一微故衆微空以衆微故一微空」時寶雲譯出此語不解其意道俗咸謂賢之所計微塵是常餘日長安學僧復請更釋賢曰「夫法不自生緣會故生緣一微故有衆微微無自性則爲空矣寧可言不破一微常而不空乎」……』（梁高僧傳卷二本傳）觀此問答便知什賢兩人學說其出發點確有不同什蓋偏於消極的玄想的賢則偏於積極的科學的也以什公之大慧虛懷自不至於無諍中起諍想然其門下主奴之見固所不免什受姚興所餽伎女自爾以來不住僧坊別立廨舍供給豐盈』（什本傳語）賢篤修淨業戒律謹嚴同爲外國大師未免相形見絀又當時諸僧『往來宮闕盛備人事惟賢守靜不與衆同……四方樂靜者並聞風而至』（賢本傳語）似此衆濁獨清理宜見嫉什門老宿僧䂮道恆輩乃借薄物細故橫相排擯幾興大獄（其排賢口實不值徵引本傳讀者欲知可看本傳）傳云『大被謗讟將有不測之禍於是徒衆或藏名潛去或踰牆夜走半日之中衆散殆盡』當時事情之重大。可以想見賢遭擯恬不爲意率弟子智嚴寶雲等四十餘人飄然南下慧遠特遣弟子曇邕入關爲之和解然賢竟不復北歸與遠相依於廬山其後乃於建康道場寺創譯遠弟子法領所得華嚴今六十卷本是也法顯所得僧祇律亦由賢傳譯自餘譯述尚十數種華嚴宗風之闡播實造端於是然則賢之見擯南渡抑大有造於我佛界矣

（注一）出三藏集記中之薩婆多部目錄列有『長安城內齊公寺薩婆多部佛䭾跋陀』即覺賢也據此似賢實爲「有部」中人物彼久居罽賓淵源亦宜接近然案其問答語及其所傳禪法則固不能純指爲「有部」系統也要之「有部」教義與龍樹派之空宗的大乘極相遠而與世親派之有宗的大乘反接近此不可不知者

（注二）佛大先者薩婆多部目錄所稱第五十二祖達磨多羅禪經所稱第四十九祖也其人爲「有部」大師而於禪宗極有關係者覺賢有

功於佛敎界。實在其傳禪法譯經抑餘事耳。當於禪宗章別論之。

要之羅什以前。我佛敎界殆絕無所謂派別觀念。自羅什至而大小乘界線分明矣。自覺賢至而大乘中又分派焉。同時促助分化之力者。尙有曇無讖之譯涅槃。蓋華嚴之「事理無礙」涅槃之「有常有我」非直小乘家指爲離經畔道。卽大乘空宗派亦幾掩耳卻走矣。故什門高弟道生精析涅槃。倡「闡提成佛」之論。旋卽爲儕輩所擯。憤而南下。(注一)吾儕將此事與覺賢事比而觀之。足想見當什門上座。大有學閥專制氣象。卽同門有持異義者。亦不能相容。雖然自茲以往。佛敎界遂非復空宗嫡派之所能壟斷。有力之新派。句出萌達矣。

(注一)梁高僧傳卷七竺道生傳。「生著佛性當有論……等。籠罩舊說。妙有淵旨。而守文之徒。多生嫌嫉。與奪之聲。紛然競起。又六卷泥洹(卽涅槃)先至京都。生剖析經理。洞入幽微。乃說一闡提人皆能成佛。於是大本未傳。孤明先發。獨見忤衆。於是舊學以爲邪說。譏憤滋甚。遂顯大衆。擯而遣之……生投迹廬山。衆咸敬服。後涅槃大本至南京。果與生說若合符契」讀此可見長安舊侶之若何專制。與夫創立新說之若何忤俗。又可見遠公之在廬山。實爲當時佛敎徒保留一自由之天地也。

(未完)

飲冰室專集之五十九

翻譯文學與佛典

一 佛教輸入以前之古代翻譯文學

翻譯有二。一以今翻古。二以內翻外。以今翻古者。在言文一致時代。最感其必要。蓋語言易世而必變。既變則古書非翻不能讀也。求諸先籍。則有史記之譯尚書。今舉數條爲例。

（尚書堯典）

欽若昊天。

允釐百工庶績咸熙。

帝曰『疇咨若時登庸。』放齊曰『胤子朱啓明。』帝曰『吁。嚚訟可乎。』帝曰『咨四岳。朕在位七十載。汝能庸命巽朕位。』岳曰『否德忝帝位。』曰『明明揚側陋。』師錫帝曰『有鰥在下曰虞舜。』帝曰『俞予聞如何。』岳曰『瞽子父頑母嚚象傲克諧以孝烝烝乂不格姦。』帝曰『我其試哉。』女于時觀厥刑于二女釐降二女于溈汭嬪于虞。

（史記五帝本紀）

敬順昊天。

信飭百官衆功皆興。

堯曰『誰可順此事者。』放齊曰『嗣子丹朱開明。』堯曰『吁。頑凶不用。』堯曰『嗟四嶽。朕在位七十載。汝能用命踐朕位。』嶽應曰『鄙德忝帝位。』堯曰『悉舉貴戚及疏遠隱匿者。』衆皆言於堯曰『有矜在民間曰虞舜。』堯曰『然朕聞之其何如。』嶽曰『盲者子父頑母嚚弟傲能和以孝烝烝治不至姦。』堯曰『吾其試哉。』於是堯妻之二女觀其德於二女舜飭下二女於溈汭如婦禮。

此種引經法。以後儒眼光論之。則爲擅改經文。而司馬遷不以爲嫌者。蓋以今語讀古書。義應如此。其實不過翻譯作用之一種。使古代思想融爲「今化」而已。然自漢以後。言文分離。屬文者皆摹仿古言。譯古之業遂絕。以內譯外者。即狹義之翻譯也。語最古之譯本書。吾欲以山海經當之。此經殆我族在中亞細亞時相傳之神話。至戰國秦漢間始寫以華言。故不獨名物多此土所無。即語法亦時或詭異。然此不過吾個人理想。未得確實佐證。不能斷言。此外古書中之純粹翻譯文學。以吾所記憶。則得二事。

(一)說苑善說篇所載鄂君譯越人歌。

(越語原文)

濫兮抃草濫予昌枑澤予昌州州𩜱焉乎秦胥胥縵予乎

昭澶秦踰滲惿隨河湖

(楚語譯文)

今夕何夕兮搴舟中流。

今日何日兮得與王子同舟。

蒙羞被好兮不訾詬恥。

心幾頑而不絕兮知得王子。

山有木兮木有枝。

心說君兮君不知。

(二)後漢書西南夷傳所載白狼王唐菆等慕化詩三章。

(原文)	(譯文)	(原文)	(譯文)
提官隗搆	大漢是治。	魏冒踰糟	與天意合。
罔譯劉脾	吏譯平端。	旁莫支流	不從我來。
徵衣隨旅	聞風向化。	知唐桑艾	所見奇異。
邪毗𦅗𦂡	多賜繒布。	推潭僕遠	甘美酒食。

拓拒蘇便　昌樂肉飛。　局後仍離　屈伸悉備。
僂讓龍洞　蠻夷貧薄。　莫支度由　無所報嗣。
陽雒僧鱗　願主長壽。　莫穉角存　子孫昌熾。

右第一章

僂讓皮尼　蠻夷所處。　且交陵悟　日入之部。
繩動隨旅　慕義向化。　路且倲雒　歸日出主。
聖德渡諾　聖德深恩。　魏菌度洗　與人富厚。
綜邪流藩　冬多霜雪。　莋邪尋螺　夏多和雨。
藐潯瀘離　寒溫時適。　菌補邪推　部人多有。
辟危歸險　涉危歷險。　莫受萬柳　不遠萬里。
術疊附德　去俗歸德。　仍路孳摸　心歸慈母。

右第二章

荒服之儀　荒服之外。　犂藉憐憐　土地墝埆。
阻蘇邪犂　食肉衣皮。　莫碭麤沐　不見鹽穀。
罔譯傳微　吏譯傳風。　是漢夜拒　大漢安樂。
踪優路仁　攜負歸仁。　雷折險龍　觸冒險陜。
倫狼藏幢　高山岐峻。　扶路側祿　緣崖磻石。
息落服淫　木薄發家。　理瀝髭雒　百宿到洛。
捕莨菌毗　父子同賜。　懷稾匹漏　懷抱匹帛。
傳言呼敕　傳告種人。　陵陽臣僕　長願臣僕。

右第三章

右兩篇實我文學界之鳳毛麟角．鄂君歌譯本之優美．殊不在風騷下．原文具傳．尤爲難得．倘此類史料能得多數．則於古代言語學人類學皆有大裨．又不僅文學之光而已．然我國古代與異族之接觸雖多．其文化皆出我下．凡交際皆以我族語言文字爲主．故「象鞮」之業．無足稱焉．其對於外來文化爲熱情的歡迎．爲虛心的領受．而認翻譯爲一種崇高事業者．則自佛教輸入以後也．

二　佛典翻譯界之代表人物

漢哀帝元壽元年（西紀前二年）博士弟子秦景憲從大月氏王使伊存口受浮屠經．（見三國志裴注引魚豢魏略西戎傳）中國人知有佛典自此始．顧未有譯本也．現在藏中佛經．號稱最初譯出者．爲四十二章經．然此經純爲晉人僞作．滋不足信．（擬著中國佛教史別有考證）故論譯業者．當以後漢桓靈時代託始．東晉南北朝隋唐稱極盛．宋元雖稍有賡續．但微末不足道矣．據元代法寶勘同總錄所述歷代譯人及所譯經卷之數如下．

（朝代）	（譯人）	（部數）	（卷數）
後漢永平十至唐開元十八（西六七—七三〇）	一七六	九六八	四五〇七
唐開元十八至貞元五（西七三〇—七八九）	八	一二七	二四二
唐貞元五至宋景祐四（西七八九—一〇三七）	六	二二〇	五三二
宋景祐四至元至元廿二（西一〇三七—一二八五）	四	二〇	一一五

右表乃總括前後大小譯業略舉其概.其實譯業之中堅時代僅自晚漢迄盛唐約六百年間.其譯界代表的人物如左.

(1)安世高　安息人.後漢桓帝初至洛陽.譯安般守意經等三十九部.(長房錄著錄百七十六部大半僞託)

(2)支婁迦讖　月支人.後漢靈帝光和中平間譯出般若道行經般舟三昧經等十四部.(長房錄著錄二十一部)

右兩人實譯業開山之祖.但所譯皆小品.每部罕有過三卷者.同時復有竺佛朔(天竺人)安玄(安息人)支曜(月支人)康孟祥康巨(俱康居人)並有所譯述.而本國人任筆受者.則孟福張蓮(俱洛陽人)嚴佛調(臨淮人)最著.

(3)支謙　月支人.支讖再傳弟子.漢獻帝末避亂入吳.江南譯業自謙始.所譯有維摩詰大般泥洹等四十九經.

(4)竺法護　其先月支人.世居燉煌.西晉武帝時.發願求經.度葱嶺.歷諸國.通外國語言文字三十六種.大齎梵經還.沿路傳譯.所譯有光讚般若、新道行、漸備一切智、正法華等二百十部.(中有僞託)梁高僧傳云『經法所以廣流中華.護之力也』其追隨筆受者有聶承遠、聶道眞、陳士倫、孫伯虎、虞世雅等.而聶氏父子通梵文.護卒後.道眞續譯不少.

(5)釋道安　俗姓衞.常山人.安爲中國佛敎界第一建設者.雖未嘗自有所譯述.然苻秦時代之譯業.實由彼主持.苻堅之迎鳩摩羅什.由安建議.四阿含阿毗曇之創譯.由安組織.翻譯文體.由安釐正.故安實譯界之大恩人也.其在安系統之下.與譯業有直接關係者.其人如下.

趙文業　名正.濟陰人.仕苻堅爲校書郎.苻秦一代譯業.皆文業與道安共主持之.晚年出家.名道整.偕法顯西遊.沒於印度.

僧伽跋澄　罽賓人．受道安等之請．譯阿毗曇毗婆沙．

曇摩難提　兜佉勒人．受道安等之請．譯增一阿含、中阿含、毗曇心、三法度、等凡百六卷．

僧伽提婆　罽賓人受道安等之請．助譯二阿含及毗婆沙等．後南渡．入廬山受慧遠之請．校正前譯．今本中阿含則提婆與僧伽羅叉所再治也．

竺佛念　涼州人．道安等所組織之譯業．跋澄、難提、提婆、等所口誦者．皆佛念爲之筆受．鳩摩羅什之譯業．念亦參預．高僧傳云『自世高支謙以後．莫踰於念．自苻姚二代爲譯人之宗．』諸經出念手筆者．殆逾六百卷矣．同時有法和、惠嵩、慧持者．亦參斯業．

(6)鳩摩羅什　其父天竺人．其母龜茲王之妹．什生於龜茲．九歲隨母歷遊印度．徧禮名師．年十二．已爲沙勒國師．道安聞其名．勸苻堅迎之．堅遣呂光滅龜茲．挾什歸．未至而堅已亡．光挾什滯涼州．至姚秦弘始三年．姚興討光．滅後涼．迎什至長安．備極敬禮．什以弘始三年至十一年．凡八年間．譯書逾三百卷．經部之放光般若、妙法蓮華、大集、維摩詰、論部之中、百、十二門、大智度．皆成於其手．龍樹派之大乘教義．盛弘於中國．什之力也．其門下數千人．最著者僧肇、僧叡、道生、道融．時號四聖．皆參譯事．

佛陀耶舍　罽賓人．羅什之師．什譯十住經（即華嚴十定品之別譯）特迎耶舍來華．共相徵決．辭理方定．

弗若多羅、曇摩流支、卑摩羅叉、多羅、羅叉、皆罽賓人．流支．西域人．多羅以弘始六年誦出十誦律．羅什司譯．未成而多羅逝．翌年流支至關中．乃與什共續成之．後羅叉來遊．在壽春補譯．最後一誦．律藏之弘．賴三人也．

(7)覺賢　梵名佛陀跋陀羅。迦維羅衛人。釋尊同族之苗裔也。釋智嚴遊印度。禮請東來。以姚秦中至長安。羅什極敬禮之。既而爲什門諸人所排擯。飄然南下。宋武帝禮供。止金陵之道場寺。初支法領得華嚴梵本於于闐。又無譯者。義熙十四年請覺賢與法業、慧義、慧嚴等共譯之。華嚴開宗。濫觴於此。賢所譯經論十五部百十有七卷。其在譯界之價值。與羅什埒。

(8)法顯　俗姓龔。平陽武陽人。以晉隆安三年（西三九九）遊印度求經典。義熙十二年歸。凡在印十五年。所歷三十餘國。著有佛國記。今存藏中。治印度學者。視爲最古之寶典。（歐人有譯本及注釋）在印土得摩訶僧祇律、雜阿含、方等泥洹、諸梵本。僧祇律由覺賢譯出。雜阿含由求那跋陀羅譯出。顯自譯方等泥洹。自顯之歸。西行求法之風大開。其著者有法勇（即曇無竭）智嚴寶雲慧景道整慧應慧嵬僧紹。（此七人皆與法顯同行者）智猛道普道泰惠生智周等。中印交通。斯爲極盛。

(9)曇無讖　中天竺人。北涼沮渠蒙遜時至姑臧。以玄始中譯大般涅槃經。涅槃輸入始此。次譯大集、大雲、悲華、地持、金光明等經。復六十餘萬言。

(10)眞諦　梵名拘那羅陀。西天竺優禪尼國人。以梁武帝大同十二年由海路到中國。陳文帝天嘉光太間。譯出攝大乘論、唯識論、俱舍論、等六十四部二百七十八卷。（大乘起信論舊題眞諦譯。近來學界發生疑問。拙著中國佛教史別有考證）無著世親派之大乘教義。傳入中國。自諦始也。

與眞諦相先後者。有菩提流支。勒那摩提。曇摩流支。佛陀扇多。般若流支。皆在北朝盛弘經論。而般若流支亦宗唯識。與諦相應。

(11)釋彥琮　俗姓李。趙郡人。湛深梵文。隋開皇間。總持譯事。時梵僧闍那崛多。達摩笈多等所譯經典。多由琮鑒定。琮著衆經目錄。西域傳等。義例謹嚴。對於翻譯文體著論甚詳。

(12)玄奘三藏　俗姓陳。洛州人。唐太宗貞觀二年。冒禁出遊印度。十九年歸。凡在外十七年。從彼土大師戒賢受學。邃達法相。歸而獻身從事翻譯十九年間（西六四五—六六三）所譯經論七十三部一千三百三十卷。其最浩瀚者如大般若經之六百卷。大毗婆沙之二百卷。瑜伽師地論之一百卷。順正理論之八十卷。俱舍論之三十卷。自餘名著。具見錄中。以一人而述作之富若此。中外古今。恐未有如奘比也。事蹟具詳慈恩傳中。今不備述。

(13)實叉難陀　于闐人。以唐武后證聖間。重譯華嚴經。今八十卷本是也。又重譯大乘起信論等。

菩提流志　南印度人。與難陀同譯華嚴。又補成大寶積經足本。

(14)義淨三藏　俗姓張。范陽人。以唐咸亨二年出遊印度。歷三十七年乃歸。歸後專事翻譯。所譯五十六部二百三十卷。律部之書。至淨乃備。密宗敎義。自淨始傳。

(15)不空　北天竺人。幼入中國。師事金剛智。專精密藏。以唐開元天寶間遊印度。歸而專譯密宗書一百二十餘卷。

晚唐以後。印土佛敎漸就衰落。邦人士西遊絕跡。譯事無復足齒數。宋代雖有法天、法護、施護、天息災等數人。稍有譯本。皆補苴而已。自漢迄唐六百餘年間。大師輩出。右所述者。僅舉其尤異。然斯業進化之跡。歷歷可見也。要而論之。可分三期。

第一　外國人主譯期。

第二　中外人共譯期。

第三　本國人主譯期。

宋贊寧高僧傳三集論之云『初則梵客華僧。聽言揣意。方圓共鑿。金石難和。盌配世間。擺名三昧。咫尺千里。覿面難通。……』此爲第一期之情狀。安世高、支婁迦讖等實其代表。此期中之翻譯。全爲私人事業。譯師來自西域。漢語既不甚了解。筆受之人語學與敎理。兩皆未嫺。譌謬淺薄。在所不免。又云『次則彼曉漢談。我知梵說。十得八九。時有差違。……』此爲第二期之情狀。鳩摩羅什、覺賢、眞諦、等實其代表。口宣者已能習漢言。筆述者且深通佛理。故邃典妙文。次第布現。然業有待於合作。義每隔於一塵。又云『後則猛顯親往。奘空兩通。器請師子之膏。鵝得水中之乳。……印印皆同。聲聲不別。』此爲第三期之情狀。玄奘、義淨等實其代表。我邦碩學。久留彼都。學既邃精。辯復無礙。操觚振鐸。無復間然。斯譯學進化之極軌矣。

三　翻譯所據原本及譯場組織

今日所謂翻譯者。其必先有一外國語之原本。執而讀之。易以華言。吾儕習於此等觀念。以爲佛典之翻譯。自始卽應爾爾。其實不然。初期所譯。率無原本。但憑譯人背誦而已。此非譯師因陋就簡。蓋原本實未著諸竹帛也。分別功德論卷上云。

『外國法師徒相傳。以口授相付。不聽載文。』

道安疑經錄云。（出三藏記卷五引）

『外國僧法皆跪而口受同師所受若十二十轉以授後學』

付法藏因緣傳載一故事殊可發噱茲錄如下

『阿難遊行至一竹林聞有比丘誦法句偈

「若人生百歲不見水老鶴不如生一日而得覩見之」

阿難語比丘「此非佛語」……汝今當聽我演

「若人生百歲不解生滅法不如生一日而得了解之」

爾時比丘卽向其師說阿難語師告之曰「阿難老朽言多錯謬不可信矣汝今但當如前而誦」……』

茲事雖瑣末然正可證印度佛書舊無寫本故雖以耆德宿學之阿難不能舉反證以矯一青年比丘之失也其所以無寫本之故不能斷言大抵(一)因古代竹帛不便傳寫綦難故如我國漢代傳經皆憑口說(二)含有教宗神祕的觀念認書寫爲瀆經如羅馬舊教之禁寫新舊約也佛書何時始有寫本此爲學界未決之問題但據法顯佛國記云

『法顯本求戒律而北天竺諸國皆師師口傳無本可寫』

法顯西遊在東晉隆安三年後西歷五世紀初尙云「無本可寫」則印土寫本極爲晚出可以推見以故我國初期譯業皆無原本前引魏略載『秦景憲從月氏使臣口受浮屠經』蓋舍口受外無他本也梁慧皎高僧傳稱安世高『諷持禪經』稱支婁迦讖『諷誦羣經』則二人所譯諸經皆由闇誦可知更有數書傳譯程序記載特詳今舉爲例

(一)阿毗曇毗婆沙。此書後經玄奘再釋爲二百卷由僧伽跋澄口誦經本。曇摩難提筆受爲梵文。佛圖羅刹宣譯。秦沙門敏智筆受爲晉本。見高僧傳卷二

(二)舍利弗阿毗曇。曇摩耶舍闇誦原本。以秦弘始九年命書梵文。停至十六年。經師漸嫻秦語。令自宣譯。見出三藏集記卷十一引釋道標序

(三)十誦律。罽賓人弗若多羅以秦弘始六年誦出。鳩摩羅什譯爲晉文、三分獲二。多羅棄世。——西域人曇摩流支以弘始七年達關中。乃續誦出與什共畢其業。見高僧傳卷三

若毗婆沙者。經兩次口授兩次筆受而始成立。若十誦律者。闇誦之人去世。譯業遂中輟。幸有替人。僅得續成。則初期譯事之艱窘可概見矣。

在此種狀態之下。必先有闇誦之人，然後有可譯之本。所誦者完全不完全。正確不正確。皆無從得旁證反證。學者之以求眞爲職志者。不能以此而滿意有固然矣。於是西行求法熱驟興。

我國人之西行求法。非如基督教徒之禮耶路撒冷回教徒之禮麥加。純出於迷信的參拜也。其動機出於學問。——蓋不滿於西域間接的佛學。不滿於一家口說的佛學。譬猶導河必於崑崙。觀水必窮溟澥。非自進以探索茲學之發源地而不止也。余嘗搜討羣籍。得晉唐間留學印度百八十餘人。詳見中國印度之交通（亦題爲千五百年前之中國留學生）今摘舉數人。考其游學之動機如左。

法護　是時晉武之世。寺廟圖像雖崇京邑。而方等深經蘊在葱外。護乃慨然發憤。……遊歷諸國。……遂大齎梵經還歸中夏。梁僧傳卷一本傳

法顯　常慨經律舛闕，誓志尋求，以晉隆安三年……西渡流沙……卷三本傳

曇無竭　嘗聞法顯等躬踐佛國，乃慨然有忘身之誓……除以宋永初元年……遠適西方，進至罽賓國……學梵書梵語……卷三本傳

道泰　先有沙門道泰，志用强悷，少遊葱右，徧歷諸國，得毗婆沙梵本十餘萬偈……卷三浮陀跋摩傳

智嚴　志欲博事名師，廣求經誥，遂周流西國……功逾十載。卷三本傳

寶雲　忘身徇道，志欲……廣尋經要，遂以晉隆安之初……與法顯智嚴先後相隨……在外域徧學梵書。卷三本傳

智猛　每聞外國道人說天竺……有方等衆經……遂以姚秦弘始六年……出自陽關……歷迦惟羅衞及華氏等國，得大泥洹、僧祇律、及餘經梵本。卷三本傳

朱士行　嘗於洛陽講道行經，覺文意隱質，諸未盡善……誓志捐身，遠求大本，遂以魏甘露五年西渡流沙。卷四本傳

玄奘　既徧謁衆師，備飡其說，詳考其義，各擅宗途，驗之聖典，亦隱顯有異，莫知適從，乃誓遊西方，以問所惑。慈恩法師傳卷一

以上不過舉最著之數人爲例，自餘西遊大德前後百數十輩，其目的大抵同一。質言之，則對於教理之渴慕追求——對於經典求完求眞之念，熱烈騰涌，故雖以當時極艱窘之西域交通，而數百年中前仆後繼，游學接踵。此實經過初期譯業後當然之要求，而此種肫摯極嚴正之學者的態度，固足永爲後學模範矣。

佛典傳寫發達之歷史。非本篇所能詳述。以吾考證所臆測。則印度境外之寫本。先於境內。大乘經典之寫本。先於小乘。此西紀第四世紀以前之情狀也。自爾以後。梵本日增。輸入亦日盛。其雜見於唐道宣續高僧傳者甚多。略舉如下。

梁初有扶南沙門曼陀羅。大賫梵本。遠來貢獻。（卷一僧伽婆羅傳）

菩提流支房內經論梵本可有萬夾。（按此未免鋪張）（卷一本傳）

眞諦賫經論以梁大同十二年達南海。……所出經論傳記二百七十八卷。……餘未譯梵本書。並多羅樹葉。凡有二百四十夾。若依陳紙翻之。則列二萬餘卷。今所譯訖。僅數夾耳。（卷一本傳）

北齊天保中。鄴京三藏殿內梵本千有餘夾。敕送天平寺翻譯。（卷二那連提耶舍傳）

齊僧寶暹等十人。以武平六年採經西域。……凡獲梵本二百六十部。（卷二闍那崛多傳）

隋開皇中新平林邑所獲佛經。合五百六十四夾。一千三百五十餘部。並崑崙書。多梨樹葉。敕送翻經館。付彥琮披覽。並使編敍目錄。（卷二彥琮傳）

那提三藏。搜集大小乘經律論五百餘夾。合一千五百餘部。以唐永徽六年達京師。（卷五玄奘傳）

慈恩法師傳記玄奘所得經典。分類列目如下。

大乘經	二二四部	大乘論	一九二部
上座部書	一五部	三彌底部書	一五部
彌沙塞部書	二二部	迦葉臂耶部書	一七部

法密部書	四二部	說一切有部書	六七部
因明論	三六部	聲論	一三部
凡五二〇夾		六五七部	

有原本的翻譯。比諸無原本的翻譯。第一。有審擇之餘地。第二。有覆勘之餘地。其進步之顯著。固無待言。即譯事之組織。亦與時俱進。其始不過一二胡僧隨意約一信士私相對譯。其後漸爲大規模的譯場組織。此種譯場。由私人或私團體組織者。有若東晉時廬山之般若臺。（慧遠所組織覺賢曾爲主譯）有若陳代富春之陸元哲宅。有若陳隋間廣州之制旨寺。其以國家之力設立者。有若姚秦時長安之逍遙園。北涼時姑臧之閑豫宮。東晉時建業之道場寺。劉宋時建業之祇洹寺。荊州之辛寺。蕭梁時建業之壽光殿、華林園、正觀寺、占雲館、扶南館。元魏時洛陽之永甯寺及汝南王宅。北齊時鄴之天平寺。隋時長安之大興善寺、洛陽之上林園。唐時長安之弘福寺、慈恩寺、玉華宮、薦福寺等。其最著也。

在此種譯場之下。每爲極複雜的分功組織。其職員略如下。

一譯主　如羅什、覺賢、眞諦、菩提流支、闍那崛多、玄奘、義淨等。

二筆受　如聶承遠、法和、道含等。

三度語　如顯識論之沙門戰陀。

四證梵　如毗奈耶之居士伊舍羅。

五潤文　如玄奘譯場之薛元超、李義府等。義淨譯場之李嶠、韋嗣立等。

六證義　如婆沙論之慧嵩、道朗等。

七總勘　如梁代之寶唱、僧祐、隋代之彥琮等。

每譯一書。其程序之繁複如此。可謂極謹嚴之態度也已

四　翻譯文體之討論

翻譯文體之問題。則直譯意譯之得失。實爲焦點。其在啓蒙時代。語義兩未嫻洽。依文轉寫而已。若此者。吾名之爲未熟的直譯。稍進。則順俗曉暢。以期弘通。而於原文是否脗合。不甚厝意。若此者。吾名之爲未熟的意譯。然初期譯本尚希。饑不擇食。凡有出品。咸受歡迎。文體得失。未成爲學界問題也。及茲業寖盛。新本日出。玉石混淆。於是求眞之念驟熾。而尊尙直譯之論起。然而矯枉太過。詰鞫爲病。復生反動。則意譯論轉昌。卒乃兩者調和。而中外醇化之新文體出焉。此殆凡治譯事者所例經之階級。而佛典文學之發達。亦其顯證也。

譯業起於漢末。其時譯品大率皆未熟的直譯也。各書所評諸家譯品略如下。

安世高　世高出經。貴本不飾。天竺古文。文通尙質。倉卒尋之。時有不達。（出三藏集記卷十引道安大十二門經序）

天竺音訓詭蹇。與漢殊異。先後傳譯。多致謬濫。唯高所出。爲羣譯之首。安公（道安）以爲若及面稟。不異見聖。（梁高僧傳卷一安淸傳）

支婁迦讖　安公校定古今。精尋文體。云某某等經。似讖所出。凡此諸經。皆審得本旨。了不加飾。（同上支讖傳）

竺佛朔　漢靈時譯道行經。譯人時滯。雖有失旨。然棄文存質。深得經意。（同上）

支曜康巨　漢靈獻間譯經。並言直理旨。不加潤飾。（同上）

據此諸評。則初期譯家。率偏於直譯。略可推見。然其中亦自有派別。世高支讖兩大家譯本。今存藏中者不少。（內有偽託）試細辨覈。則高書實比讖書為易讀。讖似純粹直譯。高則已略帶意譯色彩。故梁傳又云。『高所出經。辯而不華。質而不野。讀者亹亹忘倦。』道安人本欲生經序云。『斯經似安世高譯。義妙理婉。每覽其文。欲罷不能。』（出三藏集記卷七）竊嘗考之。世高譯業在南。其筆受者為臨淮人嚴佛調。支讖譯業在北。其筆受者為洛陽人孟福張蓮等。好文好質。隱表南北氣分之殊。雖謂直譯意譯兩派。自漢代已對峙焉可耳。

支謙、法護、當三國西晉間。譯業宏富。所譯亦最調暢易讀。殆屬於未熟的意譯之一派。梁傳稱『謙辭旨文雅。曲得聖義。』又引道安言。謂『護公所出。綱領必正。雖不辯妙婉顯。而宏達欣暢。』支敏度稱『謙以季世尚文。時好簡略。故其出經。頗從文麗。然約而義顯。可謂深入。』（出三藏集記卷八引合首楞嚴經記）兩公文體。可見一斑。然而文勝之弊。已與相緣。故僧叡論謙譯思益經。謂『恭明（謙字）之前譯。頗麗其辭。仍迷其旨。是使宏標乖於謬文。至味淡於華豔。』（羅什譯思益梵天所問經僧叡序）僧肇論舊譯維摩詰經。謂『支（謙）竺（法護）所出。理滯於文。』（羅什譯維摩詰經僧肇序）支敏度亦謂『支恭明。法護。叔蘭。先後所譯三本（維摩）或辭句出入。先後不同。或有無離合。多少各異。或方言訓詁。字乖趣同。或其文梵越。其理亦乖。或文義混雜。在疑似之間。』（出三藏集記卷九引支敏度合維摩詰經序）音譯之敝。漸為識者所惘矣。

翻譯文體之討論。自道安始。安不通梵文。而對於舊譯諸經。能正其謬誤。所注般若、道行、密迹、安般。尋比文句。析疑甄解。後此羅什見之。謂所正者皆與原文合。（歷代三寶記卷四）彼蓋極富於理解力。而最忠實於學問。當第二期譯事初起。極力為純粹直譯之主張。其言曰。

『前人出經。支讖。世高。審得梵本難繫者也。叉羅支越。斲鑿之巧者也。巧則巧矣。懼竅成而混沌終矣。若夫以詩為煩重。以尚書爲質朴。而刪潤合今。則馬鄭所深恨者也。』摩訶鉢羅若波羅蜜抄經序出三藏集記卷九引『昔來出經者。多嫌梵言方質。改適今俗。此所不取。何者。傳梵爲秦。以不閑方言。求知辭趣耳。何嫌文質。……經之巧質。有自來矣。唯傳事不盡。乃譯人之咎耳。』十四卷本鞞婆沙序『譯人考校者少。先人所傳。相承謂是。……或殊失旨。或粗舉意。……意常恨之。……將來學者。審欲求先聖雅言者。宜詳攬焉。諸出爲秦言。便約不煩者。皆葡萄酒之被水者也。』比丘大戒序出三藏集記卷十一引「葡萄酒被水」「竅成混沌終」之兩喻。可謂痛切。蓋譯家之大患。莫過於羼雜主觀的理想。潛易原著之精神。陳壽謂『浮屠所載。與中國老子經。而相出入。』見宋贊寧高僧傳三集卷三。謂三國志述臨兒國其文如此。今本無此語。亦並無臨兒傳 蓋彼時譯家。大率漸染老莊。采其說以文飾佛言。例如四十二章經此經吾疑出支謙手說詳中國佛教史 非惟文體類老子。教理亦多沿襲。此類經典。攙雜我國固有之虛無思想。致佛教變質。正所謂被水之葡萄酒也。以忠實之道。安靚此固宜慇疾。故大聲疾呼。獨尊直譯。其所監譯之鞞婆沙。『案本而傳。不令有損言遊字。時改倒句。餘盡實錄。』原序『時竺佛念筆受諸經。常疑此土好華。每存瑩飾。安公深疾。窮校考定。務存典骨。許其五失梵本。出此以外。毫不可差。』出三藏集記卷九引僧伽羅剎集經後記作者失名 其嚴正強硬態度。視近一二年來時賢之鼓吹直譯者。蓋有過之無不及矣。

安公論譯梵爲秦。有「五失本三不易。」五失本者。(一)謂句法倒裝。(二)謂好用文言。(三)謂刪去反覆詠歎之語。(四)謂去一段落中解釋之語。(五)謂刪去後段覆牒前段之語。三不易者。(一)謂既須求真。又須喻俗。(二)謂佛智懸隔。契合實難。(三)謂去古久遠。無從詢證。見大品般若經序以原文艱重不具引僅撮其大意如上 後世談譯學者。咸徵引焉。要之翻譯文學程式。成爲學界一問題。自安公始也。

鳩摩羅什者。譯界第一流宗匠也。彼爲印度人。深通梵語。兼嫻漢言。其所主張。與道安稍異。彼嘗與僧叡論西方辭體。謂

『天竺國俗。甚重文製。……改梵爲秦。失其藻蔚。雖得大意。殊隔文體。有似嚼飯與人。非徒失味。乃令嘔噦也。』（梁高僧傳卷二本傳）

推什公本意。殆持「翻譯不可能」之論。但旣不獲已而乞靈譯事。則比較的偏重意譯。其譯法華。則『曲從方言。趣不乖本。』（慧觀法華宗要序）其譯智度。則『梵文委曲。師以秦人好簡。裁而略之。』（僧叡大智釋論序）其譯中論。則『乖闕繁重者。皆載而裨之。』（僧叡中論序）其譯百論。則『陶練覆疏。務存論旨。使質而不野。簡而必詣。』（僧肇百論序）據此可見凡什公所譯。對於原本。或增或削。務在達旨。與道安所謂『盡從實錄。不令有損言遊字』者。殊科矣。吾以爲安之與什。易地皆然。安惟不通梵文。故兢兢於失實。什既華梵兩曉。則游刃有餘地也。什譯雖多剪裁。還極矜愼。其重譯維摩。『道俗虔虔。一言三復。陶冶精求。務存聖意。文約而詣旨婉而彰。』（僧肇維摩詰經序）其譯大品般若。『手執梵本。……口宣秦言。兩譯異音。交辯文旨。……與諸宿舊五百餘人。詳其義旨。審其文中。然後書之。……胡音失者。正之以天竺。秦言謬者。定之以字義。不可變者。卽而書之。故異名斌然。梵音殆半。斯實匠者之公謹。筆受之重愼也。』（僧叡大品經序）由此觀之。則什公意譯諸品。其慘淡經營之苦。可想見耳。

贊寧云。『童壽（卽羅什）譯法華。可謂折中。有天然西域之語趣。』（宋高僧傳卷三）「天然語趣」四字。洵乃精評。自羅什諸經論出。然後我國之翻譯文學。完全成立。蓋有外來「語趣」輸入。則文學內容爲之擴大。而其素質乃起一大變化也。絕對主張直譯之道安。其所監譯之增壹阿含、鞞婆沙、三法度諸書。雖備極矜愼。而千年來鮮人過問。而

什譯之大品、法華、維摩、以及四論。（中百十二門大智度）不特為我思想界闢一新天地，即文學界之影響亦至鉅焉。文之不可以已如是也。

道安大弟子慧遠，與羅什並時。盡讀其新譯。故其持論漸趨折衷。其言曰。『譬大羹不和，雖味非珍。神珠內映，雖寶非用。「信言不美」有自來矣。（此言直譯之缺點）若遂令正典隱於榮華，玄樸虧於小成。則百家詭辯，九流爭川。方將函淪長夜，不亦悲乎。（此言意譯之缺點）……則知依方設訓，文質殊體。以文應質，則疑者衆。以質應文，則悅者寡。』（大智論抄序）此全屬調和論調。亦兩派對抗後時代之要求也。

此後關於此問題之討論。莫詳於隋代之彥琮。唐僧傳（卷二本傳）稱其『著辯正論以垂翻譯之式』其要略曰。『若令梵師獨斷，其微言罕革。筆人參制，則餘辭必混。意者寧貴樸而近理。不用巧而背源。』此旨要趨重直譯也。又言『譯才須有「八備」（一）誠心愛法，志願益人，不憚久時。（二）將踐覺場，先牢戒足，不染譏惡。（三）筌曉三藏，義貫兩乘，不苦闇滯。（四）旁涉墳典，工綴典詞，不過魯拙。（五）襟抱平恕，器量虛融，不好專執。（六）耽於道術，澹於名利，不欲高衒。（七）要識梵言，方閑正學，不墜彼學。（八）薄閱蒼雅，粗諳篆隸，不昧此文。』其（一）（五）（六）之三事。特注重翻譯家人格之修養。可謂深探本原。餘則常談耳。然琮之結論，乃在廢譯。意欲人人學梵，不假傳言。故云『直餐梵響，何待譯言。本尙虧圓，譯豈純實。』更極言學梵文之必要云『研若有功，解便無滯。匹於此域，固不為難。難尙須求，況其易也。……向使……纔去俗衣，尋教梵字……則人人共解，省翻譯之勞……』據此則彥琮實主張「翻譯無益論」之人也。以吾觀之，梵文普及，確為佛教界一重要問題。當時世鮮注意。實所不解。但學梵譯漢，交相為用。謂譯可廢。殊非自利利他之通軌也。

道宣之傳玄奘也曰『自前代以來。所譯經敎。初從梵語倒寫本文。次乃迴之順同此俗。然後筆人觀理文句。中間增損。多墜全言。今所翻傳。都由奘旨。意思獨斷。出語成章。詞人隨寫。卽可披翫。』（唐高僧傳卷五本傳）蓋前代譯師無論若何通洽。終是東渡以還始學華語。辭義扞格云何能免。口度筆受。終分兩橛。例如羅什。號稱『轉能漢言音譯流便。』（梁高僧傳卷二本傳）然據筆受大智度論之僧叡則謂『法師於秦語大格。……苟言不相喩則情無由比。……進欲停筆爭是。則校競終日卒無所成。退欲簡而便之。則負傷手穿鑿之譏。』（出三藏集記卷十引大智釋論序）則扞格情形。可以想見。幸而肇叡諸賢。既精敎理。復擅文辭。故相得益彰。庶無大過耳。又如眞諦晚年。始得與法泰對翻攝大乘俱舍兩論。諦歎曰『吾早値子無恨矣。』（唐高僧傳卷一法泰傳）是知前代任何名匠總須與筆受者蛩駏相依。故原本所含義諦。最少亦須假途於兩人以上之心理。始得現於譯本。夫待譯乃通。已爲間接。此則間接之中又間接焉。其間所失宜幾何者。故必如玄奘。義淨。能以一身兼筆舌之兩役者。始足以語於譯事矣。若玄奘者。則意譯直譯。圓滿調和。斯道之極軌也。

五　譯學進步之影

欲察譯學之進步。莫如將同本異譯之書爲比較的研究。吾今選出一書爲標準。卽大般若經之第四分。前代通稱小品般若者是也。此書前後所譯凡九本。五存四佚。今將現存五本以（甲）（乙）（丙）（丁）（戊）符號表其名如下。

（甲）道行般若經後漢支婁迦讖譯

(乙)大明度無極經吳支謙譯

(丙)摩訶般若鈔經符秦曇摩蜱譯

(丁)小品般若經姚秦鳩摩羅什譯

(戊)大般若經第四分唐玄奘譯

右五本出現之時期。自漢至唐相去八百餘年。其譯人皆各時代之代表人物。(甲)本之支婁迦讖。與安世高齊名稱譯界開創二傑。(乙)本之支謙。則「意譯派」第一宗匠也。(丙)本曇摩蜱口譯。竺佛念筆述。然實成於道安指導之下。(丁)本之鳩摩羅什。(戊)本之玄奘。則前後兩譯聖。稍治斯學者所能共知矣。吾昔曾將此經第一品分五格鈔錄。比對其異同。不惟可以察文體之嬗易。即思想之變遷。亦歷歷可尋。實一種極有趣之研究也。惜不得梵文原本。與通梵者商榷其得失耳。今摘錄數段供參考。

書中發端記佛命須菩提為諸菩薩演說般若波羅蜜時。舍利弗竊念。「須菩提是否能以自力演說。抑承佛威神力。」須菩提知其意而語之。其語五本異譯如下。

(甲本)	(乙本)	(丙本)	(丁本)	(戊本)
敢佛弟子所說法所成法。皆持佛威神。何以故。佛所說法。法中所學。皆有證。皆隨法展轉相敎。展轉相成。	敢佛弟子所作。皆乘如來大士之作。所以者何。從佛說法。故有法學。賢者子賢者女得法意以為證。其為	敢佛弟子所說法所成法。皆承佛威神。何以故。佛所說法。法中所學。皆有證。以知便能有所成。展轉能相	佛諸弟子。敢有所說。皆是佛力。所以者何。佛所說法。於中學者。能證諸法相。證已。有所言說。皆與法相不	世尊弟子。敢有宣說顯了開示。皆承如來威神之力。何以故。舍利子。佛先為他宣說顯了開示法要。彼於

法中終不共諍。何以故。時而說法。莫不喜樂者。自恣善男子善女人而學。

證者所說所誨所言一切如法無諍。所以者何。如來說法。爲斯樂者族姓子傳相教無所諍。

成教。所以者何。怛薩阿竭所說無有異。若有仁善欲學是法。於中終不諍。

相違背。以法相力故。

佛教。精勤修學。乃至證得諸法實性。後轉爲他有所宜說。顯了開示。若與法性能不相違。皆是如來威神加被。亦是法性等流。

其間小節可注意者。如(甲)(乙)(丙)本皆將「敢」字放在句首。當是純襲印度語法。(丁)(戊)本便不爾。如「善男子善女人」(乙)本作「賢者子賢者女」。乍視覺極刺眼。如「如來」(丙)本譯音作「怛薩阿竭」。此字在後來譯本中已成殭語。然此皆無關宏旨。可勿深辯。以全段文意論。吾輩讀(甲)(丙)本。幾全不解。讀(乙)本似略解。讀(丁)(戊)本則全解。蓋(甲)(丙)皆屬初期之直譯派。而其主譯者皆外人不嫻漢語。(乙)本屬初期之意譯派。(丁)本屬後期之意譯派。其主譯者雖皆外人。而略嫻漢語。(戊)本則中國人主譯。後期之「意直調和」派也。其尤當注意者。五本中皆有「證」字。吾輩讀後兩本。知其爲「證悟」之「證」。然讀前三本。則幾疑爲「證據」之「證」。兩義相去何啻霄壤。又(丁)本言「諸法相」。(戊)本言「諸法實性」。自是此段中主要之語。然(甲)(丙)兩本皆不見此字。知是對譯者傳譯不出。因而沒卻。此初期直譯之弊也。(乙)本作「法意」。雖未闕漏。然籠統含混矣。此初期意譯之弊也。(丁)(戊)兩本皆能譯矣。然用字精確之程度則又有別。「法相」就現象言。「法性」就本體言。兩者雖非一非異。然般若屬龍樹派思想。應云「法性」。若言「法相」則與無著派思想混矣。故(戊)本所譯。自優於(丁)本也。又(丁)(戊)兩本意義皆瞭然。(丁)本字數遠簡於(戊)本(丁)本意譯之模範(戊)本直譯之模範也。

(甲本)

菩薩當念作是學。入中心不當念是菩薩。
何以故。有心無心。
舍利弗謂須菩提。云何有心無心。
須菩提言。如是亦不有有心。亦不無無心。

(乙本)

又菩薩大士行明度無極。當受學此。如學此者。不當念我是道意。
所以者何。是意非意。淨意光明。
賢子鶖鷺子曰。云何有是意而意非意。
善業曰。謂其無爲無雜念也。

(丙本)

須菩提白佛。菩薩摩訶薩行般若波羅蜜。當作是學。學其心不當念我是菩薩。
何以故。心無心。心者淨。
舍利弗謂須菩提。云何有心。心無心。
須菩提言。從對雖有心。心無心。如是心亦不知者。亦無造者。以是亦不有有心亦不有無心。

(丁本)

復次世尊。菩薩行般若波羅蜜時應如是學。不念是菩薩心。
所以者何。是心非心。心相本淨故。
舍利弗言。何法爲非心心。
須菩提言。不壞不分別。

(戊本)

復次世尊。菩薩摩訶薩修行般若波羅蜜多時。應如是學。謂不執著大菩提心。
所以者何。心非心性。本性淨故。
舍利子問善現言。何等名爲心非心性。
善現答言。若無變壞。亦無分別。是則名爲心非心性。

此段問答。大可見譯筆工拙及譯意顯晦之差。須菩提語(戊)本『謂不執著大菩提心』一句。(甲)(丙)(丁)三本大同小異。皆云『不念是菩薩』。此直譯而不達意也。(乙)本改爲『不當念我是道意』。意譯的色彩頗重。然益難解矣。(戊)本云『心非心性。本性淨故』。又云『若無變壞。亦無分別。是則名爲心非心性』。其意蓋謂吾人常識所謂心者。皆指有變壞有分別者也。般若之心。無變壞無分別。是心而非心也。此「心而非心之性」其本性清淨。如此剖讀。語意甚瑩。(丁)本所譯。亦庶幾矣。但以心性爲心相耳。前三本則缺點甚多。(甲)本殆筆述者完全不解。以影響語搪塞。(乙)本驟讀似甚曉暢。實則純以老莊學說誣佛說。此意譯家之大病也。(丙)本純粹直譯。其『從對雖有心』一語。他本皆不譯。竊疑此語甚要。蓋指吾人常識有對待之心也。但其以「無造者」翻「無變壞」。以「無知者」翻「無分別」。則拙晦極矣。

(甲本)

菩薩行般若波羅蜜。色不當於中住。痛癢思想生死。識。不當於中住。

何以故。住色中爲行色。住痛癢思想生死識中爲行識。設住其中者爲不隨般若波羅蜜教。

何以故。行識故。是爲不行般若波羅蜜。不行者。菩薩不得「薩芸若」

(乙本)

菩薩修行明度無極。不以色住。於痛。想。行。不以識住。

所以者何。若止於色。爲造色行。止痛想行。爲造識。非爲應受。

明度無極。不以造行爲應受。受此。其不具足明度無極。終不得「一切知」

(丙本)

菩薩行般若波羅蜜。色中不當住。痛癢思想生死。識。不當於中住。

想色住。爲行生死識。想痛。思想生死。識住。爲行生死識。設住其中不隨般若波羅蜜教。

不爲應「薩芸若」

(丁本)

菩薩行般若波羅蜜時。不應色中住。不應受想行識中住。

何以故。若住色中。爲作色行。若住受想行識中。爲作識行。若行作法。則不能受般若波羅蜜。

不能習般若波羅蜜。不具足般若波羅蜜。則不能成就「薩婆若」

(戊本)

菩薩摩訶薩行般若波羅蜜多時。不應住色。亦不應住受。想。行。識。

所以者何。若住於色。便作色行。非行般若波羅蜜多。若住受想行識。便作受想行識行。非行般若波羅蜜多。

所以者何。非作行者。能攝般若波羅蜜多。不攝般若波羅蜜多。則於般若波羅蜜多。不能修習。……不能圓滿。……則不能得「一切智智」不能攝所攝有情。

讀此段。最令吾輩注目者。則術語釐定之不易也。即如佛典中最重要之五蘊所謂色受想行識者。實幾經變遷。乃定為今名。

五蘊	(甲)(丙)本	(乙)本	(丁)(戊)本
	色	色	色
	痛癢	痛	受
	思想	想	想
	生死	行	行
	識	識	識

舊於此五名。或譯以一字。或譯以兩字。既已參差不類。且痛癢生死等名。亦不包舉。且易滋誤混。支謙全易以一字。譯大體甚善矣。然省「痛癢」稱「痛」。愈益難解。羅什以後。受想行識。斯為定名。區區三字。積數百年之進化。其慘淡經營可想也。又如(甲)本譯音之「般若波羅蜜」。而偏重意譯之(乙)本。則以「明」譯「般若」。以「度無極」譯「波羅蜜」。因名「明」度無極。而(丙)(丁)(戊)三本皆譯音不譯意。又如(甲)本譯音之「薩芸若」。(丙)(乙)本從之。(乙)本譯義作「一切智」。(戊)本從之。而加一字為「一切智智」。此皆關於術語之應比較研究者。至於意義暢達之程度。則試以(戊)本作標準。持以對核前四本。其遞次進步之跡甚明。

(甲本)	(乙本)	(丙本)	(丁本)	(戊本)
菩薩行般若波羅蜜一切字法不受是故三昧無有邊無有正。	是名曰「菩薩大士諸法無受之定」場曠趣大而無有量。	是菩薩為行般若波羅蜜。復不受三昧字廣大所入。	是名「菩薩諸法無受三昧」廣大無量無定。	是名「菩薩於一切法無攝受定」廣大無對無量決定。

就此一句論。(乙)本之意譯。可謂極適極妙。雖(丁)(戊)本亦不能出其右。而(甲)(丙)兩本之直譯。眞使人墮五里霧中也。

然直譯而失者。極其量不過晦澀詰𥪡。人不能讀。枉費譯者精力而已。猶不至於誤人。意譯而失者。則以譯者之思想。橫指爲著者之思想。而又以文從字順。故易引讀者入於迷途。是對於著者讀者兩皆不忠。可謂譯界之蟊賊也。已試更就前經。剌舉數段爲例。

戊本(玄奘譯)

(一)諸色離色自性。受想行識離受想行識自性。……能相亦離所相。所相亦離能相。……

(二)分明執著故。於「如實道」不知不見不信諦法。不覺實際。

乙本(支謙譯)

(一)其於色也休色自然。於痛想行休識自然。……於智休止。智之自然者休矣。想休止。相之自然者休矣。

(二)以專著故。而不知此無所用聰明之法。

右第(一)段。依奘譯。論心理作用。本極複雜。依謙譯。則「自然」兩字盡之矣。第(二)段。依奘譯。謂以平等智觀察諸法實相。依謙譯。則灰身滅智而已。此與前文所舉奘譯之「無變壞無分別」謙譯作「無爲無雜念」正同一例。此皆襲用老莊語。欲人易入。而不知已大失原意。正道安所謂「蒲萄酒之被水」者也。贊寧云『房融潤文於棱嚴。宜當此誚。』(宋高僧傳卷三)須知前代佛典。其愈易讀者。愈蹈此病。彼人人愛讀之棱嚴。識者已識之矣。寧又云『糅書勿如無書。與其典也寧俗。』(同上)此二語。眞譯界永世之藥石。鼓舌操觚者所宜日三復也。

六　翻譯文學之影響於一般文學

凡一民族之文化，其容納性愈富者，其增展力愈强，此定理也。我民族對於外來文化之容納性，惟佛學輸入時代最能發揮，故不惟思想界生莫大之變化，卽文學界亦然，其顯績可得而言也。

（第一）國語實質之擴大

初期譯家，除固有名詞對音轉譯外，其抽象語多襲舊名，吾命之曰「支謙流」之用字法。蓋對於所謂術語者，未甚經意，此在啓蒙草創時，固應然也。及所研治日益深入，則覺舊語與新義，斷不能適相脗合，而襲用之必不免於籠統失眞，於是共努力從事於新語之創造。如前所述道安彥琮之論譯例，乃至明則撰翻經儀式，玄奘立「五種不翻」，贊寧擧「新意六例」，其所討論，則關於正名者什而八九，或綴華語而別賦新義，如「眞如」「無明」「法界」「衆生」「因緣」「果報」等；或存梵音而變爲熟語，如「涅槃」「般若」「瑜伽」「禪那」「刹那」「由旬」等。其見於一切經音義翻譯名義集者，旣各以千計。近日本人所編佛教大辭典，所收乃至三萬五千餘語，此諸語者非他，實漢晉迄唐八百年間諸師所創造，加入吾國語系統中而變爲新成分者也。夫語也者，所以表觀念也，增加三萬五千語，卽增加三萬五千個觀念也。由此觀之，則自譯業勃興後，我國語實質之擴大，其程度爲何如者。

譯家正名之結果，更能令觀念增其正確之程度。嘗讀苻秦譯之阿毗曇八犍度論，其第一篇第三章題爲人跋渠，第二篇第三章亦題人跋渠，及唐玄奘重譯此書，名爲發智論，其第一篇之人跋渠則改題爲補特迦羅納息，第二篇之人跋渠則改題爲有情納息。（「跋渠」「納息」卽他經所譯「品」字之義）考第一篇原文爲補特迦羅第二篇原文爲薩埵據玄應音義卷二十二釋「補特伽羅」云『梵本補此云數特伽此云取羅此云趣數取趣謂數數往來諸趣也』此殆近於所謂靈魂者而其物並非「人類」所專有唯識述記卷一釋「有情」云『梵言薩埵有情識故能愛生故』此殆指凡含生之類而言故舊本亦譯爲「衆生」然則此兩字皆不能以舊語之「人」字函之明矣而初期譯家口筆分功不能相喻聞梵師所說義與「人」近則兩皆以「人」譯之讀者爲舊來「人」字觀念所囚則與本意絕不能了解且彼中兩語我譯以同一之詞則兩觀念之區分無由辯晰逮新譯出斯弊乃祛蓋我國自漢以後學者唯古是崇不敢有所創作雖值一新觀念發生亦必印嵌以古字而此新觀念遂晻沒於囫圇變質之中一切學術俱帶灰色職此之由佛學既昌新語雜陳學者對於梵義不肯囫圇放過搜尋語源力求眞是其勢不得不出於大膽的創造創造之途既開則益爲分析的進化此國語內容所以日趨於擴大也

(第二)語法及文體之變化

吾輩讀佛典無論何人初展卷必生一異感覺其文體與他書迥然殊異其最顯著者(一)普通文章中所用「之乎者也矣焉哉」等字佛典殆一概不用（除支謙流之譯本）(二)既不用駢文家之綺詞儷句亦不采古文家之繩墨格調(三)倒裝句法極多(四)提挈句法極多(五)一句中或一段落中含解釋語(六)多覆牒前文語(七)有聯綴十餘字乃至數十字而成之名詞——一名詞中含形容格的名詞無數(八)同格的語句鋪排敍列動至數十(九)一篇之中散文詩歌交錯(十)其詩歌之譯本爲無韻的凡此皆文章構造形式上畫然闢一新國土

質言之則外來語調之色彩甚濃厚若與吾輩本來之「文學眼」不相習而尋繹稍進自感一種調和之美此種文體之確立則羅什與其門下諸彥實尸其功若專從文學方面校量則後此譯家亦竟未有能過什門者也

尤有一事當注意者則組織的解剖的文體之出現也稍治佛典者當知科判之學爲唐宋後佛學家所極重視其著名之諸大經論恆經數家或十數家之科判分章分節分段備極精密（道安言諸經皆分三部分一序分二正宗分三流通分此爲言科判者之始以後日趨細密）推原斯學何以發達良由諸經論本身本爲科學組織的著述我國學者亦以科學的方法研究之故條理愈剖而愈精此種著述法其影響於學界之他方面者亦不少夫隋唐義疏之學在經學界中有特別價值此人所共知矣而此種學問實與佛典疏鈔之學同時發生吾固不敢逕指此爲翻譯文學之產物然最少必有彼此相互之影響則可斷言也而此爲著述進化一顯著之階段則又可斷言也

自禪宗語錄與宋儒效焉實爲中國文學界一大革命然此殆可謂爲翻譯文學之直接產物也蓋釋尊只有說法並無著書其說法又皆用「蘇漫多」弟子後學汲其流卽皆以喻俗之辯才爲尚入我國後翻譯經典雖力謝彫飾然猶未敢逕廢雅言禪宗之敎既以大刀闊斧抉破塵藩卽其現於文字者亦以極大膽的態度掉臂游行故純粹的「語體文」完全成立然其動機實導自翻譯試讀什譯維摩詰等編最足參此間消息也

（第三）文學的情趣之發展

吾爲說於此曰『我國近代之純文學——若小說若歌曲皆與佛典之翻譯文學有密切關係』聞者必以爲誕雖然吾蓋確信之吾徵諸印度文學進展之跡而有以明其然也夫我國佛敎自羅什以後幾爲大乘派所獨

占。此盡人所能知矣。須知大乘在印度本爲晚出。其所以能盛行者。固由其教義順應時勢以開拓。而借助於文學之力者亦甚多。大乘首創。共推馬鳴。讀什譯馬鳴菩薩傳。則知彼實一大文學家大音樂家。其弘法事業恆借此爲利器。試細檢藏中馬鳴著述。其佛本行讚。實一首三萬餘言之長歌。今譯本雖不用韻。然吾輩讀之。猶覺其與孔雀東南飛等古樂府相彷彿。其大乘莊嚴論。則直是「儒林外史式」之一部小說。其原料皆採自四阿含。而經彼點綴之後。能令讀者肉飛神動。（拙著佛典解題於此二書別有考證批評）馬鳴以後成立之大乘經典。盡汲其流。皆以極壯闊之文瀾。演極微眇之教理。若華嚴涅槃般若等。其尤著也。（此一段吾知必爲時流談佛者所大駭怪但吾並不主張「大乘非佛說」不過承認大乘經典晚出耳其詳見拙著中國佛教史）此等富於文學性的經典。復經譯家宗匠。以極優美之國語爲之迻寫。社會上人人嗜讀。即不信解教理者。亦靡不心醉於其詞績。故想像力不期而增進。詮寫法不期而革新。其影響乃直接表見於一般文藝。我國自搜神記以下一派之小說。不能謂與大莊嚴經論一類之書無因緣。而近代一二鉅製水滸紅樓之流。其結體運筆。受華嚴涅槃之影響者實甚多。即宋元明以降雜劇傳奇彈詞等長篇歌曲。亦間接汲佛本行讚等書之流焉。吾知聞吾說者必大訶斥。謂子所舉各書。其中並不含佛教教理。其著者或且於佛典並未寓目。如子所言。毋乃附會太甚。此等訶辭。吾固承認也。雖然。吾所篤信佛說「共業所成」之一大原理。謂凡人類能有所造作者。於其自業力之外。尤必有共業力爲之因緣。所謂共業力者。則某時代某部分之人共同所造業。積聚遺傳於後。而他時代人之承襲此公共遺產者。各憑其天才所獨到。而有所創造。其所創造者。表面上或與前業無關係。即其本人亦或不自知。然以史家慧眼燭之。其淵源歷歷可溯也。吾以爲近代文學與大乘經典。實有如是之微妙關係。深達文心者。當不河漢吾言。

吾對此問題所欲論者猶未能盡爲篇幅及時日所限姑止於此讀斯篇者當已能略察翻譯事業與一國文化關係之重大今第二度之翻譯時期至矣從事於此者宜思如何乃無愧古人也

飲冰室專集之六十

佛典之翻譯

本篇是民國九年春夏間所作中國佛教史之第五章。近兩年來繼續研究之結果。對於原作大不滿意。正思得數月餘力全部改作。本篇爲當時用力最勤者。不忍拋棄。姑採以入此。其中見解與現時所見歷殊者仍甚多。材料亦多缺漏。組織亦未完善。存之以備與他日新著相較云爾。其間有與前三篇相出入者。卽亦不復删削。

十一年雙十節　著者識。

一

佛教爲外來之學。其託命在翻譯。自然之數也。自晚漢迄中唐。凡七百年間。賡續盛弘斯業。宋元以降。則補苴而已。據唐代開元釋教錄所述。其譯人及經典之數如下表。

朝代	譯人	部數	卷數
後漢	一二	一九二	三九五
曹魏	五	一二	一八
孫吳	五	一八九	四一七
西晉	一二	三三三	五九〇
東晉	一六	一六八	四六八

苻秦	六	一五	一九七
姚秦	五	九四	六二四
乞伏秦	一	五六	一一〇
前涼	一	四	六
北涼	九	八二	三一一
劉宋	二二	四六五	七一七
蕭齊	七	一二	三三
蕭梁	八	四六	二〇一
元魏	一二	八三	二七四
高齊	二	八	五二
宇文周	四	一四	二九
陳	三	四〇	一三三
隋	九	六四	三〇一
唐（迄開元）	三七	三〇一	二一七〇
合計	一七六	二二七八	七〇四六

然此乃並存佚眞僞重出者合計總數。依彼錄所勘定當時現存眞本實僅九百六十八部。四千五百零七卷。（據吾所勘尙應汰數十部）據元代法寶勘同總錄所述其前出及續出之數如下表。

朝代	譯人	部數	卷數

後漢永平十至唐開元十八（西六七—七三〇）	一七八	九六八	四五〇七
唐開元十八至貞元五（西七三〇—七八九）	八	一二七	二四二
唐貞元五至宋景祐四（西七八九—一〇三七）	六	二二〇	三三二
宋景祐四至元至元二十二（西一〇三七—一二八五）	四	二〇	一一五

以大小乘經律論分類，則其表如下。據勘同錄

藏別	部數	卷數
大乘經	八九七	二九八〇
大乘律	二八	五六
大乘論	一一八	六二八
小乘經	二九一	七一〇
小乘律	六九	五〇四
小乘論	三八	七〇八

此後明清高麗日本諸藏，雖互有增減，其所出入者，多此土撰述。大抵印度經、律、論、集傳等譯成國文者，汰僞除複，現存者實五千卷內外。此眞我國民一大事業也。此事業什之九，皆在西紀六十七年至七百八十九年。其餘則附庸而已矣。吾嘗通覽比較，則此七百年間翻譯事業進化之跡，歷歷可尋。以譯本論，初時多憑胡僧闇誦傳譯，後則必求梵文原本。同是原本也，初時僅譯小品，後乃廣譯大經。同是大經也，初時章節割裂，各自單行，後乃通譯全文，首尾完具。以譯人論，初時不過西域流寓諸僧與不甚著名之信士，後則皆本國西行求法之鴻哲與

印土東渡之大師。以譯法論。前此多一人傳語。一人筆受。後則主譯之人。必梵漢兩通。而口譯、筆受、證義、勘文。一字一句。皆經四五人之手。乃著爲定本。以譯事規模論。初則私人一二。相約對譯。後乃由國家大建譯場。廣羅才俊。以宗派論。初則小乘。後則大乘。以書籍種類論。初惟譒經。後乃廣涉律論傳記。乃至外道哲學。咸所取資。此固學術進化之軌應然。抑我先民向上之精神。亦可見矣。

(附錄)佛教典籍譜錄攷

近代目錄之學大盛。四部羣籍。存佚眞僞。考證略明。佛教之書。占我國學術界最重要部分。而千年來儒者擯之弗講。除隋經籍志唐藝文志鹵莽滅裂著錄數種外。其餘譜錄。一不之及。惟阮孝緒七錄。特闢佛法錄一門。分爲戒律、禪定、智慧、疑似、論記、五部。著錄五千四百卷。可謂卓識。惜其書今不存。吾著佛教史。對於傳譯各書。不能不常有所辨證。今爲徵引說明之便。先著此篇附錄。以供參考。他日有根據下列各書。釐訂同異整理內典者。亦學術界一功臣已。

據開元釋敎錄卷十敍列古今諸家目錄篇。其所舉「經錄」之書凡四十種。但多已亡佚。且其中有系統的著述。不過什之一二。今摘要論列如下。

經錄　卷數無考　東晉釋道安撰　今佚　省稱安錄

高僧傳云『自漢魏迄晉。經來稍多。而傳經之人名字弗說。後人追尋。莫測年代。安乃總表名目。表其時人。銓品新舊。撰爲經錄。是佛典譜錄。安實作始。今其書久佚。但僧祐之出三藏集記。自卷二至卷五。皆補續安錄。其有增訂。類皆注出。吾輩可從祐錄中推出安錄原本。猶漢書藝文志可當劉歆七略讀也。據祐錄推出安錄篇數如下。一撰出經律論錄。二條解異出經錄。三古異經錄。四失譯經錄。五涼土異經錄。六關中異經錄。七疑經錄。八注經及雜經志錄。

衆經錄四卷　東晉道流道祖同撰　今佚　見開元錄

衆經目錄二卷　蕭齊釋王宗撰　今佚　見祐錄

元魏衆經目錄十卷　永熙間敕舍人李廓撰　今佚　見張房錄

前六卷以大小乘經律論分類第七卷未見本末三卷辨僞經。

梁代衆經目錄四卷　天監十七年敕沙門寶唱撰　今佚　見張房錄

高齊衆經目錄八卷　武平間沙門法上撰　今佚　見內典錄

出三藏集記十五卷　梁僧祐撰　今存　省稱祐錄

此爲現存最古且較可信據之經錄。前五卷踵安錄之舊。加以釐訂。先分年代。以譯家先後爲次。列舉各家所譯書目。次列各經重譯及異名者。次敍律藏。次敍佚本。次辨僞經。第六卷至第十二卷。錄各經典序文。第十三至第十五卷。譯家傳記。祐爲惠遠再傳弟子。即著釋家譜弘明集之人。治佛學掌故者。要當挹源此公。但其書考證失實處亦仍不免。

隋衆經目錄七卷　開皇十四年敕法經等撰　今存

分大小乘經律論各一錄。共六錄。每錄皆分一譯、異譯、失譯、別生、疑惑、僞妄六門。末附西域及此方集傳著述一錄。後世編集體佛藏例。此其開端。

歷代三寶記十五卷　隋開皇十七年費長房撰　今存　省稱房錄

長房爲當時翻經學士。嫌官本經錄不備。別撰斯編。第十二卷以前以年代分。十三十四卷記重譯失譯。十五卷列總目現存古錄。此最繁博。亦最蕪穢。道宣云『房所撰者。瓦玉相謬。得在繁富。未可憑准。』（見內典錄）智昇云『房錄事實雜謬。其闕本疑僞。皆編入藏。竊爲不可。』（見開元錄）據房錄總目。已有經籍二一四六部六二三五卷。今存經典總計不過五千餘卷。唐譯幾居三分之一。豈有隋時反逾六千者。即此一端。已證其妄。宣昇等糾其誤謬數十條。具見原書。不備引。

隋衆經目錄五卷　仁壽二年敕撰　今存

踵舊作。列總目。無甚價值。

大唐內典錄十卷　麟德元年釋道宣撰　今存　省稱內典錄

宣爲唐代第一律師。其自序謂『上集羣目取訊僧傳……參祐房等錄。務革前弊。』智昇稱其『類例明審。有作者之風』信矣。其目如下。

衆經傳譯所從錄第一。翻本單重人代存亡錄第二。衆經分乘入藏第三。衆經舉要轉讀錄第四。衆經有目闕本錄第五。道俗述作注解錄第六。諸經支流陳化錄第七。所出疑僞經論錄第八。衆經目錄始終序第九。衆經應感興敬錄第十。

古今譯經圖記四卷　唐沙門靖邁撰　今存

邁爲元奘弟子。奘在慈恩寺翻經堂壁畫古今譯經圖。邁乃爲之記。不過房錄節本無甚價値。

武周刊定衆經目錄十五卷　天冊萬歲元年敕明佺等撰　今存

總數三六一六部。八六四〇卷多蹈房錄譌謬

開元釋敎錄二十卷　開元十八年釋智昇撰　今存　省稱開元錄

前十卷爲總括羣經錄。由漢至唐以朝代譯家編次。體例略同祐錄房錄。後十卷爲別分乘藏錄。復分爲七。一有譯有本錄。二有譯無本錄。三支派別行錄。四刪略繁重錄。五補闕拾遺錄。六疑惑再詳錄。七僞妄亂眞錄。其分別乘藏中。於大乘諸經復判般若寶積大集華嚴涅槃五大部。其不屬五部者則名曰『大乘單譯經』此種分類爲後世編藏所祖。其於諸籍闕本別生。尤爲明晰。編次別擇。頗極謹嚴。所舉存佚總目二二七八部七〇四六卷。存者一一三〇部。五〇六六卷。實經錄之總匯。佛敎史上最有價値之記載也。

貞元釋敎錄三十卷　唐貞元五年圓照撰　今存　省稱貞元錄

此書爲續開元錄之作。亦有補所未備者。

祥符錄　卷　今佚　見法寶勘同總錄

景祐錄　卷　今佚　同上

至元法寶勘同總錄十卷　元至元二十二年慶吉祥等奉敕撰　今存

此書總括元以前所有諸經典敍述簡要。尤有一特色。在將漢譯本與西藏文本對勘。其序云『以西蕃大敎目錄對勘東土經藏部帙之有無。卷軸之多寡……損者完之。無者書之。』此實前此未有之業。惜所勘者尙非波利文或梵文原本耳。

大藏聖敎法寶標目十卷　元居士王古撰　今存

此書爲解題提要體在佛典經錄中實爲創作分部全依開元錄每經撮其大意小經或僅數行大經則分品詳說其重譯之本則並列總撮之卷首有克己序謂『一覽之餘全藏義海瞭然』殆不誣也惟各種譯人不標列是其小失

釋教彙目義門四十一卷　明釋寂曉撰　存佚待考　見閱藏知津

寂曉字蘊空其書未見惟智旭閱藏知津總目中列有應收入藏之書四十五種此其最末一種也據知津凡例知其書「但分五時不分三藏」又「從古判法分菩薩聲聞兩藏就兩藏中各具經律論三」又「於重單譯中先取單本總列於前重本別列於後以先譯爲主不分譯之巧拙」此智旭議其失當處也要之此價值當不在焦竑經籍志之下矣

閱藏知津四十四卷　明翻沙門智旭撰　今存　旭即世所稱蕅益大師也稍治佛學者當無不知其爲人此書見日本又續藏經稱四十卷近金陵刻經處重印本則四十四卷而卷首有夏之鼎序謂四十八卷未知有闕佚否全書分數如下

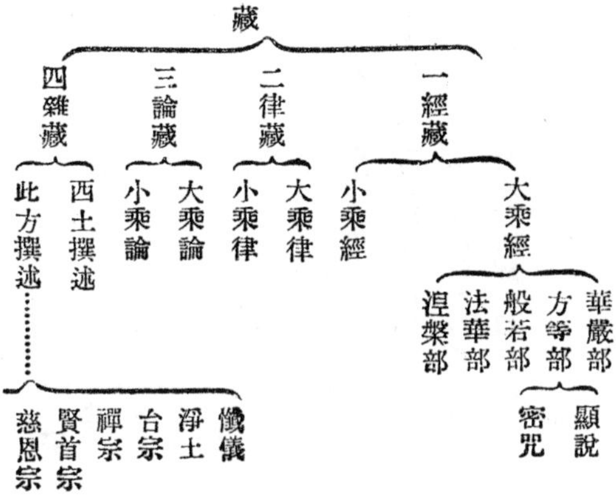

此書蓋繼王古寂曉而作。其自序云『王古居士創作法寶標目。蘊空沙門。嗣作彙目義門。並可稱良工心苦。然標目僅順宋藏次第。略指端倪。固未盡美。義門創依五時。粗陳梗概。亦未盡善。』又自述著此書『歷年二十。始獲成稿。……但藉此稍辨方位。俾未閱者知先後所宜。已閱者知權實所擇。』其書純爲提要體。但僅列諸經品題及品中事理大概。不加論斷。蓋恐入「依他作解障自悟門」。又諸經或已通行或卷帙不多者。所錄皆略。惟卷帙多而人罕閱者。則詳錄之。凡此義例。皆極精審。惟各經論傳述源流一概未及。是其短處。後有作者。因其成規。加以考證。且於通行諸經一律加詳。則亦斯界不朽之業也。

二

佛典翻譯。可略分爲三期。自東漢至西晉。則第一期也。僧徒記述譯事。每推本於攝摩騰竺法蘭。謂今所傳四十二章經。實中國最古之佛典。據其所說。則騰等於漢明帝永平十年。隨漢使至洛陽。騰在白馬寺中譯此經。譯成。藏諸蘭臺石室。而蘭亦譯有佛本行經等五部。果爾。則西歷紀元六十七年。佛經已輸入中國。雖然。吾殊不敢置信。四十二章經。純是魏晉以後文體。稍治中國文學史者。一望即能辨別。其體裁摹仿老子。其內容思想。亦與兩晉談玄之流相接近。殆爲晉人僞託無疑。安錄不載此書。則作僞者或在安後。或安知其僞而擯之也。蘭之本行經等。亦不見安錄。蓋同爲僞本。注一是故漢明遣使。是否有其事。騰蘭二公。是否有其人。不妨付諸闕疑。而此經則決不當信。以吾所推斷。則我國譯經事業。實始於漢桓靈間。（西紀第二世紀中葉）略與馬融鄭玄時代相當。上距永平。八十年矣。

（注一）祐錄亦首列四十二章經。惟注云『舊錄云孝明皇帝四十二章。安法師所錄闕此經。』所謂舊錄者。不知何指。然書爲安錄所無。則甚明矣。此實四十二章晚出之鐵證。梁慧皎高僧傳第一傳卽爲摩騰。但云『大法初傳未有歸信。蘊其深解無所宣述。』是明言騰無著作矣。然其末又附數語云『有記云「騰譯四十二章經一卷。初緘在蘭臺石室第十四間。」……』則因當時之說。姑爲存疑耳。房錄於四十二章之後。次以法蘭所譯五種。祐錄則無有。蓋祐公亦不信爲眞。故仍安公之舊。不復補也。

四十二章經有序。述其緣起。謂『明帝遣使張騫羽林中郎將秦景博士弟子王遵等十二人至大月支國寫取佛經四十二章。……』卽此數語。已罅漏百出。硬將百餘年前之張博望拉來領銜一也。漏卻蔡愔二也。郎中爲蔡愔官銜。既誤作中郎將。又送與秦景三也。博士弟子爲秦景官銜。迻與王遵四也。現行本將此序刪去。殆因其太可笑。然序文具見出三寶集記卷七。本爲原本所有無疑。大抵蔡愔奉使。誠爲事實。然佛經在東漢初。絕無譯本。蓋可斷言。所謂齎經四十二章。馱以白馬者。殆得經四十二部耳。不然。今本之四十二章經。僅數千言。可以卷而懷之。何勞馬背。晉人好造僞書。緣飾以成此本。甚可笑也。

最初譯經大師。則安清（安世高）與支讖（支婁迦讖）也。清安息人。讖月支人。並以後漢桓靈間至洛陽。據傳。（慧皎高僧傳也下同）清本安息太子。出家徧歷諸國。漢桓帝初到中夏。非久卽通華言。以建和二年至建寧中。二十餘年。譯安般守意經等三十九部。傳稱其辯而不華。質而不野。道安謂『先後傳譯。多有謬濫。惟淸所出。爲羣譯首。』讖以靈帝光和中平間。譯出般若道行、般舟三昧、首楞嚴等三經。則孟諦張蓮爲之筆受。又有阿闍世王、寶積、等數部。譯人失名。道安精尋文體。云似讖所出。傳稱其譯文審得本旨。了不加飾。凡淸所譯。祐錄（梁僧祐出三藏集記之省稱下同）著錄三十四部。房錄（隋費長房歷代三寶記之省稱下同）著錄百七十六部。凡讖所譯。祐錄著錄十四部。房錄著錄二十一部。（注二）所譯率皆從大經中割出小品。例如清譯之四諦經。即中阿含之分別聖諦品也。識譯之般若道行經。即大般若第四分內之三十品也。漢末三國時所譯經大抵類此。故每部少或一卷。多則二三卷。若般若道行之十卷。在當時最爲巨帙矣。尤有一事極可注目者。則清公所譯。多屬小乘。出四阿含中者居多。所言皆偏重習禪方法。罕涉理論。識公所譯。半屬大乘。華嚴、般若、寶積、涅槃。皆有抽譯。隱然開此後譯家兩大派焉。同時尚有竺佛朔、支曜、康巨、安玄、康孟詳、嚴佛調。皆各有譯述。

（注二）初期譯家名多不傳。清識二公所譯。其可確指者。各不過數部耳。祐錄所著錄。已半由道安僧祐所推定。房錄安世高條下。忽由三十四種增至百七十六種。實駭聽聞。房言安書流傳河洛。道安僧祐僻在江左。故多未見。此容或有之。然安能多至如是。且其所錄多與他條重複。又中多大乘經。與祐錄所載諸書全不類。魏晉間人喜造僞書。依託古人。此風或漸漸染於佛徒耶。然房錄蕪雜。即此可見。

二公以後之大譯家。則支謙也。謙本月支人。漢靈帝時。月支有六百餘人歸化中國。謙父與焉。故謙實生於中國。而通六國語。支讖有弟子曰支亮。謙從亮受業。故謙於讖爲再傳。漢獻末。避亂入吳。孫權悅之。拜爲博士。（謙本未出家）自吳黃武初至建興中。譯出維摩、大般泥洹、法句、等經數十種。（高僧傳稱四十九種祐錄三十七種房錄百二十九種）又注了本生死經。爲經作注。自謙始也。所譯雖多小乘。（上列大般泥洹非今涅槃也安錄注云出長阿含）然維摩阿彌陀兩大乘經。此爲首譯。（房錄維摩以康孟詳本爲首譯此爲第二譯注云兩本大同小異祐錄不著康本）而江左譯事。謙實啓之。

同時有頗重要之一人。則朱士行也。漢靈時竺佛朔譯出道行經。即般若小品之舊本。士行謂此經大乘之要。而譯理不盡。誓志捐身。遠求大本。遂以魏甘露五年入西域。西行求法之人。此其首也。士行至于闐。果求得梵書正本。遣弟子弗如檀齎還洛陽。託無羅叉、竺叔蘭二人共譯之。名曰放光般若經。共九十品二十卷。（卷數據祐錄今藏經本三十卷）

卽大般若經之第二分也。般若研究。自此日進矣。房錄又載甘露七年有支疆梁接者。譯法華三昧經六卷於交州。是法華亦以此時輸入。然祐錄不載。眞否難斷。

第一期最後之健將。則竺法護也。護亦名曇摩羅刹。系出月支。世居燉煌。故亦爲燉煌人。護爲西行求法之第一人。通三十六國語言文字。中國人能直接自譯梵文。實自護始。其所譯各部。咸有。寶積四十九會。譯得十六會。華嚴三十九品。譯得五品。般若則譯光讚三十卷。所謂大品般若者。此其首譯也。而正法華經十卷。尤爲法華輸入之第一功。其他諸大乘經。尚三十餘種。小乘將百種。大乘論小乘論各一種。（祐錄載護公所譯一五四部三〇九卷）傳稱其『自西域歸。大齎梵經。沿路傳譯。寫爲晉文。』又云『終身寫譯。勞不告倦。』其忘身弘法之槪。可以想見。道安云『護公所出。綱領必正。雖不辯妙婉顯。而宏達欣暢。』（本傳引）最能道出護公譯風。有聶承遠道眞父子二人。先後助護譯事。時復加以潤色。護沒後。道眞獨譯之書亦不少。

右第一期所出經。雖不少。然多零品斷簡。所謂『略至略譒。全來全譯』。實則略者多而全者希也。所譯不成系統。翻譯文體亦未確立。啓蒙時代。固當如是也。

三

東晉南北朝。爲譯經事業之第二期。就中更可分前後期。東晉二秦。其前期也。劉宋元魏迄隋。其後期也。

第二期之前期。羅什佛馱耶舍無讖接踵東來。法顯法勇（曇無竭）智嚴寶雲。捐身西邁。大教弘立。實在茲辰。但吾於敍述諸賢以前。有二人當特筆先紀者。則道安及其弟子慧遠也。安遠兩公。皆不通梵語。未嘗躬與譯事。而一時風氣。半實由其主持。安公弟子五百人。所至相隨。後此襄譯及求法者多出焉。其於已譯諸經。整理品隲。最爲精審。觀前節所述經錄。可知其概。翻譯文體。最所注意。嘗著「五失三不易」之論。(詳次節)安公以研究批評之結果。深感舊譯之不備不盡。譯事開新紀元。實安公之精神及其言論有以啓之。語其直接事業。則跋澄難提提婆之創譯阿毘曇。實由安指導。而苻堅之羅致羅什。實由安動議。蓋此期弘敎之總樞機。實在安矣。安公倡之於北。遠公承業。和之於南。遠爲淨宗初祖。人所共知。乃其於譯業關係尤鉅。遣弟子法領等西行求經。齎華嚴以返者遠也。佛馱見擯。爲之排解延譽。成其大業者遠也。指揮監督完成兩阿含及阿毘曇者。遠也。在盧山創立般若臺譯場。常與羅什商榷義例者。遠也。故諸經錄中雖安遠兩公無一譯本。然吾語譯界無名之元勳。必推兩公。

譯界有名之元勳。後有元奘。前則鳩摩羅什。奘師卷帙。雖富於什。而什公範圍則廣於奘。其在法華部。則今行法華。正本實出其手。其在方等部。則阿彌陀維摩詰思益梵天持世首楞嚴諸經出焉。寶積諸品。亦爲定本。其在華嚴部。則十住經之重譯也。其在般若部。則小品放光皆所再理。其在律藏。則大乘之梵網。小乘之十誦。皆所自出。然其功尤偉者。則在譯論。論前此未或譯也。譯之自什公始。(同時佛念提婆等譯小乘論)智度(大智)地(瑜伽師地)兩論卷皆盈百。號論中王。地藉奘傳。智憑什顯。校其宏績。後先同符。至其譯中百十二門。因以開「三論宗」。譯成實。因以開「成實宗」。譯十住。因以開「十地宗」。此尤其章明較著者矣。計什所譯經律論雜傳等。都九十四部。四百二十五卷。(據內典錄)而據後來梵僧所言。猶謂「什所諳誦。十未出一」。什之東來。實由道安獻議於苻堅。堅至興兵七萬滅龜茲烏耆以致之。及其旣抵涼州。堅已敗亡。安亦隨沒。越十六年。而什方至。後秦主姚興。禮爲國師。在長安逍遙園設譯場。使僧叡僧肇法欽等八百餘人。諮受襄譯。國立譯場。自茲始也。什嫻漢言音譯流便。旣覽舊經。義多紕繆。

皆由先譯失旨。不與梵本相應。乃更出大品（即摩訶般若）什持梵本。與執舊經以相讎校。其新文異舊者。義皆圓通。衆心愜伏。什所譯經。什九現存。襄譯諸賢。皆成碩學。大乘確立。什功最高。

與羅什時代略相先後者。有僧伽跋澄曇摩難提僧伽提婆曇摩耶舍弗若多羅曇摩流支卑摩羅叉佛陀耶舍。跋澄難提提婆及前耶舍。前後合力賡續譯增中兩阿含及阿毘曇毘婆沙（小乘論）小乘教義。於茲大備。多羅流支羅叉及後耶舍。則與羅什合譯十誦律四分律。律學昌明。實自茲始。羅叉及後耶舍皆羅什所嘗師事也。而後耶舍亦譯長阿含。於是四含得其三焉。諸人多罽賓人。率皆小乘大師。惟後耶舍兼治大乘。什譯十住。多所諮決焉。」其間有一人宜特紀者。曰竺佛念。佛念涼州人。幼治小學。覃精詁訓。因居西河。故通梵語。跋澄難提諸人。皆不通華言。故所出諸經。皆念傳譯。苻姚二秦之譯事。除什公親譯者外。無不與念有關係。計自譯業肇興以來。支謙法護雖祖籍西域。而生長中土。華梵兩通。羅什以絕慧之資。東來二十年。華語已嫺。始事宣譯。故宏暢奧旨。必推三公。自餘西僧。華語已苦艱澀。屬文蓋非所能。故其事業半成於中國譯人之手。在後漢有張蓮孟福嚴佛調支曜康巨康孟詳。在西晉有聶承遠聶道真陳士倫孫伯虎虞世雅。在二秦則佛念。而佛調二聶佛念最著云。

東晉末葉。羅什譽望勢力。掩襲一世。其能與之對抗者。惟佛馱跋陀羅。佛馱迦維羅衛人。實與釋迦同祖。智嚴寶雲西行求法。從之受業。因要與歸。初至長安。與羅什相見。什大欣悅。每有疑義。必共諮決。未幾以細故爲什高座弟子僧䂮道恒輩所擯。飄然南下。慧遠爲致書關中諸僧和解擯事。馱竟不復北歸。法領從于闐齎得華嚴。法顯從印度齎得僧祇律。皆馱手譯。凡馱所譯一十五部。百十有七卷。以較什譯。雖不及三之一。然華嚴大本肇現。則所謂「一夔已足」也。

同時有異軍特起於北涼。曰曇無讖。讖中天竺人。初習小乘。兼通五明諸論。後乃習大乘。旋度嶺東遊。止西域諸國。將十年。漸東至姑臧。值沮渠蒙遜僭號。請其譯經。讖學語三年。乃從事焉。讖本齎涅槃以來。適智猛東歸亦齎此本。然所齎皆僅前分。於是復遣使于闐求得後分。讖先後譯爲四十卷。則今之大般涅槃經是也。又譯大方等大集金光明悲華楞伽地持諸大經優婆塞戒菩薩戒本諸律。其譯業之偉大略與羅什佛馱等。

在此期間有一最重大之史的事實。則西行求法之風之驟盛是也。求法諸賢名姓及經歷具詳前篇。今不再述。其於譯業最有密切關係者。則在其所齎歸之經本。今略舉其可考者如下。

法領——華嚴

法顯——方等泥洹（卽涅槃）　長阿含　雜阿含　阿毗曇心經　摩訶僧祇律　薩婆多律　彌沙塞律

曇無竭——觀世音授記經

道泰——阿毗曇毗婆沙

智嚴——普曜經　廣博嚴淨經　四天王經

寶雲——新無量壽經　佛本行讚經

智猛——大般涅槃　僧祇律

右諸人皆通梵文。法顯無竭智嚴寶雲智猛皆有自譯本。譯學漸獨立矣。

以上爲第二期之前期。此期中之事業。（一）四阿含全部譯出。（二）華嚴全部譯出。（三）法華第二譯定本出。（四）涅槃初出且有兩譯。（五）大集譯出過半。（七）寶積續譯不少。（八）般若之小品大品皆經再治。（九）其他重要單本大乘經十數部。（十）律藏初譯。（十一）大乘論初譯「空宗」特盛。（十二）小乘論初譯「有部宗」

特盛。統而觀之。成績可謂至豐。佛教之門戶壁壘。於茲確立矣。

四

南北朝迄隋。爲第二期之後期。在前期中。經典教義未備。故學者之精力。全費之於翻譯輸入。若人之營食事也。及入本期。則要籍既已略具。學者務研索而會通之。若食後消化以自營衛也。故此期之特色。在諸宗之醞釀草創。而不在翻譯。其翻譯事業。不過繼前期未竟之緒而已。其譯家之顯著者及其所譯要品。略舉如下。

求那跋陀羅　楞伽　雜阿含　衆事分阿毘曇等（此公實應歸入前期故從朝代列此）

菩提流支　楞伽　解深密　思益梵天諸經之再譯　十地論之再譯　其他釋經諸論

勒那摩提　寶性論　其他諸論

佛陀扇多　寶積諸品　攝大乘論

眞諦　大乘起信論　攝大乘論　決定藏論　中邊分別論　大乘唯識論　大宗地玄文論　俱舍釋論　金七十論等

般若流支　正法念處論　唯識論　順中論等

那連提耶舍　大集之日藏月藏須彌藏　寶積諸品

闍那崛多　大集賢護　法炬威德之兩陀羅尼　添品法華　佛本行集等

達摩笈多　攝大乘論釋論　菩提資糧論等

波羅頗伽羅　般若燈論　大乘莊嚴論等

據上所列。則知此期中之譯業。遠不逮前期。其趨勢則由經部漸移於論部。大乘經最可紀者。則大集之完成與寶積之續出而已。小乘經則佛本行集與正法念處之新譯而已。論部則殊有異彩。蓋前期羅什輩專弘印土之「法性宗」。此期則漸輸入其「法相宗」也。其最重要之人則爲眞諦。諦創譯起信爲大乘鍵人所共知。其決定藏論。卽瑜伽決擇分中之一部。其無相思塵論。卽觀所緣緣論之畢譯。其大乘唯識論。卽唯識二十論之畢譯。其中邊分別論。卽辯中邊論之畢譯。其攝大乘論與扇多同時譯出者。（扇多第一譯眞諦第二譯玄奘第三譯）則地論之階梯。而「相宗」之秘鑰也。故眞諦可謂一小玄奘也。同時佛陀扇多般若流支毘目智仙所譯。亦皆傾於「法相宗」。

自唐貞觀至貞元。爲翻譯事業之第三期。此期實全體佛教之全盛期。諸宗完全成立。卓然爲「中國的佛教」之一大建設。而譯事亦造峯極。（以全體佛教論實應合隋唐爲一期專就翻譯事業一部分論則隋不過六朝之附庸不能與唐齊觀）其空前絕後之偉人則玄奘也。奘師孤征求法。歷十七年。徧參各大師。親受業於戒賢智光。旣而在彼土大弘宗風。所至各國。皆待以國師之禮。凡此芳躅。具詳本傳。（慧立撰大慈恩寺三藏法師傳道宣撰續高僧傳）不復具引。其所齎歸經籍之富。亦前此所無。據傳稱

大乘經三百二十四部

大乘論一百九十二部

小乘
- 上座部經論律十五部
- 三彌底部經律論十五部
- 彌沙塞部經律論二十二部
- 迦葉臂耶部經律論十七部
- 法密部經律論四十二部
- 說一切有部經律論六十七部

外道 ｛因明論三十六部　聲論十三部

共五百二十夾六百五十七部

師以貞觀十九年正月歸京師。（長安）其年二月六日。至龍朔三年十月。凡十九年間。（六四五—六六三）繼續從事翻譯。所譯共七十三部。一千三百三十卷。其絕筆之時。距圓寂僅一月耳。其間猶隨時爲弟子講演。無一日暇逸。嗚呼。武士當死於戰場。學者當死於講座。自古及今。爲學獻身。弘法利物。未有如吾奘師者也。今備列其所譯書目及年歲如下。

大菩薩藏經二十卷
地藏經一卷
陀羅尼經一卷
顯揚聖教論二十卷　以上貞觀十九年
大乘阿毘達磨雜集論十六卷　貞觀二十年正月至二月
大唐西域記十二卷　貞觀十九年至二十年
瑜伽師地論一百卷　貞觀十九年三月至二十二年五月
解深密經五卷（第二譯）
因明入正理論一卷
大乘五蘊論一卷　以上貞觀二十一年
能斷金剛般若經一卷（第四譯）

攝大乘論本十卷
無性菩薩所釋攝大乘論十卷
世親菩薩所釋攝大乘論十卷
唯識三十論一卷
緣起聖道經一卷
因明正理門論本一卷
百法明門論一卷　以上貞觀二十二年六月至十二月
般若波羅蜜多心經一卷（第二譯）
甚希有經一卷（第三譯）
天請問經一卷
最無比經一卷（第二譯）
如來示教勝軍王經一卷
緣起聖道經一卷（第六譯）
菩薩戒本一卷　羯磨文一卷
佛地經論七卷
王法正理論一卷
大乘掌珍論二卷
阿毘達磨識身足論十六卷
勝宗十句義論一卷　以上貞觀二十三年

說無垢稱經六卷（第七譯）
諸佛心陀羅尼經一卷
分別緣起初勝法門經二卷（第二譯）
藥師琉璃光如來本願功德經一卷（第三譯）
稱讚佛土佛攝受經一卷（第三譯即阿彌陀經）
廣百論本一卷
大乘廣百論釋論十卷
本事經七卷　以上永徽元年
大乘大集地藏十輪經十卷
受持七佛名號所生功德經七卷
大乘成業論一卷
阿毘達磨俱舍論三十卷本頌一卷　以上永徽二年
阿毘達磨顯宗論四十卷　永徽二年至三年
佛臨涅槃記法住經一卷
大乘阿毘磨集論七卷　以上永徽三年
阿毘達磨順正理論八十卷　永徽四年至五年
難提蜜多羅所說法住記一卷
顯無邊佛土功德經一卷
稱讚大乘功德經一卷

陀羅尼三種共經三卷　以上永徽五年
瑜伽師地論釋一卷　永徽六年
十一面神咒心經一卷　顯慶元年
阿毘達磨大毘婆沙論二百卷　顯慶元年至四年
觀所緣緣論　卷（第二譯）　顯慶二年
阿毘達磨發智論二十卷　顯慶二年至五年
入阿毘達磨論二卷　顯慶三年
成唯識論十卷
阿毘達磨法蘊足論十二卷　以上顯慶四年
大般若波羅蜜多經六百卷　顯慶五年至龍朔三年
阿毘達磨集異門足論二十卷　顯慶五年至龍朔三年
阿毗達磨品類足十八卷　顯慶五年
辨中邊論三卷頌一卷
唯識二十論一卷
緣起經一卷　以上龍朔元年
異部宗輪一卷　龍朔二年
阿毘達磨身界足論三卷
五事毘婆沙二卷　以上龍朔三年

（附記）諸經錄於譯書年歲，或記或不記。右表係參合三藏法師傳內典錄開元錄三書校定。

吾所以不避煩冗具列書目及年歲者，凡以見奘公用力之勤，老而彌篤。計以十九年譯千三百餘卷，平均每年譯七十卷。而最後四年間，（顯慶五至龍朔三）平均乃至每年譯百七十卷。時師年則既六十矣。（師壽六十五歲）非特熱誠可敬，抑其精力亦可驚也。（據右表歷年中惟永徽六年所譯最少，殊不類。查三藏傳中載有師永徽五年寄印度智光一書內云『俱舍順正理現譯未周』，知此二書必為六年功課，而開元錄以俱舍為二年譯成，順正理為四年至五年譯成，恐有誤，姑仍之。）傳稱『師自永徽改元後，專務翻譯，無棄寸陰。每日自立程課，若晝日有事不充，必兼夜以續。遇乙之後，方乃停筆。攝經已，復禮佛行道。三更暫眠，五更復起，讀誦梵本，朱點次第，擬明旦所翻。每日齋訖，黃昏二時，講新經論，及諸州聽學僧等，恆來決疑請義。日夕已去，寺內弟子百餘人，咸請教誡，盈廊溢廡，酬答處分，無遺漏者。……』嗚呼，眞千古學者之模範也。已奘師最大事業，在譯大般若、瑜伽師地、大毘婆沙及六足發智、俱舍，即此諸編，已逾千卷。而成唯識論，雖名為譯，實乃自著。法相一宗，雖淵源印土，然大成之者，實自奘師。其提倡因明，傳譯之餘，講析不倦。中國人知用「邏輯」以治學，實自茲始。續高僧傳云『奘奉勑翻老子五千文為梵言，以遺西域。』又云『又以起信一論，文出馬鳴，彼土諸僧，思承其本。奘乃譯唐為梵，通布五天。』是則奘師譯業，匪惟東被，乃兼西護。我國名著，流布異域，此其濫觴。而馬鳴起信，在彼失傳，資我反哺，抑又我學界之一大榮譽矣。奘齎歸經律論六百五十七部，譯者七十三，僅逾十之一耳。倘假以年，其所以嘉惠我學界者，更不知何若也。

與元奘同時，為奘所掩，不克自表見者，一人焉，曰那提。續高僧傳云『那提，中印度人。以永徽二年，攜大小乘經律論五百餘夾，一千五百餘部，至京師。有敕令於慈恩寺安置。時奘師當途翻譯，聲華騰蔚，無由克彰，既不蒙引，反充給使。顯慶元年，敕往崑崙諸國採取異藥。龍朔三年，返舊寺。所齎諸經，並為奘將北出。欲翻莫憑，……』余（道宣

（自稱）博訪大夏行人云。那提。龍樹門人也。所解無相。與奘碩返。（大反）」……西梵僧云。「大師（龍樹）隱後。斯人第一。深解實相。善達方便。小乘五部毘尼外道四吠陀論。莫不洞達源底。通明言義。」……所著大乘集義論可四十餘卷。將事譯之。被遺遂闕。』據此則那提當是「法性宗」大師。與元奘宗派不合。遂爾見擯。其齎來經典。蓋倍於奘。而一不流布。實我學界千古之遺憾也。奘師妨賢遏學。亦不得謂非盛德之累。昔佛馱見排於羅什。物莫兩大。理或固然。此無慧遠末由匡救。惜哉。

翻譯事業。至奘師已達最高潮。後此蓋難乎爲繼。然百餘年間。流風未沫。數其龍象。尚得六人。（一）實叉難陀。重譯八十卷本華嚴。今爲定本。重譯起信論。與眞諦本互有短長。（二）義淨。將「有部宗」毘奈耶十一種全行譯出。凡百餘卷。律藏於是大備焉。「法相宗」諸論。亦多續譯。補奘師所不及。（三）菩提流志。完成大寶積經。（四）不空。譯密部經呪百四十餘種。密宗於是成立。（五）般剌密帝。譯大佛頂首楞嚴。此經眞僞雖滋疑問。然其在我國佛學界有最大勢力。則衆所同認矣。（六）般若。譯華嚴普賢行願品。華嚴遂以完成。

自唐貞元迄宋太平興國約二百年間。譯業完全中止。太平興國八年。始復起譯場。至景祐四年止。凡五十六年間。亦譯出五百餘卷。其著名譯家。曰法護。曰施護。曰法賢。曰惟淨。所譯經多方等顯密小品。惟論有數種特可觀。惟淨之大乘中觀釋論九卷。法護之大乘寶要義十卷。大乘集菩薩學論二十五卷。施設論七卷。施護之集法寶最上義論二卷。此其選也。元至元間。亦有譯經。然皆小乘小品。益不足道。故翻譯事業。雖謂至唐貞元而告終可也。今將晚漢迄中唐經律論傳譯次第。列爲一表。資省覽焉。

經律論傳譯次第表第三

第

後

年代譯人	大乘經論之部：華嚴	方等	方等密部	般若	法華涅槃	大乘論	小乘經論之部：小乘經	小乘論	律部
安世高 漢桓建和元—建寧三（一四七—一七〇）							安般守意經 陰持入經等共三十四種多四阿含中單品		
支婁迦讖 漢桓建和二—中平三（一四八—一八六）	兜沙經一卷（今本如來名號品）	無量淸淨經二卷 阿閦佛國經二卷 佛遺日摩尼寶經十卷（並在今大寶積經內） 般舟三昧經三卷（即今大集賢護經）	阿闍世王經二卷 純眞三昧經三卷	般若道行經十卷（今本第四會）		雜譬喻經二卷（此實論也當日未立別名仍混稱經）			

一

	三	國	漢	
無羅叉 竺叔蘭 晉惠元康元（二九一）	支疆梁接 吳孫亮五鳳二（二五五）	支謙 吳孫權黃武二—孫亮建興二（二二三—二五三）	安玄 嚴佛調 漢靈光和四（一八一）	
		菩薩本業經一卷（今本淨行品）		
		無量壽經二卷 維摩詰經三卷 首楞嚴經二卷（非今本佛頂楞嚴） 其他十數種	法鏡經二卷（今採入大寶積經） 維摩詰經一卷	
		阿羅尼咒經一卷 般若波羅密咒經一卷 無量門微密持經一卷		
放光般若經三十卷（今本第二會）		大明度無極經六卷（即道行）		
	法華三昧經六卷（待考）	佛以三車喚經（今法華譬喻品）（待考）		
		梵志經梵網經等十數種多今四阿含單品 五子母經八師經等十數種	斷十二因緣經一卷	

期										
西晉	竺法護 晉武大始二—愍建興三（二六六—三一五）	十住行道經一卷（今十住品）漸備一切智德經五卷（今十地品）等目菩薩三昧經一卷（今十定品）如來興顯經四卷（今如來出現品）度世品經六卷（今離世間品）	寶積部經十五種採入今大寶積經者三種 大集部經三種 賢刼經十卷 佛冠經二卷 諸佛要集經四卷 持心梵天所問經四卷 光明莊嚴經五卷 普曜經十卷 其他屬此部經二十三種		光讚般若經三十卷（同放光）	正法華經十卷（法華初譯） 阿惟越致遮經四卷 方等般泥洹經二卷 等集衆德三昧經三卷	修行道地經八卷	增一阿含中單品四種 中阿含中單品五種 雜阿含中單品一種 生經五卷 其他小乘經九種		
西晉	聶道眞 與法護同時助譯							五十餘種多阿含單品		
西晉	法炬 晉惠世							九十餘種多阿含單品		

第

東

曇無蘭 晉孝武世	僧伽跋澄 曇摩難提 佛伽提婆 苻秦建元中（三六五—三八三）	竺佛念 時代同前
		十住斷結經十四卷 菩薩瓔珞經二十卷
		摩訶般若鈔經五卷
		菩薩處胎經五卷 中陰經二卷
百十餘種 多阿含單品	增壹阿含經五十卷・中阿含經六十卷（阿含全譯事業之一）（佛念同譯）	增中二阿含由彼筆述
	鞞婆沙論十八卷（跋澄譯） 阿毘曇心論四卷（提婆譯） 尊婆密所集論十卷（跋澄譯） 三法度論三卷（提婆譯）	阿毘曇八犍度論三十卷（提婆同譯）
		瓔珞本業經二卷（大乘律） 戒因緣經十卷（小乘律）

佛陀耶舍 苻秦建元末—姚秦建初中（約三七五—三八〇）	十住經四卷（羅什同譯）（今本十地品）	虛空藏菩薩經一卷					長阿含經二十二卷（阿含全譯事業之二）		四分律藏六十卷（佛念合譯）（小乘律最備本）
鳩摩羅什 姚秦弘始三—十一（四〇一—四〇九）	十住經四卷（耶舍同譯）	寶積部三種 今採入大寶積經 自在王菩薩經二卷 千佛因緣經一卷 彌勒成佛經一卷 首楞嚴三昧經三卷 維摩詰所說經三卷（維摩正本） 思益梵天所問經四卷		小品般若經十卷（卽道行本） 金剛般若經一卷 仁王護國般若經二卷 摩訶般若經三十卷（卽放光本再譯）	妙法蓮華經七卷（法華正本） 集一切福德三昧經（涅槃部）	十住毗婆沙論十五卷 大智度論一百卷 十二門論一卷 發菩提心論二卷 百論二卷 中論四卷 大莊嚴論十五卷 般若經論集二十卷 馬鳴龍樹提婆無著傳各	小品四種	成實論二十卷	梵網經十卷（大乘律） 佛藏經四卷（大乘律） 十誦律六十五卷（小乘律）（卑摩羅叉共譯）（其他四種）

		持世經四卷 其他五種				一卷（附）			
曇摩讖 北涼玄始三—十（四一四—四二一）		三戒經三卷（寶積單品） 大方等大集經三十卷（大集正本） 金光明經四卷 悲華經十卷 楞伽經四卷			大般涅槃經四十卷（涅槃止本） 大方等大雲經四卷（涅槃部）	佛所行讚經五卷 菩薩地特經八卷（瑜伽師地中單品）			優婆塞戒經七卷 菩薩戒本經一卷（俱大乘律）
佛馱跋陀羅 東晉安隆安二—宋武永初二（三九八—四二一）	大方廣佛華嚴經六十卷（所謂晉譯華嚴也） 文殊師利發願經一卷	新無量壽經一卷 大方等如來藏經一卷 觀音三昧海經十卷				洹泥論 修行方便論			僧祇律四十卷（小乘律）
法顯 東晉隆安義熙中（四世紀初）					方等泥洹經六卷		般泥洹經二卷（此阿含單本非涅槃也）	雜阿毗曇心論十三卷	

晉

浮陀跋摩 北涼永和五（四〇九）四〇九當北涼永安九年按高僧傳三跋摩譯事始承和五年（永和一作承和）丁丑即宋元嘉十四年是再周方訖此當作四三七							毘婆沙論一百卷（後玄奘重譯）	
智猛 北涼永和中				般泥洹經二十卷（今佚）				

二

南

求那跋陀羅 宋元文嘉十二—二十（四三五—四四三）		·楞·伽·阿·跋·多·羅·寶·經·四·卷（·楞·伽·正·本）央掘摩羅經四卷 其他七種			菩薩行方便境界神通變化經十卷 大法鼓經二卷		·雜·阿·含·經·五·十·卷（·阿·含·全·譯·事·業·之·三）	衆事分阿毘曇論十二卷	
智嚴 寶雲 宋文元嘉 中		無盡意菩薩經四卷 普曜經八卷			廣博嚴淨不退轉法輪經四卷				
求那跋摩 宋文元嘉 中									菩薩善戒經九卷 菩薩內戒經一卷 戒本經一卷（俱大乘律）
佛陀什 宋文元嘉 中									彌沙塞部五分律三十卷（小乘律）

	僧伽跋摩　劉宋文元嘉中								雜阿毗曇心論十六卷	薩婆多毗尼摩得勒加十卷（小乘律）
	僧伽跋陀羅　蕭齊武永明六（四八八）		阿育王經十卷	孔雀王陀羅尼經二卷　其他三種	文殊所說般若經一卷		解脫道論十三卷			善見毗婆沙律十八卷（小乘律）
北	菩提流支　元魏宣武永平元—孝靜天平二（五〇八—五三五）		佛名經十二卷　入楞伽經十卷（比宋譯多三品）　深密解脫經五卷　勝思惟梵天所問經六卷　法集經六卷　其他八種		金剛般若經一卷	大薩遮尼揵子授記經十卷	十地經論十二卷（釋華嚴十地品）　彌勒所問經論七卷（釋寶積四十一會）　大寶積經論四卷（釋寶積四十三會）　無量壽經論一卷　文殊問菩提			

						經論二卷 破色心論一卷 勝思惟梵天問經論四卷 其他四種			
勒那摩提 元魏宣武正始五(五〇六)						究竟一乘寶性論五卷 法華經論一卷 十地論十二卷 寶積經論四卷			
曇摩流支 元魏宣武景明二—正始四(五〇〇—五〇五)	信力入印法門經五卷	入一切佛境界經二卷							

期

朝

佛陀扇多 元魏孝明正光六—孝靜元象二（五二五—五三九）		寶積部二種 今採入大寶積經 其他四種				攝大乘論二卷			
眞諦（即拘那羅陀）梁武太清二—陳宣太建元（五四八—五六九）		解節經一卷 無上依經二卷		金剛般若經一卷		決定藏論三卷（瑜伽師地中小品） 中邊分別論三卷 攝大乘論三卷 大乘唯識論一卷 三無相論二卷 顯識論一卷 轉識論一卷 大宗地玄文本論八卷		立世阿毘曇論十卷 阿毘達磨俱舍釋論二十二卷 四諦論四卷 隨相論二卷 部異執論一卷 金七十論三卷	

				十八空論一卷 佛性論四卷 如實論一卷 大乘起信論二卷 其他四種	
般若流支 元魏元象元—武定二 （五三八—五四四）	得無垢女經一卷（採入大寶積）			唯識論一卷 正法念處經七十卷 順中論二卷 壹輸盧迦論一卷	
那連提耶舍 高齊天保七—隋開皇九 （五五六—五八九）	大方等日藏經十卷 大方等大集月藏經十卷 大集須彌藏經二卷 月燈三昧經十一卷 （大集譯本	大雲輪請雨經二卷	大悲經五卷 道華面經二卷 （俱涅槃部）		法勝阿毘曇心論經六卷

第

隋

大成）

菩薩見實三昧經十六卷（今編入寶積）

其他九種

闍那崛多　宇文周武成元—隋開皇二十（五五九—六〇〇）

佛華嚴入如來德智不思議境界經一卷

大集賢護經五卷

大集譬喻王經二卷（皆大集廣本）

入法界體性經一卷

無所有菩薩經四卷

觀察諸法行經四卷

諸佛護念經十卷

其他十一種

大法炬陀羅尼經二十卷

大威德陀羅尼經二十卷

如來方便善巧呪經一卷

其他四種

添品妙法蓮華經八卷

觀世音菩薩普門品一卷（右皆與笈多合譯）

（法華部）

四童子三昧經三卷

（涅槃部）

佛本行集經六十卷

起世經十卷

達摩笈多 隋開皇十—大業十二（五九〇—六一六）		善住意天子所問經四卷（今採入大寶積）大集菩薩念佛三昧經十卷 其他二種				金剛般若論二卷 菩提資糧論六卷 攝大乘論釋論十卷			
波羅頗迦羅 唐武德九—貞觀七（六二六—六三三）						般若燈論十五卷 大乘莊嚴經論十三卷			
玄奘 唐貞觀十九—龍朔三（六四五—六六三）	顯無邊佛土功德經一卷（今本壽量品）	大乘大集地藏十輪經十卷（大集部）解深密經五卷 分別緣起初勝法門經二卷	小品八種	大般若波羅密多經六百卷（般若全譯）般若波羅密多心經一卷 能斷金剛般若經一卷		瑜伽師地論一百卷 顯揚聖教論二十卷頌一卷 大乘阿毘達磨集論七卷 雜集論十六卷	本事經七卷	阿毘達磨集異門足論二十卷 法蘊足論十二卷 阿毘達磨發智論二十卷 阿毘達磨	菩薩戒本一卷

三
大菩薩藏經二十卷（採入大寶積）
辯中邊論三卷 攝大乘論本三卷 無性釋十卷 攝論世親釋十卷 唯識二十論一卷 三十論一卷 成唯識論十卷 大乘成業論一卷 大乘五蘊論一卷 因明入正理論一卷 因明正理門論本一卷 百法明門論一卷 觀所緣緣論一卷
大毘婆沙論二百卷 阿毘達磨俱舍論三十卷 阿毘達磨順正理論八十卷 藏顯宗論四十卷 識身足論十六卷 界身足論三卷 品類足論十八卷

					廣百論十卷頌一卷　掌珍論二卷　勝宗十句義論一卷（此外道書）				
阿地瞿多　唐永徽三—五（六五二—六五四）			陀羅尼集經十二卷						
智賢　會寧　唐麟德中（六六四—六六五）					大般涅槃經荼毘分二卷				
日照（即地婆訶羅）　唐儀鳳初—垂拱末（六七六—六八五）	大方廣佛華嚴經續入法界品一卷	大莊嚴經十二卷　密嚴經三卷　顯識經二卷　其他七種	陀羅尼小品四種			大乘廣五蘊論一卷　金剛般若經破取著不壞假名論二卷			

佛陀多羅 年代無考	大方廣圓覺修多羅了義經一卷								
提雲般若 唐武后永昌元—天授二（六八九—六九一）	華嚴經不思議佛境界分一卷 華嚴經修慈分一卷		陀羅尼兩種			大乘法界無差別論一卷			
實叉難陀 唐武后證聖元—久視元（六九四—七〇〇）	大方廣佛華嚴經八十卷（華嚴正本） 大方廣如來不思議境界經一卷 大方廣入如來智德不思議經一卷 普賢所說經一卷	大乘入楞伽經七卷	小品五種	摩訶般若隨心經一卷		大乘起信論二卷（唐譯起信）			

唐

義淨 唐武后久視元—睿宗景雲二（七〇〇—七一一）		金光明最勝王經十卷 其他十餘種	經咒等十餘種	能斷金剛般若經一卷		般若經論頌一卷 能斷金剛般若經論釋三卷 因明正理門論一卷 成唯識寶生論五卷 觀所緣論釋一卷 掌中論一卷 取因假說論一卷 觀總相論頌一卷 止觀門論頌一卷 法華論五卷 集量論四卷	雜阿含別本數種 其他小乘經數種		根本說一切有部毘奈耶五十卷 同苾芻尼毘奈耶二十卷 同毘奈耶雜事四十卷 同毘奈耶破僧事二十卷 同尼陀那目得迦各五卷 同百一羯磨十卷 根本薩婆多部律攝十四卷 毘奈耶頌三卷

期

菩提流志 唐武后長壽二—玄宗開元十二（六九三—七二四）		大寶積經百二十卷（寶積正本） 文殊所說佛境界經二卷 其他三種	不空羂索神變眞言經三十卷 其他數種			釋般若六字三句論一卷
金剛智 唐開元七—二十（七一九—七三〇）			瑜伽念誦法二卷 七俱胝陀羅尼二卷 其他數種			
不空 唐天寶五—大歷六（七四六—七七一）			密部經咒儀軌等百四十七種（密宗大成）			
般剌密帝 唐神龍元（七〇五）			大佛頂首楞嚴經十卷			
般若 唐貞元十二（七九六）	大方廣佛華嚴經普賢行願品四十卷					

五

前節所論列。以譯人爲主。讀之可知各時代進步之大概。今更將各經典分類考其傳譯源流。俾學者知一學科之成立發達。正非易易也。

(一)華嚴經　華嚴最初輸入者。則如來名號品也。譯者爲支婁迦讖。名曰兜沙經。（一卷）年代則漢桓靈間。（一四八至一八六）越四十餘年。續出一種。則淨行品也。譯者爲支謙。名曰菩薩本業經。（一卷）年代則吳孫權時。（二二二至二五）又百年至西晉竺法護。復續出五種。（二六六至三五一）曰十住道行經。（一卷）則今十住品。曰漸備一切智德經。（一卷）則今十地品。曰等目菩薩三昧經。（一卷）則今十定品。曰如來興顯經。（四卷）則今如來出現品。曰度世品經。（六卷）則今離世間品。然當時仍未知爲華嚴中之品分也。即諸品中。亦多首尾不具。（梁僧祐出三藏集記卷十載無名氏漸備經十住梵名並書敍云『漸備經恨不得上一卷不知第一住中何說冀因緣冥中之助忽復得之』）同時復有聶道眞之諸菩薩求佛本業經。（一卷）則淨行品之第二譯也。又八十餘年至姚秦鳩摩羅什與佛陀耶舍（四〇一至四〇九）同譯十住經四卷。（或作六卷）即護公之漸備也。實今十地品之第二譯。又十餘年。乞伏秦聖堅譯羅摩伽經四卷。則今入法界品之後半。計自支讖至羅什前後二百五六十年間。三十九品之華嚴。輸入者僅八品。（內兩品重譯）是爲華嚴譯業之第一期。與羅什同時有支法領者。慧遠之弟子也。奉遠命求經西域。從于闐得華嚴梵本三萬六千偈。以晉義熙十四年（四一八）至宋永初二年（四二一）由佛馱跋陀羅口譯。法業筆受。在揚州出大方廣佛華嚴經六十卷。則今存之晉譯華嚴是也。是爲華嚴譯業之第二期。越二百六十餘年至唐武后時。以晉譯本處會未備。（晉譯七處八會三十四品唐譯七處九會三十九品）復遣使于闐再求梵本。並請譯人。於是實叉難陀挾本偕來。以證聖元年（六九四至聖歷二年（六九九）與菩提流志義淨復禮法藏等重譯大方廣佛華嚴經八十卷。則今存之唐譯華嚴是也。更閱九十餘年至唐德宗貞元十二年。（七九六）般若宗密等譯大方廣佛華嚴經入不思議解脫境界普賢行願品四十卷。則舊經末會入法界品之全譯也。是爲華嚴譯業之第三期。然梵本華嚴本十萬偈。今晉譯三萬六千偈。唐譯增至四萬五千偈。益以別行之普賢行願品。尚未及三之二也。

(二)寶積經　今本大寶積經百二十卷。實唐中宗神龍二年至先天二年。（七〇六至七一三）菩提流志等新舊重單會譯合成之書。以近世目錄學者之術語言之。實一種「百衲本」也。全書四十九會。內二十六會爲流志新譯。二十三會採古譯。蓋自漢支讖以來五百五十餘年間經一十七八之手而成此書。亦可謂異觀矣。今將此經同本異譯可考見者具列如下。

後漢　支婁迦讖

無量清淨平等覺經二卷　今本第五會異譯　阿閦佛國經二卷　今本第六會異譯

佛遺日摩尼寶經一卷　今本第十三會異譯

後漢　安玄　嚴佛調

法鏡經二卷　今本第十九會異譯

曹魏　康僧鎧

郁伽長者所問經二卷　採入今本第十九郁伽長者會

無量壽經二卷　採入今本第五無量如來會

曹魏　白延

須賴經一卷　今本第二十七會異譯

吳　支謙

阿彌陀經二卷　今本第五會異譯

西晉　白法祖

菩薩修行經半卷　今本第二十八會異譯

西晉　法炬

優塡王經一卷　今本第二十九會異譯

西晉　竺法護

密跡金剛力士經五卷　採入今本第三密跡力士會

菩薩說夢經二卷　採入今本第四改名淨居天子會

寶髻菩薩所問經二卷　採入今本第四十七

寶髻菩薩會普門品經一卷　今本第十會異譯

大乘菩薩正法經二十卷　今本第十二會異譯

胞胎經一卷　今本第十三會異譯

文殊師利佛土嚴淨經二卷　今本第十五會異譯

郁伽羅越問菩薩行經一卷　今本第十九會異譯

須摩提經一卷　今本第三十會異譯

阿闍世王女阿述達菩薩經一卷　今本第三十二會異譯

離垢施女經一卷　今本第三十三會異譯

如幻三昧經三卷　今本第三十六會異譯
太子刷護經一卷　今本第三十七會異譯
慧上菩薩問大善權經二卷　今本第三十八會異譯
幻士仁賢經一卷　今本第二十一會異譯
彌勒菩薩所問本願經一卷　今本第四十二會異譯
西晉　聶道眞
得無垢女經一卷　採入今本第三十三無垢施菩薩應辯會
東晉　竺難提
大乘方便經二卷　採入今本第三十八大乘方便會
姚秦　鳩摩羅什
菩薩藏經三卷　採入今本第十七改名富樓那護會
善臂經二卷　採入今本第二十六善臂菩薩會
須摩提菩薩經一卷　今本第三十會異譯
劉宋　求那跋陀羅
勝鬘師子吼經一卷　今本第四十八會異譯
北涼　曇無懺
三戒經三卷　今本第一會異譯
蕭梁　僧伽婆羅
大乘十法經一卷　今本第九會異譯

蕭梁　曼陀羅仙

法界體性經二卷　採入今本第八法界體性無分別會

文殊般若經二卷　採入今本第四十六文殊說般若會

姚秦　失名

大寶積經一卷　採入今本第四十三普明菩薩會

北涼　道龔

寶梁經二卷　採入今本寶梁聚會

元魏　菩提流支

彌勒所問經一卷　採入今本第四十一彌勒菩薩問八法會

元魏　佛陀扇多

大乘十法經一卷　採入今本第九大乘十法會

無畏德經一卷　採入今本第三十二無畏德菩薩會

元魏　月婆首那

摩訶迦葉所問經一卷　採入今本第二十三摩訶迦葉會

元魏　般若流支

得無垢女經一卷　今本第三十三會異譯

毘耶娑問經二卷　今本第四十九會異譯

元魏　毘目志仙

善住意天子所問經三卷　今本第三十六會異譯

高齊　那連提耶舍

菩薩見實經十六卷　採入今本第十六菩薩見實會

隋　達摩笈多

善住意天子所問經四卷　採入今本第三十六善住意天子會

隋　闍那崛多

護國經二卷　採入今本國菩薩會第十八護

移識經二卷　採入今本第三十九改名賢護長者會

唐　地婆訶羅

大乘顯識經二卷　今本第三十九會異譯

唐　玄奘

大菩薩藏經二十卷　採入今本第十二菩薩藏會

唐　義淨

入胎藏經二卷　採入今本第十四說入胎藏會

唐　實叉難陀

文殊師利授記經二卷　採入今本第十五文殊授記會

右所列者。皆流志以前譯本。其流志新譯之二十六會。目具本經。不復贅臚。又所舉皆今藏中現存之本。其已亡佚者不復列。觀此可知初期大乘佛典。惟寶積最爲盛。揚法護譯業之大部分。即在此經。（全部四十九會法護已譯十六會）然直至四百年後乃能完成。益見譯事之艱也。玄奘譯般若既成。諸弟子請續譯寶積。奘翻數行訖。便攝梵本停住。曰。

『自量氣力不復辦此。』噫。此茲經所以僅以流志之百衲本終也。

（三）大集經　自後漢支婁迦讖始譯般舟三昧經。實大集單品輸入之始。其後竺法護譯大哀經八卷。卽今本之陁羅尼自在王品寶女所問經三卷。卽今之寶女品無言童子經二卷。卽今之無言品。其阿差末經七卷。及智嚴之無盡意菩薩經七卷。舊錄皆云出大集。此初期之大集零譯也。至北涼曇無讖譯大方等大集經三十卷。此爲大集得名之始。然茲經本有十六分。讖所譯自第一陁羅尼自在王菩薩品起至第十一日密分止。所闕尙多。至隋那連提耶舍譯大集日藏經十卷。大集月藏經十卷。大集須彌藏經二卷。日藏卽舊本之日密分。而月藏則全經之第十二分。須彌則其第十五分也。其後唐玄奘譯大集地藏十輪經十卷。則其第十三分。隋闍那崛多譯虛空孕菩薩經二卷。則其第十六分。惟第十四分梵本未至。而隋達摩笈多之大集菩薩念佛三昧經十卷。闍那崛多之大集賢護經五卷。並是大集支流。未詳原次。要之大集譯業。漢始萌芽。大成於東晉。隋唐則拾遺補闕而已。

（四）般若經　大般若經六百卷。在大藏中卷帙最爲浩瀚。然唐以前輸入者。不過極小部分耳。考兩晉間治般若者。有大品小品之目。所謂小品者。則今本之第四會也。（從五百三十八卷至五百五十五卷）前後凡九譯。（並今本計五存四闕）其目則

道行經一卷　後漢竺佛朔譯　見高僧傳　第一譯　今佚

道行般若波羅蜜經十卷　後漢支婁迦讖譯　第二譯　今存

吳品經五卷　吳康僧會譯　見開元釋教錄　第三譯　今佚

大明度無極經四卷　吳支謙譯　第四譯　今存

新道行經十卷（西晉竺法護譯第五譯今佚）見出三藏記集
大智度經四卷（東晉祇多蜜譯第六譯今佚）見開元釋敎錄
摩訶般若波羅蜜經五卷（符秦曇摩蜱竺佛念同譯第七譯今存）
小品般若波羅蜜經十卷（姚秦鳩摩羅什譯第八譯今存）

所謂大品者。則今本之第二會也。（從四百一卷至四百七十八卷）前後凡四譯。（並今本計）今並存。其目則

光讚般若波羅蜜經十五卷（西晉竺法護譯第一譯僅二十一品）
放光般若波羅蜜經三十卷（西晉無羅叉竺叔蘭同譯第二譯九十品）
摩訶般若波羅蜜經三十卷（姚秦鳩摩羅什僧叡同譯第三譯九十品）

此經輸入之第一期則小品也。其第二期則大品也。此兩品卷帙雖少。然與我國大乘宗派之關係則甚深。因小品而求大品。因大品而求全帙。閱數百年。卒乃大成。朱士行嘗於洛陽講道行經。（即小品）覺文意隱質。諸未盡善。每歎曰。『此經大乘之要。而譯理不盡。』誓志捐身。遠求大本。以魏甘露五年入西域。從于闐得梵書正本九十章。遣弟子弗如檀齎還洛陽。羅叉叔蘭所譯放光般若。即此本也。（見高僧傳卷四）我國人最初西行求法之動機。即起於此。時法護之光讚已先出。但未通行。（出三藏記集引漸備經序云『護公出光讚計在放光前九年不九年當八年不知何以遂逸在涼州』據此知光讚之譯實在前開元錄謂放光為第一譯誤也）而羅什之摩訶。更注重直譯。（出三藏集記引僧叡大品經序云『什師以弘始五年出此經師手執梵本口宣秦言秦王躬覽舊經驗其得失與諸宿舊五百餘人詳其義旨……異名斌然梵晉殆半斯實匠者之公謹筆受之重慎也』）前後五十年間。三大宗匠。注全力以翻此經。其重視之可想。次則有梁僧伽婆羅之文殊師利所說般若經一卷。則今本之第七會。陳月婆首那之勝天王般若經七卷。則今本之第六會。其第九會之能

斷金剛分。則自晉迄唐。亦得六譯。羅什一菩提流支二眞諦三遠摩笈多四玄奘五義淨六復有什師之仁王護國般若二卷。般若大明呪經一卷。即玄奘般若心經之異譯則大經中之別出者矣。然自唐以前學者未覩此經全文。僅以意測其卷帙。僧叡小品經序云『斯經正文凡有四種多者云十萬偈小者六百偈此之大品乃天竺中品』梁武帝注解大品經序云『般若部黨有多有少光讚放光道行只舉三名……既不具得經名復不得時之前後若以臆斷易致譏嫌』自玄奘西邁。挾策以歸。乃於顯慶五年正月一日至龍朔三年十月二十日。六六〇至六六三凡四年間。無一日息。將梵本二十萬頌四處十六會所說。譯成今本大般若經六百卷。譯業偉大。至此匪惟空前。恐當絕後矣。舊譯之小品大品等。皆在後二百卷中占一小部分。其前四百卷。則皆初譯也。

（五）法華經　法華輸入。較晚於他經。長房錄載支謙所譯有佛以三車喚經。當是今本譬喻品。又載支疆梁接有法華三昧經十卷。則當是正經。然此二書皆不見於祐錄。今亦久佚疑皆贋本。僧叡於姚秦弘始八年。四〇七作法華經後序。謂『經流茲土。垂及百年。』則茲經之來。最早不過在二世紀末。晉太康七年。二八六法護聶承遠等所譯正法華經十卷二十七品。其第一譯。而弘始八年鳩摩羅什僧叡等所譯今本之妙法蓮華經七卷二十八品。則其第二譯也。長房錄稱此爲第五譯蓋將護公所譯同書異名之本誤指爲二又別有支道根方等法華六卷並接公本而四也至隋之崛多笈多合譯添品法華七卷二十七品。茲經乃全。添品序云『正法護翻妙法什譯檢驗二本文皆有闕護所闕者普門品偈也什所闕者藥草喻品之半富樓那及法師等二品之初提婆達多品普門品偈也然今惟什本流通。故法華譯業。什公殆專美矣。

（六）涅槃經　涅槃輸入。更晚於法華。法護譯有方等般泥洹經二卷。目錄家雖以入涅槃部。然全屬別本。於大經無與也。支謙有大般泥洹乃長阿含中小品與涅槃更懸絕雖以羅什之博。猶未見此經。出三藏記集引慧叡喻疑篇云『什公時雖未有大般泥洹文已有法身經明佛法身即是泥洹與今所出若合符契』此經之來。全由我國高僧。獻身求取。其一則法顯得自摩竭提國。齎至揚州。以義熙十四年。四一八與佛馱跋陀羅寶雲同譯出所。謂六卷之方等泥洹是也。其二則智猛得自毗耶離國。齎至涼州。自譯一本。是爲二十卷之般泥洹。今佚。復由曇無讖以北涼玄始十年。（四二一）重譯一本。則今本之大般涅槃經四十卷是也。其後劉宋慧觀謝靈運據讖譯再治。是爲南本涅槃三十六卷。章安據以作疏。然此經文來未盡。（出三藏集記引道朗大涅槃經序云『惟恨梵本分離殘缺未備』又云『此經梵本正文三萬五千偈於此方言數減百萬今出者一萬餘偈如來去世後人不量懸淺抄略此經分作數分隨意增損雜以世語違失本正』）識本雖增於顯。猛然尚非完足。（出三藏集記又引失名氏大涅槃經記云『此經初十卷五品其梵本是智猛從天竺將來識因出經際知部黨不足訪募餘殘有梵道人送到梵本都二萬五千偈想近具足』）越二百餘年。（六六四）唐智賢會寧合譯大般涅槃經後分二卷。茲經亦略備矣。

（七）其他諸大乘經　其他諸大乘經。譯出亦有先後。其間或重二三譯乃至八九譯。然存佚眞僞。殊費考證。今擇其最重要者論列之。

大莊嚴經　共四譯　二存二佚

普曜經八卷　魏吳失名（第一譯）　今佚　見房錄　疑僞

普曜經八卷　西晉竺法護（第二譯）　今存

普曜經六卷　宋智嚴寶雲（第三譯）　今佚　見祐錄

大方廣大莊嚴經十二卷　唐地婆訶羅（第四譯）　今存　通行本

維摩詰經　共七譯　三存四佚

古維摩詰經二卷　漢嚴佛調（第一譯）　今佚　見房錄　疑僞

維摩詰經三卷　吳支謙（第二譯）　今存

異毘摩羅詰經三卷　西晉竺叔蘭（第三譯）　今佚　見祐錄

維摩詰所說法門經一卷　西晉竺法護（第四譯）　今佚　見開元錄
維摩詰經四卷　東晉祇多蜜（第五譯）　今佚　見祐錄
維摩詰所說經三卷　姚秦羅什（第六譯）　今存　通行本
說無垢稱經六卷　唐玄奘（第七譯）　今存

悲華經　共三譯　二存一佚

閑居經十卷　竺法護（第一譯）　今佚　見祐錄
大悲分陁利經八卷　失名（第二譯）　今存
悲華經十卷　北涼曇無讖道龔（第三譯）　今存　通行本　諸錄皆謂四譯。龔譯第三。讖譯第四。實誤分也。

金光明經　共六譯　四刪節　二存

金光明經四卷　曇無讖（第一譯）　十八品
金光明經七卷　陳眞諦（第二譯）　二十一品
金光明經續四卷　宇文周崛多耶舍（第三譯）
金光明經銀主囑累品　隋闍那崛多（第四譯）
金光明經八卷　隋寶貴刪節前四種（第五譯）　今存
金光明最勝王經十卷　唐義淨（第六譯）　今存

大樹緊那羅經　二譯具存

純眞陀羅所問經二卷　漢支讖（第一譯）　今存
大樹緊那羅王所問經　羅什（第二譯）　今存

寶雲經　三譯　二存一佚

寶雲經七卷　梁曼陀羅仙（第一譯）　今存

大乘寶雲經八卷　陳須菩提（第二譯）　今佚　見開元錄

寶雲經十卷　唐達摩流支（第三譯）　今存

不退轉經　三譯具存

阿惟越致遮經三卷　竺法護（第一譯）　今存

不退轉法輪經四卷　失名（第二譯）祐錄入涼代　今存

廣博嚴淨不退轉輪經四卷　宋智嚴寶雲（第三譯）　今存

思益梵天經　三譯具存

持心梵天經四卷　竺法護（第一譯）　今存　房錄作莊嚴佛法經。祐錄作等御諸法經。

思益梵天所問經四卷　羅什（第二譯）　今存　通行本

勝思惟梵天所問經六卷　天魏菩提流支（第三譯）　今存

解深密經　共四譯　二節譯二全譯具存

相續解脫了義經一卷　宋求那跋陀羅（第一節譯）　今存

解節經一卷　陳眞諦（第二節譯）　今存

深密解脫經五卷　元魏菩提流支（第一全譯）　今存

解深密經五卷　唐玄奘（第二全譯）　今存

楞伽經　共四譯　三存一佚

楞伽經四卷　曇無讖（第一譯）　今佚　見開元錄

楞伽阿跋多羅寶經四卷　宋求那跋陀羅（第二譯）　今存　通行本

入楞伽經十卷　元魏菩提留支（第三譯）　今存

大乘入楞伽經七卷　唐實叉難陀（第四譯）　今存

阿彌陀經　二譯具存

阿彌陀經（亦作無量壽經）　一卷　羅什（第一譯）　今存

稱讚淨土佛攝受經一卷　玄奘（第二譯）　今存

（附注）支謙譯有阿彌陀經。乃寶積中無量壽如來會之抄譯也。與此本無涉。彼經以支讖之無量淸淨平等覺經爲第一譯。魏康僧鎧之無量壽經爲第二譯。謙本則第三譯也。又開元貞元等錄皆言安世高有無量壽經。爲彼本第一譯。但祐錄不載。

首楞嚴經　共九譯　一存八佚

此非今通行之佛頂楞嚴也。但其書傳譯最早。據開元錄支讖第一譯。支謙第二譯。失名之蜀首楞嚴第三譯。失名之後出楞嚴第四譯。魏白延第五譯。法護之勇伏定經第六譯。西晉竺叔蘭第七譯。前涼支施崙第八譯。藏中現存之鳩摩羅什首楞嚴三昧經三卷。則第九譯也。此經在初期大乘佛教極有力可推見。

十住斷結經　舊稱二譯一存一佚

藏中現存十住斷結十卷姚秦竺佛念譯。開元錄謂是第二譯。其第一譯則漢明永平十年竺法蘭譯也。今佚。此說起自房錄。以吾所見。漢明時並未有譯經。漢代譯經斷不能有數卷以上之大乘經。凡屬此類。皆當時傳抄者遺失譯人名氏。任意嫁名於古代一名士。費長房無識。襲以著錄。以後遂沿其謬耳。吾考古經。謂當以祐錄（實卽安錄）有無辨眞僞。雖不中不遠。

以上重譯本

菩薩瓔珞經十二卷　竺佛念譯

賢劫經十三卷　竺法護譯　以上兩經開元錄皆云有重譯但其別譯本吾不信

大法炬陀羅經二十卷　隋闍那崛多譯

大威德陀羅尼經二十卷　同上

佛名經十二卷　元魏菩提留支譯

華手經十三卷　鳩摩羅什譯

大方廣圓覺修多羅了義經一卷　唐佛陀多羅譯

觀佛三昧海經十卷　東晉佛馱跋陀羅譯

鴦崛魔羅經四卷　宋求那跋陀羅譯

大乘密嚴經三卷　唐地婆訶羅譯

占察善惡業報經二卷　隋菩提登譯

大佛頂如來密因修證了義諸菩薩萬行首楞嚴經十卷　唐般刺密帝房融譯　此經晚出眞僞問題未決

以上單譯本

以上所舉爲六大部外最要之經若干種．讀者觀其譯本之多少及譯人之年代．亦可見大乘發達之次第及各經價值也．

(八)四阿含及其他小乘經　阿含爲小乘總匯．佛敎輸入初期．所譯諸經．率皆此中單品．以今藏中現存書目論。則增壹阿含中單品二十八種。中阿含中六十五種。長阿含中二十一種。雜阿含中十七種（據明智旭閱藏知津）而長房開元諸錄之佚本數更倍此質言之西晉以前之譯業什之八皆小乘而小乘中又什之八皆阿含也然皆枝節割裂。未有全譯至苻秦建元二十年。（三八四）曇摩難提竺佛念在長安同譯中增二含今本增一阿含經五十卷卽此譯也其中含亦已譯成然因關中喪亂。（其年苻堅敗亡）傳譯造次多舛越十四年至晉隆安元年。（三九七）僧伽提婆僧伽羅叉道慈等在揚州更爲重譯則今中阿含經六十卷是也姚秦弘始十二年。（四一〇）佛陀耶舍竺佛念在長安同譯長阿含經二十二卷劉宋元嘉二十年。（四四二）求那跋陀羅在揚州譯雜阿含經五十卷前後五十八年間四含次第全譯自此小乘經譯業亦殆告終矣其他大部之小乘經尚有下列數種。

撰集百緣經十卷　吳支謙譯

佛說生經五卷　西晉竺法護譯

賢愚因緣經十三卷　元魏慧覺譯

正法念處經七十卷　元魏般若流支譯

佛本行集經六十卷　隋闍那崛多譯

（九）律藏　西晉以前律藏蓋闕惟曹魏康僧鎧譯曇無德律部雜羯磨一卷他無聞焉律之最初輸入者爲十誦律五十八卷（北藏作六十五卷）姚秦弘始六年。（四〇四）罽賓僧弗若多羅誦出羅什譯文三分纔二多羅奄逝明年西域僧曇摩流支至更與什續成之又明年罽賓僧卑摩羅叉至爲增改最後一誦開爲六十一卷計譯此律前後三年口誦者更三輩而什師始終其事次則佛陀耶舍竺佛念以弘始十二年（四一〇）譯四分律藏六十卷（高僧傳作四十四卷）

法顯西遊得僧祇律及彌沙塞律。宋永初間。四二〇至四二二佛馱跋陀羅在揚州譯僧祇爲三十卷。景平元年。四二三佛馱什竺道生同譯彌沙爲三十卷。則所謂五分律也。劉宋僧伽跋摩復譯薩婆多毗尼摩得勒伽十卷。蕭齊僧伽跋陀羅亦譯善見毗婆沙律十八卷。自是小乘律漸備。其大乘律則有佛念之菩薩瓔珞本業經二卷。羅什之梵網經二卷。佛藏經四卷。曇無讖之優婆塞戒經七卷。求那跋摩之菩薩戒經九卷。皆先後宣述。是爲前期之律藏譯業。越三百年至唐武后時。七〇〇至七一一義淨大弘律宗。譯根本說一切有部毗奈耶等十一律。都百六十一卷。是爲後期之律藏譯業。

(十)小乘論　論之有譯本。自法護之施設論七卷始。至跋澄佛念而寖盛。時所譯皆小乘論也。今將述其譯業。宜略敍其源流。印度小乘教之中堅實惟「根本說一切有部」省稱「有部宗」。此部教義之總滙在其阿毗達磨。亦作「阿毘曇」譯言「無比法」。其阿毘達磨之性質頗似我國孔門七十子後學者所撰之禮記及諸傳。蓋佛弟子及其後學詮譯教義之書也。阿毘達磨之最重要者曰「發智」「六足」。今舉其名及其撰人年代如下。

阿毗達磨集異門足論……舍利弗造 ┐
阿毗達磨法蘊足論……目犍連造 ├ 佛在世時
阿毗達磨施設足論……迦旃延造 ┘
阿毗達磨識身足論……提婆設摩造—佛滅後百年
阿毗達磨品類足論 ┐
阿毗達磨界身足論 ┘……世友造—佛滅後三百年
阿毗達磨發智論……迦多衍尼子造—佛滅後四百年

以上六種。實小乘論之基本。至迦膩色迦王時。集五百羅漢編著阿毘達磨毘婆沙論。卽解釋此六書者也。內釋發智篇最詳

此外有世親之阿毘達磨俱舍論。衆賢之阿毘達磨順正理論。法勝之阿毘曇心論。毘磨要籍。大略在是。其最初譯出者。卽發智論也。實苻秦建元十五年。三七九僧伽提婆竺佛念同譯。名曰阿毘曇八犍度論。凡三十卷。次則迦旃延之施設足論。實苻秦建元十九年。三八三僧伽跋澄口誦所出。名爲鞞婆沙論。得十四卷。此全是吾個人臆度因玄奘全譯發智六足獨迦旃延之施設足不譯此論既延所造或即其本奘公因已有此故不重譯其名鞞婆沙論者毗婆沙本釋論之總名當時不察故冒用耳又宋法護譯有施設論七卷是否即此書節本皆待考同時又譯世友之品類界身二足。名爲尊婆須密菩薩所集論。得十卷。此亦吾推度耳世友即婆須密Nasumitra見西域記婆須密之阿毗曇最著者即此兩種疑或撮譯或摘譯其一也。同時曇摩難提亦譯毘曇心及三法度等。然譯筆皆拙劣。殆不可讀。晉太元十六年。三九〇僧伽提婆慧遠重理之。成阿毘曇心論四卷。三法度論三卷。次則北涼永和五年。四〇九浮陀跋摩道泰同譯阿毘曇毘婆沙論八十二卷。卽迦膩王時所集大毘婆沙之前半也。次則劉宋元嘉十六年。四三九求那跋陀羅菩提耶舍同譯衆事分阿毘曇十三卷。卽世友之品類足也。其姚秦弘始十六年。四四曇摩崛多曇摩耶舍同譯之舍利弗阿毘曇論三十卷。是否卽集異門足論之異譯。尚待考。其發智六足以外小乘論最著者。則有羅什譯訶梨跋摩之成實論二十卷。劉宋僧伽跋摩譯雜阿毘曇心論十六卷。陳眞諦譯立世阿毘曇論十卷。阿毘達磨俱舍釋論二十二卷。四諦論四卷等。故羅什慧遠及其同事諸人。可謂小乘論譯事之草創者。眞諦輩其賡續者。而大成之則元奘也。元奘所譯如下。

集異門足論二十卷　　法蘊足論十二卷

識身足論十六卷　　品類足論十八卷

界身足論三卷　　發智論二十卷

大毗婆沙論二百卷　　以上發智六足及其解釋

俱舍論三十卷本頌一卷　　順正理論八十卷

藏顯宗論四十卷　　異部宗輪論一卷

(十一)大乘論　大乘論之流別，第二篇已略言之，今不再贅，惟述其譯業之發展。羅什以前，殆可謂未嘗譯論。法護之修行地道經，雖屬論體，仍冒經名。及羅什出而論學大昌。其所譯龍樹之中論四卷（弘始十一四〇九）十二門論一卷（弘始六四〇四）提婆之百論二卷（弘始十四〇八）即所謂「三論」，後世衍之以成宗者也。（所譯成實論亦開「成實宗」，彼小乘也，別見前段）龍樹之十住毘婆沙論十四卷，則釋華嚴也。龍樹之大智度論一百卷（弘始四至七），則釋般若也。此爲譯論家之第一人。次則菩提流支譯大乘論十數種，最著者爲天親之十地經論十二卷（北魏永平元五〇八）開「地論宗」。次則眞諦譯無著之攝大乘論三卷（陳天嘉四五六三）開「攝論宗」，譯馬鳴之大乘起信論二卷，爲佛教總綸焉。其他爲法相宗先導之論尚數種。其間如佛陀扇多、達摩笈多、波羅頗迦羅，皆各有譯述，具如前表。而空前絕後之大譯論家，必推元奘。奘公所譯最著者，則瑜伽師地論一百卷，顯揚聖教論二十卷，攝大乘論世親釋、無性釋各十卷，唯識二十論一卷，三十論一卷，成唯識論一卷，百法明門論一卷，觀所緣緣論一卷，因明入正理論一卷，其他尚十數種。非惟確立法相宗而已，印度學術之全部輸入，實自茲始。奘公以後，莫能爲繼。惟實叉難陀重譯起信，提雲般若之譯法界無差別，差足記。義淨亦譯論十種，數拾遺而已。

(十二)雜藏　經律論三藏以外之書，學者或別立一門，謂之「雜藏」。此類之書，譯出殊希。今藏中可舉者僅下列種數。（一）集釋佛語者有出曜經二十卷。法救著。竺佛念譯。蓋集如來法句千章釋之以訓未來也。（此經前後四卷吳維祇難之法句經二卷爲第一譯西晉法炬之法句譬喩經四卷爲第二譯此本則第三譯趙宋尙有法集要頌經四卷爲第四譯此本最備）（二）佛之傳記有寶雲譯佛本行經七卷。曇無讖譯佛所行讚經五卷。（三）佛學傳授及名人傳有後魏曇曜譯付法藏因緣經六卷。羅什譯馬鳴傳龍樹傳提婆傳各一卷。眞諦譯婆藪槃豆傳一卷。西晉法欽譯阿育王傳五卷。（四）外道書有眞諦譯金七十論三卷。元奘譯勝宗十句義論一卷。吾輩今日最遺憾者則此類書譯出太少也。使歷史傳記類書多得十數種。則吾輩於印度文化發展之跡。可以瞭然。使外道教義之書多得十數種。則吾輩可以爲綿密的研究以與佛教比較。今輸入者僅此。吾輩關於兩方面之智識。只得分別求諸各經論中。極勞而所得極少。今則惟恃稗販之於歐人。此亞洲學者之恥也。內典錄（卷五上）載宇文周時有攘那跋陀羅闍那耶舍共譯五明論。其目則一聲論。二醫方論。三工巧論。四呪術論。五符印論。其卷數不詳。同時達摩流支亦譯婆羅門天文書二十卷。又續高僧傳（卷二）稱『隋高祖勅闍那崛多若那竭多與開府高恭婆羅門毘舍達等於內史內省翻梵古書及乾文。開皇十二年翻訖。合二百餘卷。』所謂梵文書者不知何指。以理度之。當是四吠陀及六家論師之著述。所謂「乾文」者。當是天文書也。所譯至二百餘卷。不爲不多。而隋開皇仁壽兩錄及長房錄皆不載。五明天文。亦僅存其目。修而復墜。誰之咎也。

（附注）隋書經籍志天文類。有婆羅門天文經二十一卷。（注云捨仙人所說）婆羅門竭伽仙人天文說三十卷。婆羅門天文一卷。歷數類有婆羅門算法三卷。婆羅門陰陽算歷一卷。婆羅門算經三卷。醫方類。有龍樹菩薩藥方四卷。西域諸仙所說藥方二十三卷。西域波羅仙人方三卷。西域名醫所集要方四卷。婆羅門諸仙藥方二十卷。婆羅門藥方五卷。乾陀利治鬼方十卷。此皆翻譯佛典之副產物也。

六

綜上所論。則知佛典翻譯事業實積數百年不斷的進化。千數百人繼續的努力。始能有此成績。迹其遷變。略得言焉。印土僧徒。夙貴唄誦。所治經典。類能闇記。最初迻譯。率憑口傳。故安清支讖安玄康僧會諸傳。皆言其諷出某經或誦出某經。其是否挾有原本。蓋不可考。實則當時所譯。每經多者萬言。少者數百字。全文記誦。本非甚難也。高僧傳記阿毘曇毘曇沙之初譯。『僧伽跋澄口誦經本。曇摩難提筆受爲梵文。佛圖羅刹宣譯。敏智筆受爲晉本。』據此則是兩重口授。兩重筆述。又『曇摩難提闇誦增一阿含。佛念傳譯。惠嵩筆受。』又『曇摩耶舍善誦毘婆沙律。以弘始九年書爲梵文。十六年譯竟。』是其梵文亦由所闇誦者錄出。並非原本也。又『弘始六年延請弗若多羅誦出十誦梵本。羅什譯爲晉文。』是十誦律亦由口誦而傳。（其後卑摩羅叉始齎此書來見慧遠致羅叉書高僧傳引）卽羅什所譯諸書。恐亦皆無原本。故本傳云『什既率多諳誦。無不究盡。』考什之東來。自龜茲而涼州而長安。十餘年間。備受呂氏凌辱。未必能以經卷自隨。高僧傳於諸梵僧有挾經至者。無不詳記其名數。惟什傳無聞。知諸經皆在什「腹笥」中耳。佛國記云。法顯本求戒律。而北天竺諸國皆師師口傳。無本可寫。是以遠至中天竺」據此則經無寫本。乃是北印慣例。或如羅馬舊教之不許鈔印經典也。我國初期佛教。皆從北方罽賓等處輸入。則舍口誦外無經本。固其宜爾。及譯事稍進。則專恃闇誦。自然不能滿意。行求經之動機。實起於是。支謙之「收集衆本譯爲漢語」。法護之「大齎梵經賢劫法華光讚等百六十五部」。（俱高僧傳本傳）以及朱士行法顯法勇法領智猛寶雲諸人手寫齎歸諸經典。具如所述。南北朝以降。經本輸入日衆。徵諸傳記。則有若曇陀羅「大齎梵本遠來貢獻。」續高僧傳僧伽婆羅傳 菩提流支「房內經論梵本可有千夾」內典錄引李廓衆經錄 眞諦「從扶南賚來經論二百四十夾譯之可得二萬卷。」續高僧傳本傳 其寶暹等「獲梵本二百六十部」續高僧傳闍那崛多傳 那連提耶舍達摩笈多波羅頗迦羅亦皆大攜梵經具詳本傳故北齊文宣出三藏殿內梵本千有餘夾敕送天平寺翻經處續高僧傳那連提耶舍傳 隋煬帝以梵經五百六十四夾一千三百五十餘部付彥琮編敍目錄。續高僧傳彥琮傳 則梵本流入之多可以想見降及唐代玄奘那提所賚之數前文已述故後期翻譯無不手執梵本口宣漢言再三對勘始爲定本此譯事進化之第一端也。

初期闇誦私譯爲材力所限故所出止於小本是以十卷之法華三十卷之光讚必待法護一百卷之智論必待羅什六十卷之華嚴必待佛馱六百卷之般若一百卷之地論二百卷之婆沙必待玄奘其他如四含大集寶積諸鉅編皆經數期發達始獲完成具如前述此譯事進化之第二端也。

初期所譯割裂重沓不成系統僧就所謂『去聖將遠凡識漸昏不能總持隨分撮寫致來梵本部夾弗全略至略翻廣來廣譯』長房錄引新合大集經序 此實深中當時譯界之病試檢前列諸大部經中各品別生異譯之本其爲猥雜可以想見至後期則漸思整理爲學者大省精力所謂合本者出焉其最初治此者則有東晉支敏度將一支兩竺所譯維摩經合爲五卷見長房錄其本現存者則有隋寶貴之於金光明經將曇識眞諦耶舍崛多四家各自別譯互有遺闕之本刪併釐正泐爲八卷僧就之於大集將曇識羅什之舊三十卷與耶舍之日藏月藏會合編爲六十卷此其最著者而唐菩提流志之「百衲本」大寶積取無數已譯之品善者采之不善者棄之其未有舊譯或雖有舊譯而非善本者皆自行重譯則眞良工心苦成爲有系統之編譯矣此譯事進化之第三端也。

重要經論。複譯頗多。其間固有並時偶合各不相謀者如法護叔蘭之於大品般若扇多眞諦之於攝論是其例也。然其大多數則因前譯有闕或文義未周。故後人起而重理。如笈多法華品增於羅什。難陀華嚴品增於佛馱。諸如此類。不可枚舉。然其最要精神尤在是正誤謬。羅什傳云『既覽舊經義多紕謬。皆由先譯失旨。不與梵本相應』玄奘傳云『前代所譯經教。中間增損。多墜全言』大抵諸大師複譯之本。皆認爲有再治之必要。故諸譯比較。率愈後出者愈爲善本。此譯事進化之第四端也。

前期所譯限於經藏。後期所譯論乃盛騰。論也者。彼土大師貫穴羣經。擷其菁英。用科學的研究方法。自建樹一學術之系統者也。其在彼土本亦漸次發達。後勝於前。在此邦則初期竟未有聞。乃研究愈深。則愈向此方面發展。此譯事進化之第五端也。

舊記稱漢永平中洛陽白馬寺爲譯事濫觴。頗難置信。大抵西晉以前之譯業。皆由一二私人口傳筆受。苻秦時。道整趙正道安在關中。網羅學僧。創譯中增二含及阿毘曇。譯場組織。起源於此。安沒後。其弟子慧遠在廬山設般若臺。繼其業。姚秦既禮迎羅什。館之於長安之西明閣及逍遙園。集名僧僧䂮僧遷法欽道流道恆道標僧叡僧肇等八百餘人。共襄譯事。則國立譯場之始也。次則北涼有姑臧之閑豫宮譯場。曇讖主焉。東晉有建業之道場寺譯場。佛馱主焉。劉宋有建業之祇洹寺。荊州之辛寺兩譯場。求那跋陀羅主焉。及梁武盛弘大法。則建業之壽光殿華林園正觀寺占雲館扶南館。皆有譯事。而華林有寶雲經藏。尤爲宣譯中心。主之者則僧伽婆羅僧祐寶唱諸人也。而梁陳間廣州刺史歐陽頠。亦在彼處設制旨譯場。至唐猶存。眞諦之攝論起信。密帝之楞嚴。皆自此出。元魏則有洛陽之永寧寺譯場。菩提流支主焉。北齊則有鄴之天平寺譯場。那連提耶舍主焉。隋則有東西兩翻經院。西院在長安之大興善寺。東院在洛陽之上林園。院各置譯主及襄譯沙門襄譯學士。譯主率皆梵僧。耶舍崛多笈多先後相繼。華僧任此者。惟彥琮一人耳。沙門則著衆經目錄之法經。其最著。學士則著三寶記之費長房。其最著也。唐爲玄奘設譯場於長安。初在弘福寺。次在慈恩寺。後在玉華宮。奘爲譯主。其下有證義綴文證梵筆受諸科。皆妙選才彥數將及百。其後則佛授記寺薦福寺亦置翻經院。難陀義淨先後主之。興善譯場後亦復興。不空嘗主焉。(以上各譯場皆從正續高僧傳中各傳及開元錄古今譯經圖記諸書中拉雜考證而得原書不具引)自有此種大規模之譯場及產生有組織的譯業。每出一書。皆多數人協力分功之結果。證義考文。至再至四。故備極精密。罕復誤謬。同時亦可以多所輸譯。例如奘師十九年中譯千三百餘卷。非有宏大完密之組織。曷克致此。此譯事進化之第六端也。

七

譯事之難久矣。近人嚴復。標信達雅三義。可謂知言。然兼之實難。語其體要。則惟先信然後求達。先達然後求雅。佛譯初興。口筆分途。口授者已非嫻漢言。筆受者更罕明梵旨。則惟影響掇拾。加以藻繢。冀悅俗流。其後研究日進。學者始深以爲病。僧叡之論舊譯維摩。謂『見什師後。始悟前譯之傷本。謬文之乖趣。』(祐錄引毗摩羅詰提經義疏序)支敏度亦云『或其文梵越。其趣亦乖。或文義混雜。在疑似之間。』(祐錄引合維摩詰經自序)羅什覽大品般若舊譯。謂『多紕繆失旨。不與梵本相應。』(高僧傳本傳)隨舉數例。他可推矣。故至道安羅什時。翻譯文體之討論。成爲一重要問題。道安極能文之人也。其文傳於今者尚數十篇。華藻皆彬彬焉。乃其論譯事。務主質樸。質而言之。則安殆主張直譯之人也。其品騭前人。謂『支讖棄文存質。深得經意。』(高僧傳支讖傳)謂『叉羅支越。斲鑿甚巧。巧則巧矣。懼竅成而混沌終矣。』祐錄卷九引 其泛論文體也。曰『昔來出經者。多嫌梵言方質。改適今俗。此所不取。何者。傳梵爲秦。以不閑方言。求知辭趣耳。何嫌文質。……經之巧質。有自來矣。唯傳事不盡。乃譯人之咎耳』鞞婆沙序 又曰『將來學者審欲求先聖雅言。宜詳攬焉。諸出爲秦言便約不煩者。皆葡萄酒之被水者也』比丘大戒序 又云『若以詩爲煩重。以尙書爲質朴。而删令合今。則馬鄭所深恨也』摩訶鉢羅若波羅蜜經抄序以上俱祐錄引 其最有名者爲「五失本三不易」之論。五失本者。一謂句法倒裝。二謂好用文言。三謂删去反覆詠歎之語。四謂删去一段落中解釋之語。五謂删後段覆牒前段之語。三不易者。一謂既須求眞。又須喩俗。二謂佛智懸隔。契會實難。三謂去古久遠。無從博證。原文具見續高僧傳卷二彥琮傳中以其文太繁且亦傷華難讀故撮舉其大意如此 凡玆陳義。可謂博深切明。蓋東晉南北朝文體。正所謂「八代之衰」。靡藻淫聲。令人欲噦。以此譯書。何能達旨。安公瘏口匡救。良非得已。故其所監譯之書。自謂『案本而傳。不令有損言遊字、時改倒句。餘盡實錄』鞞婆沙序 究其旨趣。殆歸直譯矣。翻譯文體之創設。安公最有功焉。

羅什持論。與安稍異。什嘗與僧叡論西方辭體。謂『天竺國俗。甚重文藻。……改梵爲秦。失其藻蔚。雖得大意。殊隔文體。有似嚼飯與人。非徒失味。乃令嘔穢也』高僧傳本傳 平心論之。完全直譯。因彼我文體懸隔太甚。必至難於索解。善參意譯。乃稱良工。安公監譯之鞞婆沙。非久便勞再治。而什公諸譯。傳習迄今。蓋此之由。然安公力主矜愼。固譯界之「狷者」。遵而行之。可以寡過。什公秦梵兩嫻。誦寫自在。信而後達。達而後雅。非有天才。豈易學步耶。

隋彥琮嘗著辯正論。以垂翻譯之式。先引安公「五失本三不易」之論。次乃述己意。文凡數千言。其中要語。謂『得本關質。斲巧由文』。謂『梵師獨斷。則微言罕革。筆人參制。則餘辭必混』。謂『寧貴樸而近理。不貴巧而背源。』末論譯家。宜有「八備」。『一。誠心愛法。志願益人。不憚久時。二。將踐覺場。先牢戒足。不染譏惡。三。筌曉三藏。義貫兩乘。不苦闇滯。四。旁涉墳史。工綴典詞。不過魯拙。五。襟抱平恕。器量虛融。不好專執。六。耽於道術。澹於名利。不欲高衒。七。要識梵言。乃閑正譯。不墜彼學。八。薄閱蒼雅。粗諳篆隸。不昧此文。』全文見續高僧傳本傳 此不惟商榷譯例。而兼及譯才譯德。可謂名論矣。

翻譯之事。遣辭既不易。定名尤最難。全採原音。則幾同不譯。易以漢語。則內容所含之義。差之毫釐。即謬以千里。折衷兩者。最費苦心。什公譯摩訶般若。改正舊名最多。僧叡所謂『梵音失者。正之以天竺。秦言謬者。定之以字義。不可變者。即而書之。是以異名斌然。梵音殆半。』大品經序 而奘公亦謂『五種不翻。一。祕密故。如陀羅尼。二。含多義故。如薄伽。三。此無故。如閻浮樹。四。順古故。如阿耨菩提。五。生善故。如般若。』周敦義翻譯名義序引 凡此皆足見前代譯家之忠實審愼。其所定程式。可供今日之參考者固不少也。

大抵初期譯事所以不振。全由口筆分歧。不能通會。若筆受之人。亦諳梵語。庶有可觀。否則訛謬詰鞫。不勝其敝。故傳稱『宣譯之功。世高支謙以後。莫踰於佛念。』高僧傳本傳 念通梵文也。智愷與眞諦對翻攝論。俱舍十七月中。文疏俱了。諦謂愷曰『吾早值子。無恨矣。』愷通梵文也。見續高僧傳法泰傳 若主譯之人。華梵兩通。則所出諸編。自彰全美。羅什非惟能操漢語。且善屬文。其贈法和詩。見本傳 及與慧遠往復書。見遠傳 雖顏鮑沈任。不是過也。故所譯文質斐亹。傳誦不衰。玄奘傳云『前代已來所譯經敎。初從梵語。倒寫本文。次乃迴之。順同此俗。然後筆人觀理文句。中間增損。多墜全言。今所翻傳。都由奘旨。意思獨斷。出語成章。詞人隨寫。即可披翫。』觀此可知前期後期譯業大不相同之處。彥琮所謂「梵師獨斷。則微言罕革」也。大抵欲輸入外國學術以利本國。斷不能以此責任諉諸外人。自隋以前諸經譯主。什九梵僧。梵僧如羅什者。能有幾人。自唐以後。玄奘義淨。自攬元匠。此則譯業所由造於峯極也。

吾撰本章已。忽起一大疑問曰。『當時梵文何故不普及耶。』吾竟不能解答此問題。自晉迄唐數百年間。注意及此者。惟彥琮一人。其言曰。『彼之梵法大聖規模。……研若有功。解便無滯。匹於此域。固不爲難。難尙須求。況其易也。或以內執人我。外慚諮問。枉令祕術。曠隔神州。靜言思之。愍然流涕。向使……纔去俗衣。尋敎梵字。……則應五天正語。充布閻浮。三轉妙音。普流震旦。人人共解。省翻譯之勞。代代咸明。除疑網之失。……』（續高僧傳本傳琮）此論其於我學界汙隆。信有絕大關係。前此且勿論。隋唐以降。寺刹徧地。梵僧來儀。先後接踵。國中名宿。通梵者亦正不乏。何故不以梵語沕爲僧課。而乃始終乞靈於譯本。致使今日國中無一梵籍。欲治此業。乃藉歐師。恥莫甚焉。詰其所由。吾未能對。吾認此爲研究我國民性者應注意之一事實而已。

吾草此章。本圖略敍。及其脫稿。忽數萬言。詞太繁蕪。懼致厭讀。然吾所以不避者。以我國吸受外來文化。此爲其第一度。在國史全體上。實占最重要之位置。而千年以來。絕無記述。國人至今熟視無睹。非稍詳贍。莫洞淵源。且今日則其第二度行至矣。我先民之精神。在在足資奮發。其長短得失。亦一一可取鑒。夫吾之言。則豈僅爲望古懷舊而言也。

飲冰室專集之六十一

讀異部宗輪論述記

世友菩薩造

唐三藏法師玄奘譯
慈恩法師窺基述記

（一）本論之價值及傳譯源流

異部宗輪論者世友菩薩敍述佛滅後五百年間印土教團分裂蛻變之狀態也述記序論云『人隨理解情見不同別而爲類名爲異部所主之法互有取捨喻輪不定故曰宗輪』命名之意略具於是佛教二千年來循進化之公例常爲不斷的發展其最顯著之跡則由小乘而進爲大乘也大乘派別雖肇興於印度而實光大於中國故治佛教史者多能言之小乘派別則雖在印度所謂兩部、四部、五部、十八部、二十部等名稱雖散見羣籍然語焉不詳學者憾焉既不審小乘蛻變之迹則大乘發展之途徑決無由說明於是生出兩種偏至之論其一則如中國相傳舊說謂佛在世時大乘教已圓滿成立其二則如歐洲多數學者所倡「大乘非佛論」兩說各馳極端而皆非其眞也吾以爲欲對於佛教史爲系統的研究宜破除小乘大乘名目觀其各派相互之影響而綜其教理蛻進之所由而惜乎此類資料缺乏已極也本書雖極簡略不能使吾輩滿足且又爲一派私言持論不無偏至然既別無他書能視此更完備者則吉光片羽其至可寶矣

造論者世友菩薩或譯爲天友（如世親亦譯天親）或譯音爲婆須密爲伐蘇密多羅「禪宗」所謂西土第七祖者即其

人也。婆須密集序文稱其當繼彌勒作佛名師子如來。則其道行堦位之尊崇可以想見。其所著書譯出今存藏中者尚有阿毗達磨品類足論十二卷。阿毗達磨界身足論三卷。（此即有名的六足論之二足說詳次篇）尊婆須密菩薩所集論十卷。別有衆事分阿毗論十二卷則品類足論之異譯也。品類界身二足爲說一切有部之寶典。據此可知其爲「有部」一大師。但其年代頗存異說。據西域記（卷三）言迦膩色迦王結集大毗婆沙時世友實爲首座。茲事在西第二世紀初期實佛滅六百年後矣。據達磨多羅禪經（卷上）則婆須密（世友）爲優婆毱多之弟子爲僧伽羅叉之師。案毱多爲阿育王師。羅叉爲迦膩色迦王師。皆確有考證。兩王相去三百餘年。世友雖壽斷不容前後相及。彼若誠爲毱多弟子。則當是西歷紀元前百餘年之人。若誠爲羅叉師。則當是紀元後六七十年之人。今考大毗婆沙實解釋迦多衍尼子之發智論。而發智論又似解釋六足。然則著品類界身二足之世友。決當爲迦多衍尼之前輩。無緣參預婆沙之結集。故多羅那達氏之印度佛教史疑爲有先後同名之兩世友。（塔氏爲十七世紀之西藏人著印度佛教史一書一八六九年譯成德文在俄京出版歐人治印度學者甚重之）以吾臆斷。則西域記所言世友加入結集。不過一種神話。殆非事實。（說詳讀毗婆沙條下）但本論中述及佛滅四百年後事。則其能否逮事優波毱多。亦成疑問。（毱多爲阿育王師王以佛滅後二百十九年卽位）要之世友必爲西歷紀元前之人。而爲「說一切有部」之耆宿。可斷言也。

此書中國前後有三譯本今大藏中合爲一卷。其目如下。

第一譯　十八部論　譯者　失名

第二譯　部執異論　譯者　陳　眞諦三藏

第三譯　異部宗輪論　譯者　唐　玄奘三藏

十八部論舊題爲失譯。但其頌文中有『羅什法師集』一語。其正文之「他鞞羅」三字下又夾注五字云『秦言上座部』也。據此則似出鳩摩羅什矣。但其發端冠以文殊師利問經分別部品一篇。殆後人所羼增耶。(文殊問經梁僧迦婆羅譯遠在羅什後此所錄者其第十五品也)眞諦之部執異論與宗輪內容全同。慈恩述記言所以再譯之故謂『昔江表陳代已譯茲本……詳諸貝葉。校彼所翻。詞或爽于梵文。理有乖于本義。彼所悟者必增演之。有所迷者迺剪截之。今我親教三藏法師玄奘以大唐龍朔三年七月十四日于玉華宮重譯斯本』。蓋謂眞諦本有舛誤也。其舛誤處。述記具辨。今不引。

大藏中只有論而述記不存。唐代經錄。亦未著錄。惟日本有單行本。論文簡略。不足饜心。慈恩躬承奘師。博極羣籍。其所疏解。價值可推。翻刻流通。亦弘法者所當有事也。

(二)二十部之敍述

論中首敍佛滅後百有餘年無憂王(即阿育王)時。佛教徒因議大天(摩訶提婆)所倡異論五事(詳下)分爲「上座」「大衆」兩部。後卽於此第二百年中(秦譯作百餘年)由大衆部分出三部。(一)一說部。(二)說出世部。(三)雞胤部(秦譯作窟居部陳譯作灰山住部)。尋又分出一部曰多聞部。(秦譯作施設部)尋又分出一部曰說假部。(秦譯缺陳譯作分別說部)及第二百年滿時。有一出家外道。亦名大天。重辯「五事」。因乖諍復分三部。(一)制多山部。(秦陳譯皆作支提山部)(二)西山住部。(秦譯作佛婆羅部陳譯闕)(三)北山住部。(秦譯作鬱多羅斯羅部陳譯作北山部)此百餘年間爲大衆部分裂時期。共分八部。合本部共爲九部。(陳譯無西山住部又將「支提」「北山」合爲一謂大衆部所屬共七部其致誤之由蓋緣舊說皆言有十八部而本論所舉實二十部眞諦欲强合「十八」之數故任意合倂不知十八部云者不計兩本部二十部云者則並本部算入也述記已詳駁之矣上座部在佛滅後二百年中。一味和合。三百年初。有少乖諍。分爲兩部。（一）說一切有部。亦名說因部。秦譯作薩婆多部（二）卽上座本部。轉名雪山部。未幾從說一切有部分出一部名犢子部陳譯作可住子部又由犢子部分出四部。（一）法上部。秦譯作達摩鬱多梨部（二）賢胄部。秦譯作跋羅陀耶尼陳譯作賢乘（三）正量部。秦譯作三彌底（四）密林山部。秦譯作六城陳譯作密林住未幾復從說一切有部分出一部名化地部。秦譯作彌沙塞陳譯作正地又從化地部分出一部名法藏部。秦譯作曇無德陳譯作法護至三百年末。從說一切有部分出一部名飲光部亦名善歲部。秦譯作迦葉維亦名優梨沙至四百年初。從一切有部復分出一部名經量部。亦名說轉部。秦譯作僧迦蘭多亦名修多羅陳譯作說經部亦名說度部此百餘年間爲上座部分裂時期共分十部。合本部爲十一部列表如下。

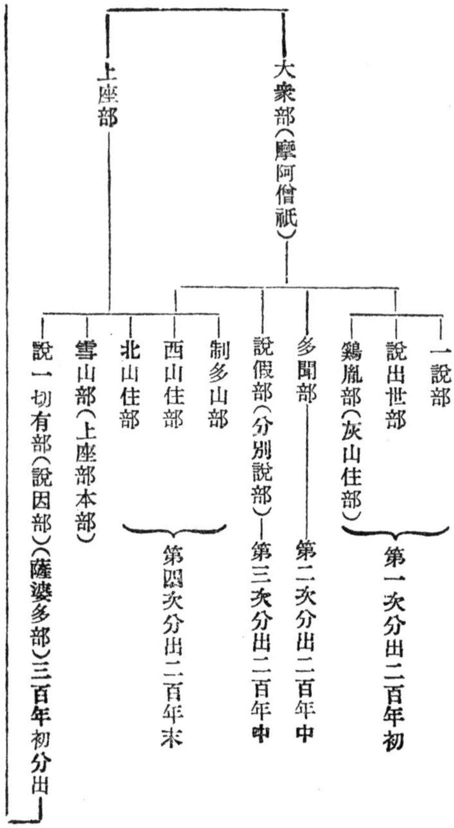

犢子部(可住子部)——法上部、賢胄部、正量部、密林山部——第一次分出三百年中
化地部(彌沙塞部)——法藏部(曇無德)——第二次分出三百年中
飲光部(迦葉維部)——第三次分出三百年末
經量部(說轉部)(說度部)——第四次分出四百年初

(三)考證及批評

據以上所敍述析其條理如左

(一)佛教分兩大派耆宿長老爲一團曰上座部此外多數青年信徒爲一團曰大衆部而上座部常以正統派自居

(二)兩派之分在佛滅後二百年前後卽阿育王時其動機在「大天五事」

(三)分派後一百年以內大衆部先分裂共成九派

(四)分派後逾一百年上座部起革命新派別爲說一切有部(省稱有部)舊派退居雪山仍襲上座名而有部遂成爲正統

(五)有部成立後百餘年間次第分裂共爲十派合雪山之舊上座部則十一派

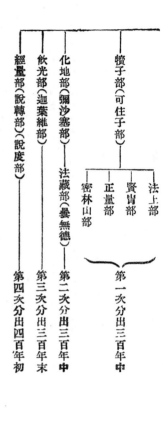

右事實是否完全正確。試參考他書一評騭之。

第一。上座大衆之分果起于佛滅百年後乎。嘉祥大師三論玄義云『如來入涅槃。諸聖弟子于祇闍崛山中結集三藏。爾時即有二部名字。一上座部。迦葉所領。但有五百人。二大衆部。即界外大衆。乃爲萬數。婆師婆羅漢爲主。後多人來結集三藏。迦葉並不許之。』嘉祥此說未詳所出。但其決非杜撰無疑。（疑律藏中必有之以浩博未及細查）又摩訶僧祇律（卷三十二）記迦葉等五百人結集竣事時。窟外千人羣起致詰。迦葉卒乃宣言曰『未制者莫制。已制者我等當隨順學。』據此則上座大衆之分。實起於佛滅後之數月。而動機則在經律之結集。此次結集。以迦葉。阿難。優波離等爲上首。其所出之經。則四阿含。律則八十誦律。皆所謂小乘者也。惟大衆部所傳之增一阿含中多含大乘義。（印土小乘各宗雖俱宗阿含而所傳之本各不同我國之增一阿含乃法顯與摩阿僧祇律同時得之摩阿僧祇律既爲大衆部之律則增一應亦大衆部之經也）然則兩部之分。蓋由祇闍窟內結集三藏諸長老。墨守佛早年所教。以之泐爲定本。而窟外多數之青年抱進步思想者。深爲不滿。自爾以後。佛教遂隱然分爲兩派。特至阿育王時。始建堂堂之旗鼓以相抗耳。本論謂純起于佛滅百年後。似未探其本也。

第二。大天（摩訶提婆）爲分派最重要之主動人。殆無可疑。但彼果爲何等人乎。爲何時代之人乎。在佛教史上實成一大問題。本論言大天有二人。前者即首倡五事異說之人。在第一百年之初。論主對于其人。不置可否。後者爲重提五事之人。在第二百年之末。論主稱其多聞精進。相去百餘年。同一人名。同一事蹟。而强指爲二人。實不合情理。印度人時代觀念最不明確。此必本爲一人一事。而傳說兩歧。論主彙採而誤混耳。以理度之。則其人爲第一百年初之人。爲大衆部之確立者。殆較可信。然則其人之道行果何如。述記敍彼小傳。凡數千言。則彼乃烝母弑父。戕友。誑徒。誣佛之大惡人也。此說錄自大毘婆沙（卷九十九）原文。蓋「有部」所傳。慈恩因所疏者爲「

有部」之書。故引其說以爲釋。其別著之瑜伽略纂一卷乃褒譽大天。而分別功德論亦云。『唯大天一人是大士。』則其人格之高可想。三論玄義云。『摩訶提婆（大天）取諸大乘經納三藏中釋之。諸阿羅漢結集時。已簡除斯義。而大衆部用此義。上座部不用之。因爾起諍。遂成二部。』此說似最得眞相。然則大天者實創立大衆部之人。亦卽大乘敎之遠祖。對於當時上座長老實行宗敎革命。無怪自命正統之「一切有部」銜之次骨也。而婆沙種種誣衊之辭。抑徒自襮其褊心而已。

第三派別何故盛興於阿育王以後。又極可研究之問題也。佛滅後百五十二年。（西紀前三二七）亞歷山大大王大軍侵入印度。印度爲馬基頓領土者垂十年。自此與歐洲交通日繁。大受希臘文化之影響。思想隨而蛻變。此新敎義發生之第一原因也。越五十餘年。而阿育王統一全印。前此佛敎僅行于中印摩竭陀附近一帶而已。阿育灌頂後。乃派人傳敎于四方。彼其政權所及之地。卽敎權所被之地。夫宗敎必須有順應環境性。乃能生存。佛敎既普被于種種異言異俗之民族。則其所詮譯所理解。自不能悉仍其舊。當然各帶地方的色彩。觀其諸部之名。如所謂「灰山住」「制多山住」「西山住」「北山住」「密林山住」等。皆以地爲識別。則其含有地方黨派的意味。殆無可疑。然此實自阿育傳敎啓之。此新敎義發生之第二原因也。

飲冰室專集之六十二

說四阿含

增壹阿含經五十卷

符秦兜佶勒國沙門曇摩難提等譯

中阿含經六十卷

東晉罽賓國沙門瞿曇僧伽提婆等譯

長阿含經二十二卷

姚秦罽賓國沙門佛陀耶舍共竺佛念譯

雜阿含經五十卷

劉宋天竺三藏求那跋陀羅譯

一　阿含與（五百結集）

阿含亦作阿笈摩。亦作阿含暮。譯言「法歸。」謂萬法所歸趣也。長阿含經序 亦言「無比法」，謂法之最上者也。翻譯名義集四 亦言「教。」亦言「傳。」謂展轉傳來以法相教授也。一切經音義二十四 本爲佛經總名。吉藏法華論疏云『阿含名通大小四阿含等爲小涅槃稱『方等阿含』此即大也 今但以施諸小乘焉。

吾研究佛經成立之歷史，擬拈出四箇觀念以爲前提。

一、凡佛經皆非佛在世時所有，無論何乘何部之經，皆佛滅後佛徒所追述，其最初出者在佛滅後數月間，其最晚出者在佛滅五百年以後。

二、佛經之追述有由團體公開結集者，有由箇人私著者，前者成立之歷史可以確考，後者無從確考。

三、佛經有用單行本形式者，有用叢書形式者，現存之十數部大經，皆叢書也，而此種叢書性質復分爲二，有在一時代編纂完成者，有歷若干年增補附益而始完成者。

四、凡佛經最初皆無寫本，惟恃闇誦，寫本殆起於佛滅數百年後，隨教所被，各以其國土之語寫焉，質言之，則凡佛經皆翻譯文學也。

四阿含者，則佛滅後第四箇月由團體公開結集，一時編纂完成之四種叢書，歷若干年後，始用數種文字先後寫出者也。此次結集，即歷史上最有名之「五百結集」，其情節具見於四分律藏（卷五十四）、彌沙塞五分律（卷三十）、摩訶僧祇律（卷三十二）、善見律（卷一）等書，今雜採略述如下。

佛以二月十五日平旦，在俱尸那入滅，時大弟子大迦葉方在葉波國，聞變而歸，既葬佛後，默自思惟，宜集法藏，使正法住世，利益衆生，乃請阿闍世王爲檀越，於王舍城外之畢波羅窟（亦名七葉巖）以六月二十七日開始結集，參與斯會者五百人，迦葉爲上首，先命優婆離結集毗尼（亦作毗奈耶），此云律藏，所集者則今之八十誦律是也，次命阿難結集修多羅（亦作素怛纜），此云經藏，亦云法藏，所集者則此諸阿含是也。

阿難，佛之從弟，爲佛侍者二十五年，佛嘗稱其多聞第一，殆記性最強之人也，故結集經藏之大任，衆以屬之，結集時用極莊重之儀式。極複雜之程序。以求徵信。阿難登高座。手捉象牙裝扇。迦葉問『法藏中梵網經何處說耶。』（案即今長阿含中之梵動經非單行本之大乘梵網戒經也）阿難答『王舍城那蘭馱二國中間王菴羅絺屋中說。』『國誰而起。』『因修悲夜波利婆闍迦及婆羅門陀多二人而起。』如是問答本起因緣後。阿難乃誦出佛所說。首唱言『如是我聞。』誦已。五百羅漢印可之。如是次第誦他經。一切誦已。遂泐為定本。此阿含之由來也。

何故將阿含結集為四耶。增壹（卷一）序品云『時阿難說經無量。誰能備具為一聚。或有一法義亦深。難持難誦不可憶。我今當集此法義。一一相從不失緒。』據此則似阿難既將諸經誦出後。慮其散漫難記憶。於是謀集為『一聚』以叢書的格式總持之。序品又云『契經今當分四段。先名增壹二名中。三名曰長多瓔珞。雜經在後為四分。』此論四種次序。分別功德論（卷上）釋之云『分四段者。文義混雜。宜當以事理相從。大小相次。以一為本。次至十一二三。隨事增上。故名增壹。中者不大不小。不長不短。事處中適也。長者說久遠事。歷劫不絕。雜者。諸經斷結。難誦難憶。事多雜碎。喜令人忘。』彌沙塞五分律云『迦葉問一切修多羅已。僧中唱言。此是長經。今集為一部名長阿含。此是不長不短。今集為一部名中阿含。此是為優婆塞優婆夷天子天女說。今集為一部名雜阿含。此是從一法增至十一法。今集為一部名增一阿含。』據此則四部分類命名之意。不過因文字之長短。略為區分。無甚義例。法華玄義（卷十）云『增一明人天因果。中明眞寂深義。雜明諸禪定。長破外道。』此說不免杜撰。四阿含雖云將諸經加以組織。然此種論理的分類法。似尚非當時所有。以今譯本細按之。亦不能謂某種專明某義也。

數何以限於四。或言仿四吠陀。此殆近之。但據善見律則尚有屈陀迦阿含一種。是不止四矣。今錫蘭島所傳巴利文阿含確有五部其第五部正名屈陀迦然不過將四含之文摘要分類編輯（橘惠勝印度佛教思想史一二七葉）恐非原本吾竊疑此屈陀迦與大乘經典有關係語在次篇

二　阿含在彼土之傳授

付法藏因緣傳（卷二）載有一事甚可發噱今節引之

『阿難遊行至一竹林聞有比丘誦法句偈』『若人生百歲不見水老鶴不如生一日而得覩見之』阿難語比丘此非佛語汝今當聽我演（原文）『若人生百歲不解生滅法不如生一日而得了解之』（案此偈卽出阿含中在何部何卷頃偶忘待檢）爾時比丘卽向其師說阿難語師告之曰『阿難老朽言多錯謬不可信矣汝今但當如前而誦』

佛經以專恃闇誦不著竹帛之故所傳意義展轉變遷固意中事乃至阿難在世時已有此失且雖以耆宿碩學如阿難者猶不能矯正此孟子所以有盡信書不如無書之歎也不惟轉變而已且最易遺失分別功德論（卷上）云『增壹阿含本有百事阿難以授優多羅出經後十二年阿難便般涅槃其後諸比丘各習坐禪遂廢諷誦由是此經失九十事外國法師徒相傳以口授相付不聽載文時所傳者盡十一事而已自爾相承正有今現文爾優多羅弟子名善覺從師受誦僅得十一事優多羅便涅槃外國今現三藏者盡善覺所傳』

增壹一經如此他經可推然則卽今阿含已不能謂悉爲阿難原本然印土派別既多所傳之本各自不同順正理論（衆賢造玄奘譯）云『雖有衆經諸部同誦然其名句互有差別』（卷一）此正如漢初傳經最尊口說故諸家篇帙文句

時相乖忤。卽以增壹言功德論又云。『薩婆多家（案卽說一切有部）無序及後十事。』然則薩婆多所傳。固與善覺本異矣。而今我國譯本共五十二品。則既非阿難原來之百篇本。亦非善覺之十一篇本。又非薩婆多之九十篇本。（或是此本而未譯完亦未可定）是知印土增壹最少當有四異本矣。吾所以喋喋述此者。非好爲瑣末之考證。蓋當時諸部所釋教理。有種種差別。雖同屬一經。其某部所傳之本。自必含有該部獨有之特色。不僅如「水老鶴」等文字之異同而已。試以漢譯四含與錫蘭之巴利本相較。當能發見許多異義。（記日本人所著書中有兩譯對照之文多條忘出何書）他日若有能將全世界現存之各種異文異本之阿含一一比勘。爲綜合研究。追尋其出自何部所傳。而因以考各部思想之異點。則亦學界之一大業也。

我國阿含四種。並非同時譯出。其原本亦非同在一處求得。則每種傳授淵源。宜各不同。慈恩謂四含皆大衆部誦出。法幢謂增壹依大衆部。中雜依一切有部。長含依化地部。（日本金子大榮佛教概論引所引何書待查）未審何據。今於次節述傳譯源流。略考其分別傳受之緒焉。

三　阿含傳譯源流

我國譯經。最初所譯爲「法句類」。卽將經中語節要鈔錄之書也。次卽分譯阿含小品。蓋阿含乃叢書體裁。諸品本自獨立成篇。不以割裂爲病也。今舉藏中現存阿含異譯諸經爲左表。（佚本約兩倍左表今悉不錄）

增壹阿含經別出異譯

（經名）	（今本）	（譯人）

婆羅門避死經	增上品	漢安世高
阿那邠邸化七子經	非常品	同
舍利弗目揵連遊四衢經	馬王品	漢康孟詳
七佛父母姓字經	十不善品	曹魏失名
須摩提女經	須陀品	吳支謙
三摩竭經	同	吳竺律炎
波斯匿王太后崩經	四意斷品	西晉釋法炬
頻婆娑羅詣佛供養經	等見品	同
大愛道般涅槃經	般涅槃品	西晉帛法祖
舍衞國王夢見十事經	同	西晉失名
央崛魔經	力品	西晉竺法護
力士移山經	八難品	同
四未曾有法經	同	同
玉耶女經	非常品	西晉失名
放牛經	放牛品	同
四泥犁經	禮三寶品	姚秦鳩摩羅什
玉耶經	非常品	東晉曇無蘭
不黎先尼十夢經	涅槃品	同
食施獲五福報經	善聚品	東晉失名
四人出現世間經	四意斷品	同
十一想思念如來經	禮三寶品	劉宋求那跋陀羅
阿遬達經	非常品	同

長者子六過出家經	邪聚品	劉宋慧簡
佛母般泥洹經	涅槃品	同

中阿含經別出異譯

(經名)	(今本)	(譯人)
一切流攝守因經	漏盡經	漢安世高
四諦經	聖諦經	同
本相倚致經	本際經	同
是法非法經	眞人經	同
漏分布經	達梵行經	同
命終愛念不離經	愛生經	同
阿那律八念經	八念經	漢支曜
苦陰經	苦陰經上	漢失名
魔嬈亂經	降魔經	同
七知經	善法經	吳支謙
釋摩男本經	苦陰經下	同
諸法本經	諸法本經	同
弊魔試目連經	降魔經	同
賴吒和羅經	賴吒和羅經	同
梵摩喻經	梵摩經	同
齋經	持齋經	同
恆水經	瞻波經	西晉釋法炬

頂生王故事經	四洲經	同
求欲經	穢經	同
苦陰因事經	苦陰經下	同
瞻婆比丘經	大品瞻波經	同
數經	算數目揵經	同
善生子經	善生經	西晉支法度
離睡經	上尊睡眠經	西晉竺法護
受歲經	比丘請經	同
樂想經	想經	同
尊上經	中禪室尊經	同
意經	心經	同
應法經	受法經下	同
鹹水喻經	七水喻經	西晉失名
兜調經	鸚鵡經	同
鐵城泥犁經	天使經	東晉曇無蘭
阿耨颰經	阿奴波經	同
泥犁經	癡慧地經	同
古來世時經	說本經	東晉失名
梵志計水淨經	水淨梵志經	同
慈心厭離功德經	須達多經少分	同
箭喻經	箭喻經	同
文竭陀王經	四洲經	北涼曇無讖

八關齋經	持齋經（不全）	北涼沮渠京聲
閻羅王五天使者經	天使經	劉宋慧簡
瞿曇彌記果經	瞿曇彌經	同
鸚鵡經	鸚鵡經	劉宋求那跋陀羅
鞞摩肅經	鞞摩那修經	同

長阿含經別出異譯

（經名）	（今本）	（譯人）
長阿含十報法經	十上經	漢安世高
人本欲生經	大緣方便經	同
尸迦羅越六方禮經	善生經	同
梵志阿颰經	阿摩晝經	吳支謙
梵網六十二見經	梵動經	同
佛般泥洹經	遊行經	西晉白法祖
樓炭經	世記經	西晉釋法炬
大般涅槃經	遊行經	東晉釋法顯
方等泥洹經	同	東晉失名
寂志果經	沙門果經	東晉曇無蘭

雜阿含經別出異譯

（經名）	（今本）	（譯人）
七處三觀經	卷二·卷三十四	漢安世高

五陰譬喻經	卷十	同
轉法輪經	卷十五	同
八正道經	卷二十八	同
馬有三相經	卷三十三	漢支曜
馬有八態譬人經	同	同
不自守意經	卷十一	吳支謙
雜阿含經（一卷）	大部中撮要	吳失名
聖法印經	卷三	西晉竺法護
難提釋經	卷三十	西晉釋法炬
相應相可經	單卷本	同
水沫所漂經	卷十	東晉曇無蘭
戒德香經	卷三十八	同
滿願子經	卷十三	東晉失名

讀右表者。可以了然於阿含之實爲叢書性質實合多數之單行本小經而成。彼土亦各別誦習。而初期大譯家安世高支謙法護法炬之流。百餘年間皆從事於此種單行本之翻譯。其曾否知爲同出一叢書。蓋未敢言耳。四含所有經總數幾何。不能確考。按漢譯今本長含共三十經。（原有目錄）中含二百二十二經。（據道慈序）增含七十二經。（據道安序）雜含短而多。不能舉其數。大約在一千二三百以上。（卷一共二十八經全書共五十卷）合計殆逾二千種矣。然必猶未全。（增壹體例每品皆累一至十一品凡得十經今本有品五十一而經僅得四百七十二殆有闕矣然據分別功德論則此書應有百品合爲千經中土所傳本又未得其半也）今檢各經錄中小乘經存佚合計。蓋盈千種。竊謂其中除出十數種外。（語在次篇）殆皆阿含遺文也。

前此之零碎單譯。自然不饜人意。逮東晉之初。而阿含全譯之要求起焉。先出者爲增中。其次則長。最後乃雜。前後垂六十年。而茲業乃完。今考其年代及譯人列爲左表。

	出書年	雜考證	主譯者	助譯者	關係者
增壹阿含	苻秦建元二十年（三八四）		曇摩難提	竺佛念 曇嵩	趙文業 道安 法和 僧䂮 僧茂
中阿含	東晉隆安二年（三九八）	道安難提等先已與增壹同時譯出因多未愜至是始重譯	僧伽提婆 僧伽羅叉	道慈	法和 王元琳
長阿含	姚秦弘始十五年（四一三）		佛陀耶舍	竺佛念 道含	僧䂮 姚爽
雜阿含	劉宋元嘉二十年（四四三）	藏中有別譯雜阿含十六卷舊作二十卷附秦錄中殆譯而未成者不審其爲苻秦爲姚也	求那跋陀羅	法勇	原本乃法顯從師子國攜歸

譯業創始之功。端推道安。其譯增中二含。正値苻堅覆國之年。序所謂『此年有阿城之役。伐鼓近郊』者也。（增壹經道安序）蓋在圍城之中。倉卒殺青。逾年而安遂亡。道慈所謂『譯人造次。違失本旨。良匠去世。（指安公）弗獲改正也。』（中含道慈序）故此秦譯二書。皆可謂未定稿。然增壹遂終弗克改。今藏中所存。卽建元二十年本也。（此據舊經錄云爾。其實尚有疑點。安公序明言四十一卷。而今本有五十卷。安序有「失其錄偈」一語。似是指序品。而今本實有序品。疑後此曾經一度增修矣。安序又云「共四百七十二經」。若今本經數不止此。便益可證明其有增修。惜吾

（尙乏此暇晷一檢校之也）長含以法和提婆之努力，又得羅叉從罽賓新來爲之助，卒成第二譯，而初譯今不復見矣。雜含既舊有秦譯，不知其出道安時耶，出羅什時耶。長含之譯，則史蹟最簡矣。

吾述四含傳譯淵源，忽引起一別種興味，卽欲因各書之譯人以推求其書爲何宗派所傳本也。印度小乘派二十部，皆宗阿含，其所誦習本，各部有異同，具如前引分別功德論所說。漢譯四含，或云皆出大宗部，或云增壹依大宗部，中雜依一切有部，長依化地部，未審其說所自出。今以此四書之譯人及其他材料校之，吾欲立爲臆說如下。

一、增壹阿含疑依「一切有部」本而以「大衆部」本修補。增壹譯者曇摩難提，兜佉勒人。兜佉勒似爲「一切有部」勢力範圍，近年歐人在庫車發掘，得有用月氏文字所書之波羅提木叉（戒律），卽羅什所譯「薩婆多部」（卽一切有部）之十誦比丘尼戒本也。（日本羽溪了諦著西域之佛敎一八八葉）結集毗婆沙之迦膩色迦王，卽月氏種，與「有部」因緣極深。兜佉勒服屬於彼，用其文字，則其學出於「有部」固宜。據分別功德論，他部之增壹，皆僅存十一品，惟「有部」本存九十品。今此本有五十一品，益足爲傳自「有部」之據。所以不滿九十品者，或是譯業未竟，蓋譯時方在圍城中，未久而苻秦遂滅也。功德論又云『薩婆多家無序』，而安公增壹序亦云『失其錄偈』，所謂序，所謂錄偈，似卽指序品。然則今本序品一卷，或非原譯所有，而後人別採他部本以補之，其所採者或卽「大衆部」本，故慈恩謂出自「大衆」也。序品多大乘家言，自當與「大衆部」有因緣。（大衆部爲大乘所自出，說詳第三篇）

二、中阿含疑出「一切有部」。初譯本中含與增壹同出曇摩難提，已足爲傳自「有部」之證。今所傳隆安二年再治本由僧伽羅叉講梵本。僧伽提婆轉梵爲晉。（道慈序語）二人皆罽賓人。（卽迦濕彌羅）罽賓爲「有部」之根據地。衆所共知。提婆別譯阿毗曇八犍度論（迦旃延之發智論）實「有部」最重要之書。羅叉續成羅什之十誦律。亦「有部」律也。然則創譯中含之三人皆「有部」大師。法幢謂中含傳自「有部」。當爲信史也。

三。長阿含疑出「曇無德部」。長含譯者佛陀耶舍亦罽賓人。但「曇無德部」之四分律。卽由彼誦出。知彼當屬「德部」。則所誦長含。或亦用「德部」本也。

四。雜阿含疑出「彌沙塞部」。雜含譯者求那跋陀羅中天竺人。本以大乘名家。於小乘諸部當無甚關係。惟雜阿含原本之入中國。實由法顯。法顯得此於師子國。（卽錫蘭）同時並得彌沙塞律。然則此本與「塞部」當有關係。「塞部」本盛於南天竺。則師子國固宜受其影響。求那東渡之前。固亦久淹師子也。

右所考證。似無關宏旨。然古代印土各部之學說。傳於今者極希。（除有部外）若能在四含中覓得一二。亦治印度思想史之一助也。

四　阿含研究之必要及其方法

我國自隋唐以後。學佛者以談小乘爲恥。阿含束閣。蓋千年矣。吾以爲眞欲治佛學者。宜有事於阿含。請言其故。

第一。阿含爲最初成立之經典。以公開的形式結集。最爲可信。以此之故。雖不敢謂佛說盡於阿含。然阿含必爲佛說極重之一部分無疑。

第二．佛經之大部分．皆爲文學的作品．（補敍點染）阿含雖亦不免．然視他經爲少．比較的近於樸實說理．以此之故．雖不敢謂阿含一字一句悉爲佛語．然所含佛語分量之多且純．非他經所及．

第三．阿含實一種言行錄的體裁．其性質略同論語．欲體驗釋尊之現實的人格．舍此末由．

第四．佛教之根本原理——如四聖諦．十二因緣．五蘊皆空．業感輪迴．四念處．八正道．等——皆在阿含中詳細說明．若對於此等不能得明確觀念．則讀一切大乘經論．無從索解．

第五．阿含不惟與大乘經不衝突．且大乘教義．含孕不少．不容訶爲偏小．率爾吐棄．

第六．阿含敍述當時社會情事最多．讀之可以知釋尊所處環境．及其應機宣化之苦心．吾輩異國異時代之人．如何始能受用佛學．可以得一種自覺．

研究阿含之必要且有益既如此．但阿含研究之所以不普及者．亦有數原因．

一．卷帙浩繁．

二．篇章重複．四含中有彼此互相重複者．有一部之中前後重複者．大約釋尊同一段話．在四含中平均總是三見或四見．文句皆有小小同異．

三．辭語連犿．吾輩讀阿含．可想見當時印度人言語之繁重．蓋每說一義．恆從正面反面以同一辭句翻覆詮釋．且問答之際．恆彼此互牒前言．故往往三四千字之文．不獨所詮之義僅一兩點．乃至辭語亦足有十數句．讀者稍粗心．幾不審何者爲正文．何者爲襯語．故極容易生厭．

四．譯文拙澁．增中二含．殺青於戎馬之中．中雖再治．增猶舊貫．文義之間．譯者已自覺不愜．長雜晚出．稍勝前作。然要皆當譯業草創時代。譯人之天才及素養。皆不逮後賢。且所用術語。多經後賢改訂漸成殭廢。故讀之益覺詰鞫爲病。

故今日欲復興「阿含學」。宜從下列各方法着手。

第一。宜先將重要教理列出目錄——如說苦。說無常。說無我。說因緣生法。說五取蘊。說四禪•等等——約不過二三十目便足。然後將各經按目歸類。以一經或二三經爲主。其他經有詳略異同者。低格附錄。其全同者則僅存其目。似此編纂一過。大約不過存原本十分之一。而阿含中究含有若干條重要教理。各教理之內容何如。彼此關係何如。都可以瞭解。原始佛教之根本觀念。於是確立。

第二。將經中涉及印度社會風俗者。另分類編之。而觀其與佛教之關係。如觀四姓階級制之記述。因以察佛教之平等精神。觀種種祭祀儀法之記述。因以察佛教之破除迷信。

第三。宜注重地方及人事。將釋尊所居游之地。見於經中者。列成一表。看其在某處說法最多。某處某處次多。在某處多說某類之法。又將釋尊所接之人——若弟子。若國王長者•若一般常人•若外道•等等。各列爲表。而觀其種種說法。如是則可以供釋迦傳•釋迦弟子傳•印度史•等正確之資料。

以上不過隨想所及。拈舉數端。實則四含爲東方文化一大寶藏。無論從何方面研索。皆有價値也。

飲冰室專集之六十三

說「六足」「發智」

一　說名稱及傳譯淵源

「六足」「發智」者。「說一切有部」之寶典也。其成立在大毘婆沙前。婆沙宗之「有部」爲印度佛敎正統派。故欲知敎義之淵源。以察其後此蛻衍進展之跡。不可不瀏覽此諸書。

「六足」者。六部論之譯名末皆繫一「足」字。故得名焉。

論名	造者	時代
(一)阿毘達磨集異門足論二十卷	舍利弗造	佛在世時
(二)阿毘達磨法蘊足論二十卷	目犍連造	佛在世時
(三)阿毘達磨施設足論(未譯)	迦旃延造	佛在世時
(四)阿毘達磨識身足論十六卷	提婆設摩造	佛滅後三百年
(五)阿毘達磨品類足論十六卷	世友造	佛滅後四百年
(六)阿毘達磨界身足論三卷(節本)	世友造	佛滅後四百年

此所謂「六足」也。據俱舍論所引。尚有鄔波毱多之理目足論。但未譯傳。是否與「六足」同類。不敢斷言。所謂發智者。

阿毘達磨發智論二十卷　迦多衍尼子造—佛滅後四百年

右七書譯名皆唐玄奘法師所定。阿毘達磨舊作阿毘曇譯言對法。亦云大法。佛典分三藏。（一）修多羅。即經藏。（二）毘尼。即律藏。（三）阿毘曇即論藏也。故凡古代大論多冠此名。此六足論者除施設足外餘六部皆奘師譯出。其品類足一種則劉宋時求那跋陀羅菩提耶舍曾共譯名曰衆事分阿毘曇論爲十二卷奘本則第二譯也。其發智一種。則苻秦時瞿曇僧伽提婆。竺佛念曾共譯。名曰阿毘曇八犍度論。爲三十卷。奘本亦第二譯也。奘公譯異門法蘊識身品類發智皆依足本。惟界身篇末有窺基後序。謂『此論大本有六千頌。後以文繁或致刪略。今此所翻有八百三十頌』然則所依乃節本矣。此所以卷數與餘書不侔也。所以用節本之故殆因奘公老年精力不繼。基序稱此論以龍朔三年六月四日譯訖。考奘公示寂。即在次年（麟德元年）之二月四日上距成書時僅八月耳。其施設足之所以闕譯。當亦爲此。今藏中尚有宋法護譯施設論七卷（大中祥符間）或謂即抄譯施設足。未敢具信。冀他日或得梵本印審耳。

二　說六足

異門。法蘊。施設。三足舊稱佛三大弟子舍利弗。目犍連。迦旃延所造。果爾。則當爲論部最古之書。然佛典年代。每多帶神話的性質。未敢謂爲信然也。舍利弗著述今在藏中者。尚有舍利弗阿毘曇論三十卷。然彼書乃「犢子部」所宗。與集異門足論似截然不同。（說詳彼篇）得非韓非子所謂『孔墨皆道堯舜。誰與定堯舜之眞耶。』然異門足之教義。與發智及婆沙所衍最相脗合。其爲「有部」根本義法所出。蓋可斷言。

法蘊足列舉「心數法」（即心所有法）最爲詳盡．其所舉不善法自貪．瞋．癡．忿．恨．覆．惱．以至愁．歎．苦．擾．凡八十種．（卷九）純爲系統的分類．以校今代泰西之心理學書．精密過彼遠甚．以學術進展之常蹊論之．其成書似在發智以後．又言．『五取蘊無常．轉動．勞倦．羸篤．是失壞法．迅速不停．衰朽非恆．不可保信．是變壞法．有增有減．暫住速滅．本無而有．已有還無』（卷六）此頗似「經量部」之「過未無體說」．與「有部」之三世實有說不相容．故吾竊疑此書頗晚出．非佛在世時所宜有也．

據三論玄義稱舍利弗阿毘曇．亦名犢子毘曇．又異部宗輪論謂「法藏部」自稱『我襲釆菽氏』．釆菽卽目犍連也．然則此二大弟子者．或卽爲彼兩部所宗．然而兩部皆同出「有部」．故此二書亦不失爲「有部」之大典也．

集異門足論目錄如下．

緣起品第一（世尊遊力士生處住其所造初成臺觀命舍利子代宣法要舍利子承命結集毘奈耶）　一法品第二（有三門）　二法品第三（有二十七門）　三法品第四（有五十門）　四法品第五（亦五十門）　五法品第六（有二十四門）　六法品第七（亦二十四門）　七法品第八（有二十三門）　八法品第九（有十門）　九法品第十（略有二種）　十法品第十一（略有二種）　讚勸品第十二（佛從臥起讚善勸持）

法蘊足論目錄如下．

學處品第一（明優婆塞五戒）　預流支品第二（明四種法行一親近善士二聽聞正法三如理作意四法隨法行）　證淨品第三（明四不壞淨一佛證淨二法證淨三僧證淨四聖所受戒）　沙門果品第四（明四聖果）　通行品第五（明四通行一苦遲二苦速三樂遲四樂速）　聖種品第六（明衣食臥具知足及樂斷樂修聖種）　正勝品第七（明四正勤）　神足品第八（明四種「三摩地」一欲二勤三心四觀）　念住品第九（明身受心法四觀）　聖諦品第十（明四聖諦）　靜慮品第

十一（明四禪法）　無量品第十二（明慈悲喜捨定）　無色品第十三（明四空定）　修定品第十四（明四修定一得現法樂住二得殊勝智見三得勝分別慧四得諸漏永盡）　覺支品第十五（明七覺支）　雜事品第十六（明永斷一一法皆能保彼定不退還謂貪瞋癡乃至苦憂擾惱等）　根品第十七（明二十二根）　處品第十八（明十二處）　蘊品第十九（明五蘊）　多界品第二十（明界處蘊緣起及處非處善巧）　緣起品第二十一（明十二因緣）

著識身足之提婆設摩年代無考。然其破「犢子部」所執。知必在「犢部」分裂後矣。（犢部分裂在佛滅後第三百年中葉）「犢部」立「補特伽羅」即「我」體之異名。所謂「我法俱有說」。當時斥為附佛法之外道者也。本書先破「法藏部」之「過未無體說」。次即破「補特伽羅說」。其內容如下。

目乾連蘊第一（沙門目連作如是說「過去未來無現在無為有」今依諸契經種種破之）　補特伽羅蘊第二（補特伽羅論者作如是說定有「補特迦羅」性空論者依諸契經種種破之）　因緣蘊第三（問答諸法互為因緣義）　所緣緣蘊第四（問答諸所緣緣義）　雜蘊第五（明起染離染等義）　成就蘊第六（廣明十二種心成就不成就等差別）

世友之人物價值及年代。已見宗輪論條下。此人殆最忠實於「有部」教義者。故大毘婆沙徵引其遺說最多。

今略舉品類足論之內容如下。

辨五事品第一（卷一）　辨諸智品第二（卷一卷二）　辨諸處品第三（卷二）　辨七事品第四（卷二卷三）　辨隨眠品第五（卷三至卷五）　辨攝等品第六（卷五至卷十）　辨千問品第七（卷十至卷十七）　辨決擇品第八（卷十八）

前五品略舉名數。故其文較簡。第六第七兩品論各名相互關係。以今語譯之。則專論心理歷程也。故其文較繁。要而論之。則佛教之系統的心理學。可謂至世友而始確立也。其界身足論則分二品。一本事品。論心所法。二分別品。論不相應行。據窺基云是節本。恐是未完本也。

三　說發智

發智論之著者。迦多衍尼子或譯作「迦旃延」與佛十大弟子中之迦旃延(即造施設足論之人)同名。實「說一切有部」開宗之宗也。據嘉祥三論玄義『佛滅度後迦葉以脩多羅(經部)付阿難。歷末田地舍那婆斯優婆掘多富樓那寐者柯至迦旃延尼子二百年來無異部。……從迦葉至掘多正弘經。從富樓那稍棄本弘末故正弘毘曇(論部)至迦旃延大興毘曇。上座弟子部見其棄本弘末四過宣令遣其改宗。遂守宗不改上座弟子移往雪山避之因名「雪山住部」其留者則名「薩婆多部」(說一切有部)……』由此觀之「有部」與「上座部」之分裂其主動實由迦旃延。而諸上座之不滿於迦旃延者。卽以其重論而輕經。所謂論者何則此二十卷發智。卽集其大成者也。玄奘法師曾親遊著論之地。西域記(卷四)云『至那僕底國有答秣蘇伐那伽藍中有無憂王所建窣堵波(塔)高二百餘尺繞山伽藍周二十里。小窣堵波數千百所連隅接影。如來涅槃後第三百年中迦多衍那論師於此製發智論焉。』其遺蹟爲後賢所敬慕如此。竊嘗論之發智論之地位略如治春秋者之有公羊傳。迦旃延則胡毋生(世友略可比董仲舒)而後此之大毘婆沙則比何氏解詁也。故欲知當時所謂正統派學說。必於此書求之。

全書分八篇四十四章。篇者。秦譯本作犍度Shandha 蓋聚集之義。唐譯本譯爲「蘊」章者。秦譯本作跋渠蓋類別之義。唐譯本譯爲「納息」今對照兩本異名。列其目。

(唐譯)　(秦譯)

雜蘊第一　雜犍度第一

- 世第一法納息第一
- 智納息第二
- 補特伽羅納息第三
- 愛敬納息第四
- 無慚納息第五
- 相納息第六
- 無義納息第七
- 思納息第八

結蘊第二　結使犍度第二

- 不善納息第一
- 一行納息第二
- 有情納息第三
- 十門納息第四

智蘊第三　智犍度第三

- 學支納息第一
- 五種納息第二
- 他心智納息第三
- 修智納息第四
- 七聖納息第五

業蘊第四　行犍度第四

- 惡行納息第一
- 邪語納息第二
- 害生納息第三
- 表無表納息第四
- 業納息第五

世間第一法跋渠第一
智跋渠第二
人跋渠第三
愛恭敬跋渠第四
無慚愧跋渠第五
色跋渠第六
無義跋渠第七
思跋渠第八
不善跋渠第一
一行跋渠第二
人跋渠第三
十門跋渠第四
八道跋渠第一
五種跋渠第二
知他人心跋渠第三
修智跋渠第四
相應跋渠第五
惡行跋渠第一
邪語跋渠第二
害衆生跋渠第三
有教無教跋渠第四
自行跋渠第五

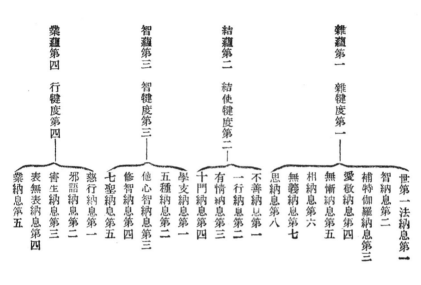

大種蘊第五	四大犍度第五	大造納息第一	淨根跋渠第一
		緣納息第二	緣跋渠第二
		具見納息第三	見諦跋渠第三
		執受納息第四	內造跋渠第四
根蘊第六	根犍度第六	根納息第一	根跋渠第一
		有納息第二	有跋渠第二
		觸納息第三	更樂跋渠第三
		等心納息第四	始心跋渠第四
		一心納息第五	始發心跋渠第五
		魚納息第六	魚子跋渠第六
		因緣納息第七	緣跋渠第七
定蘊第七	定犍度第七	得納息第一	過去得跋渠第一
		緣納息第二	緣跋渠第二
		攝納息第三	解脫跋渠第三
		不還納息第四	阿那含跋渠第四
		一行納息第五	一行跋渠第五
見蘊第八	見犍度第八	念住納息第一	意止跋渠第一
		三有納息第二	欲跋渠第二
		想納息第三	想跋渠第三
		智納息第四	智跋渠第四
		見納息第五	見跋渠第五
		伽陀納息第六	偈跋渠第六

飲冰室專集之六十四

說大毗婆沙

阿毗曇婆毗沙論八十二卷（第一譯）（不全）
北涼浮陀跋摩道泰同譯

阿毗達磨大毗婆沙論二百卷（第二譯）
唐玄奘譯

一　大毗婆沙之結集

「毗婆沙」譯言廣說，或言廣釋。藏中以毗婆沙名書者五種。除右列二種外，尚有尸陀槃尼之鞞婆沙論，法救之五事毗婆沙論，龍樹之十住毗婆沙論。而此阿毗曇毗婆沙則同本異譯。凡佛學家泛言婆沙者，皆指此也。

大毗婆沙所廣釋者何？即釋迦旃延之發智論也。（今本每卷末皆有「說一切有部發智」七字）然此非私家著述，乃當時佛教正統派（說一切有部）以團體之公意，受時主之保護，經正式的公開研究，用極鄭重之形式，泐爲大典。史家名之曰「第四結集」，與迦葉阿難之結集三藏視爲同等之大事業。故研究斯論之成立淵源，實佛教史上一重要關目也。

婆沙結集之史料，詳見於玄奘大唐西域記（三卷）迦濕彌羅國之條。其文曰：

健䭾羅國。迦膩色迦王以如來涅槃後第四百年。應期撫運。（案此年代有誤說詳下）機務餘暇。每習佛經。日請一僧入宮說法。而諸異議部執不同。王用深疑。時脇尊者曰。『如來去世。歲月逾邈。弟子部執。師資異論。各據聞見。共爲矛盾。』時王聞已。悲歎良久。謂尊者曰。『敢忘庸鄙。紹隆法教。隨其部執。具釋三藏。』脇尊者曰。『大王留情佛法。是所願也。』王乃宣令遠近召集聖哲。於是四方輻輳。得四百九十九人。王欲於本國。（案指健陀羅）苦其濕。又欲就王舍城大迦葉波結集石室。脇尊者等議曰。『不可。彼多外道。異論糾紛。酬對不暇。何功作論。衆會之心。屬意此國。』（案指迦濕彌陀）令曰。『允諧。』其王是時。與諸羅漢自彼而至。（案自健陀羅至迦濕彌羅）建立伽藍。結集三藏。欲作毗婆沙論。是時尊者世友戶外納衣。諸阿羅漢謂世友曰。『結使未除。勿居此也。』於是世友擲縷丸空中。諸天接縷丸而請。諸羅漢見是事已。謝咎推德。請爲上座。凡有疑義。咸取決焉。（案世友事不可信說詳下）是五百賢聖。先造十萬頌鄔波第鑠論。釋素呾纜（經）藏。次造十萬頌毗奈耶毗婆沙論。釋毗奈耶（律）藏。後造十萬頌阿毗達磨毗婆沙論。釋阿毗達磨（論）藏。凡三十萬頌。六百六十萬言。備釋三藏。懸諸千古。莫不窮其枝葉。究其淺深。迦膩色迦王遂以赤銅爲鍱。鏤寫論文。不函緘封。建窣堵波。藏於其中。不令異學。持此論出。欲求習學。就中受業。其後多羅那達之印度佛教史。敍述此事亦甚詳。略同奘公所說。惟言五百羅漢外。更有五百菩薩。五百班彌達（居士）云。今案迦濕彌羅即罽賓。迦膩色迦王爲月氏種。後漢書西域傳有月氏王閻膏珍者。則其父也。此王以西歷第二世紀初。統一北西中三部印度。大弘佛法。媲美阿育。其彫刻遺物。今尚多存。歐洲考古者寶焉。迦濕彌羅佛教。當佛滅五六十年後。阿難弟子末田底迦始往傳布。其後寖盛。初世尊說法。多在摩竭陀國之王舍城。佛滅後。即以此地爲敎會中心。迦葉於此結集三藏焉。然其國本耆那敎之根據地。佛在世時。外道已充斥。及阿育王沒後異敎漸倡佛敎徒動見迫害。（觀前文所記脇尊者之言謂王舍城多外道可窺見此中消息）諸大德多避地西北。於是佛敎中心。漸移於迦濕彌羅。而主持之者則「說一切有部」也。迦膩色迦在位。當佛滅後第六百年之末。其時不惟「大乘部」早已獨立。卽「有部」中亦異議蠭起。裂爲十餘派。一面大乘運動。亦漸已開始。於是正統派諸長老。不得不謀所以「別黑白而定一尊。」此編纂婆沙之動機所由起也。此舉雖含有敎權自尊的意味。然不能遽謂之專制。蓋當時實合各地著名學者。公開討論。其間有部以外之人。當亦不少。據多羅那達佛敎史。則當時十八部之異議。悉分別采擇。認爲正說。是純取「擇善而從」的態度矣。觀於婆沙內容之豐富。條貫之詳明。可知此次結集。其成績實極優越。「有部」所以歷數百年至唐代義淨遊印時而猶極盛者。蓋有由矣。以我國之儒學史相比附。則後漢建初四年。集諸儒於白虎觀。討論五經同異。事正相類。然以白虎通義比毗婆沙。則相去不可以道里計矣。蓋儒敎內容本不逮佛典。而婆沙諸師之學。又與漢代章句之儒殊致也。據玄奘所記。則毗婆沙論。不過此次結集出品三分之一。尚有釋經藏之鄔波第鑠。釋律藏之毗奈耶毗婆沙。爲吾輩所未及見。其事業之偉大更可想。玄奘攜歸之書。有「說一切有部」經律論六十七部。（見三藏法師傳卷六）不審彼兩鉅製亦曾預此中焉否也。

（附）結集婆沙異說訂譌四則。

一 西域記稱世友爲此會首座事。殆不可信。婆沙中徵引品類界身二足。及「尊者世友說」云云之文。不下百數十處。其爲先輩甚明。且婆須蜜（卽世友）事蹟。見於他書者甚多。錯綜參證。殆必爲佛滅後第四百年之人。無緣與迦膩色迦相及。今西域記所傳。與第一結集時阿難先被擯而後加入。情節正同。殆「有部」後輩。以阿難舊事。附會世友耳。

二 婆藪槃豆傳（眞諦譯）云。『佛滅後五百年中。有阿羅漢名迦旃延子。後往罽賓國。與五百羅漢及五百菩薩共撰集薩婆多部（卽說一切有部）阿毗達磨製爲八伽蘭他（犍度）亦稱此文爲發慧論。造竟。復欲造毗婆沙釋之。」據此文則似迦旃延亦加入此會。然迦旃延爲「有部」開宗之人。（說見前篇）其出世上距婆沙結集時當二百餘年。槃豆傳所以有此失者。蓋因婆沙所釋爲發智論。誤會二書之述作爲一事耳。發智論之著作在至那僕底國。不在罽賓。此明見於西域記卷四也。

三　婆藪槃豆傳又云『迦旃延子遣人請馬鳴至罽賓。解釋八結（犍度）語意若定。馬鳴隨即著文。經十二年。造毗婆沙方竟。』是又謂馬鳴爲婆沙屬草之人。亦不可盡信。據多羅拿達佛教史則馬鳴始終未嘗至北印度。該傳言迦旃延事既絕對謬。則恐並此亦附會耳。要之編纂婆沙。是歷史上一大事業。故後世傳說。凡有名之人皆引入以爲重。印度人歷史觀念最薄。此不足爲異也。

四　西域記稱此事在佛滅第四百年。此亦大誤。迦膩色迦爲西歷紀元後百十餘年之人。近歐人掘出其所鑄貨幣及其他彩刻物。考證甚博。信而有徵。其時佛滅六百餘年矣。西域記述佛滅年代本廣存異說。此所記者或當時一說。否則或傳寫之譌也。

二　大毗婆沙內容略說

大毗婆沙者。質言之則發智論之注疏而已。其篇帙既極浩瀚。讀者罕能卒業。且因其爲小乘之書。或輕蔑不屑流覽。原書既無目錄。千年來復無人爲之科判。故其內容如何。幾無人能道。夫吾固亦未畢業之一人也。安敢妄有所論列。但與發智互勘。先編一目錄。備檢閱云爾。

	（唐譯）	（涼譯）
敘論	卷一	
釋世第一法	卷二至九半	卷一至五
釋智	卷九半至二三半	卷六至一六

（一）雜蘊　發智一二卷	釋補特伽羅	卷二三半至二九半	卷一七至二二（釋人）
	釋愛敬	卷二九半至三四半	卷二二半至二六半
	釋無慚	卷三四半至三八半	卷二六半至二八
	釋相	卷三八半至三九半	卷二九半（釋色）
	釋無義	卷三九半至四二半	卷二九半至三二
	釋思	卷四二半至四五	卷三三至三五半
（二）結蘊　發智四五六卷	釋不善	卷四六至五五	卷三五半至四四半
	釋一行	卷五六至六三半	卷四四半至四八
	釋有情	卷六三半至七〇	卷四九至五三
	釋十門	卷七一至九二	卷五四至七〇
（三）智蘊　發智七至十卷	釋學支	卷九三至九七半	卷七一至七四（釋八道）
	釋五種	卷九七半至九九半	闕
	釋他心智	卷九九半至一〇五半	卷七五至七九半
	釋脩智	卷一〇五半至一〇八	卷七九半至八〇
	釋七聖	卷一〇九至一一一	卷八一八二
（四）業蘊　發智十一二卷	釋惡行	卷一一二至一一六半	以下並闕
	釋邪語	卷一一六半至一一八半	
	釋害生	卷一一八半至一二一	

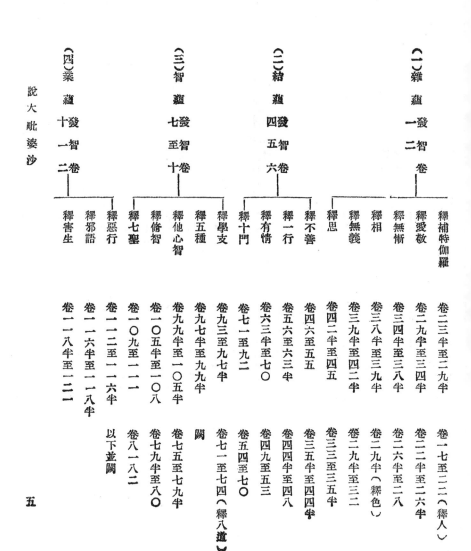

- 釋表無表　卷一二二至一二四
- 釋自業　卷一二四至一二六

（五）大種蘊　發智卷十三四
- 釋大造　卷一二七至一三一半
- 釋緣　卷一三一半至一三四半
- 釋具見　卷一三四半至一三七半
- 釋執受　卷一三七半至一四一

（六）根蘊　發智卷十四至十六
- 釋根　卷一四二至一四六
- 釋有　卷一四七至一四八
- 釋觸　卷一四九至一五〇
- 釋等心　卷一五一至一五五半
- 釋一心　卷一五五半至一五六半
- 釋魚　卷一五六
- 釋因緣　同

（七）定蘊　發智卷十七至十九
- 釋得　卷一五七至一六二半
- 釋緣　卷一六二半至一六五
- 釋攝　卷一六六至一七三
- 釋不還　卷一七四至一八三半
- 釋一行　卷一八三半至一八六

六

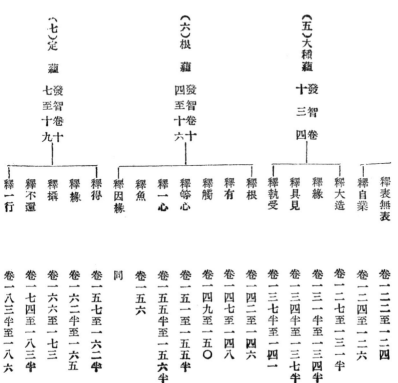

（八）見蘊 發智卷十九二十
- 釋念住　卷一八七至一九二半
- 釋三有　卷一九二半至一九五半
- 釋想　卷一九五半至一九六半
- 釋智　卷一九六半至一九七
- 釋見　卷一九八至二〇〇半
- 釋伽陀　卷二〇〇半

以上不過列舉總目。至其詳細內容。若欲具察之。恐雖作十卷之科判。猶不能盡。今試舉一節爲例。本書所釋之發智論二十卷。凡分八蘊四十四納息具如前述。內雜蘊中之智納息在譯本中不過占一卷四分之一。其文僅八葉。其內容略如下。

（一）論一智不能知一切法　（二）論前後心展轉相緣
（三）論記憶力之由來及遺失　（四）論根起識之淨不淨
（五）論過去之現不現　（六）論名句文
（七）論六因　（八）論隨眠

內論六因之一條。所論者爲萬有之因果律。在發智原文僅占一葉半。凡五百七十一字。而大毗婆沙釋之得六卷（自卷十六至卷二十一）約費四萬字以外。試爲極簡略之科判如下。

雜蘊（全書八蘊之一）
智納息（本蘊八納息之一）

飲冰室專集之六十四

論六因（本納息所論八事之一）

（一）引論

（一）說六因之理由

（二）六因是否佛所說

（二）論相應因

（一）臚斥異說

（二）各種心理現象與相應因之關係

（三）相應因之定義及功用

（三）論俱有因

（一）臚斥異說

（二）俱有因與相應因之異點

（三）論隨心轉之諸業不與心爲俱有因

（四）俱有因之定義及功用

（四）論同類因

（一）臚斥異說

（二）同類因之定義及功用

（三）同類因與徧行因之異點

(一)六因之相雜不相雜
(二)六因分配三世三界等
(三)六因分配蘊處界等
(四)六因與五果
(五)六因與四緣

讀者試略一瀏覽此目錄當可略知此二百卷大著述中所言何事。及其內容之若何豐實。條理之若何詳盡。綿密。嘗論之歐洲所謂心理學者近數十年來始漸成獨立之一科學其在印度則千五百年以前殆已大成印度學者之論物的現象因爲試驗工具所限。誠不免幼稚的臆斷。至其論心的現象則因彼族本以禪悅爲公共之嗜好。加以釋尊立教專以認識爲解脫之入門。故其後學對於心理之觀察分析。淵淵入微。以校今歐美人所論述。彼蓋僅涉其樊而未窺其奧也然論茲學第一大師必推迦旃延。而大毗婆沙則迦旃延學統之大成也吾此論若不謬。則婆沙在世界學術上之位置從可見矣。

婆沙第一要點。在說「法性恆有」(即所謂「法有我無」說)蓋當時龍樹之「性空」說已盛行。婆沙諸師乃昌明「有部」所持舊說與之對抗其實「有部」並非不說空本論云『薩迦耶見是十種空近所對治……十種空者。謂內空。外空。內外空。有爲空。無爲空。散壞空。本性空。無際空。勝義空。空空。』(卷八)然則婆沙不反對空義甚明其所以不專提空義者。論又云『空的行相不能決定。因約他性言則一切法得云空。約自性言則得云不空。非我的行性則無不決定。因約自他言皆無我也。故世友常言我不定說一切法皆空。定說一切法皆無我。』(卷九意譯)此與起性論之「如實空如實不空」兩義。正若合符。然彼爲施設範疇。令人得循塗趨悟。則多從不空方面立論。故曰『一切法已有自性。本來各住自體相。』卷七六 彼不惟認現在法爲有自性。卽過去未來法亦皆有自性。力闢當時「經量部」所主張之「過未無體」說。謂其破壞因果律。曰『彼撥無過去未來體者。彼應無因。若無因者。果亦應無。』又云。若過去未來非實有者。彼現在世亦應是無。觀過去未來施設現在。故若無三世。便無「有爲」若無「有爲」亦無「無爲」。觀有爲法立無爲故。若無「有爲無爲」。應無一切法。若無一切法。應無解脫出離涅槃。』俱卷七八 其意謂倘不承認吾人心理之活動及其對境爲實有體性。則認識之可能性先自不成立。吾人復何所憑藉以言覺悟言解脫者。就此點論。則龍樹一派。實含消極的意義。而婆沙諸師。乃始終認積極的意義。後此唯識宗之言「三自性」。華嚴宗之言事理無礙。雖謂皆汲婆沙之流可也。

論云『一切法中。慧爲最上。能順趣決擇。能正知諸法。』又云『慧能安立諸法自相共相。能分別諸法自相共相。破自體愚及所緣愚。』卷一四二 又言『有五識相應之慧。有意識相應之慧。有聞所成慧。思所成慧。修所成慧。』卷九五撮意 所謂慧者。對於宇宙萬有之自相共相。能安立之(規定)能分別之(分析)然後能滌邪見而契眞理焉。此卽認識論之作用也。慧不惟與意識相應。且與前五識相應。此經驗論之所以可廢也。質言之。則婆沙論蓋絕對的主知主義。自發主義。而與大衆部諸派主情意的重信仰的。其立脚點確然不同也。

三　大毗婆沙之傳譯

婆沙譯本。前後凡三。

（一）苻秦譯十四卷本

我國當苻姚二秦時佛教輸入蓋分兩支其一由西域輸入者屬大乘空宗一派鳩摩羅什其代表也其二由罽賓輸入者屬小乘之「說一切有部」派僧伽跋澄僧伽提婆曇摩耶舍等其代表也阿含及諸阿毗曇譯本多由跋澄等會譯而婆沙亦居一焉梁僧傳僧伽跋澄傳云

『苻堅祕書郎趙正崇仰大法嘗聞外國宗習阿毗曇毗婆沙而跋澄諷誦乃四事禮供請譯梵文遂共名德法師釋道安等集衆宣譯跋澄口誦經本外國沙門曇摩難提筆受爲梵文佛圖羅刹宣譯秦沙門敏智筆受爲晉本以僞秦建元十九年譯出』

此爲婆沙最初譯本蓋並無原本純憑跋澄闇誦先寫爲梵文再從梵文譯漢兩次口授兩次筆受可謂勞矣又僧伽提婆傳云

『跋澄所出毗曇廣說（案即婆沙）屬慕容之難戎敵紛擾兼譯人造次未善詳悉義旨句味往往不盡俄而安公棄世未及改正』

讀此知所譯爲未定稿道安所不滿意也此本現存藏中名鞞婆沙論題曰迦旃延子造以校唐譯發端一段全同以下則多異是否原本錯置抑節本或別本非全文詳細對勘後尚難斷定惟其書有道安序（藏本失載此見出三藏集記卷十）內述本書撰人云

『有三羅滿一名尸陀槃尼二名達悉三名鞞羅尼撰鞞婆沙達悉迷而近煩鞞羅要而近略尸陀最折中焉跋澄諷誦此經四十二處是尸陀槃尼所撰』

然則此非原本矣。尸陀等三人．不見他書．想非別撰．乃節鈔耳．安序又云．

『經本甚多．其人忘失．唯四十事是釋阿毗曇十門之本．而分十五事爲小品迴向前．以二十五事爲大品而著後．』

是所誦者既不全．又次第錯亂．重以展轉重譯．義句多失．故此本只能作爲歷史上一裝飾品而已．其原書結集淵源．安公輩似亦未悉．

（二）北涼譯百卷本（今存八十二卷）

卷首有釋道挻一序．頗能道本書歷史．述傳譯因緣亦詳盡．其文曰．

『自釋迦遷暉．六百餘載．（案此述年代最確足正西域記之誤）時北天竺有五百應眞．（案此足正濫引編纂人之失）以爲靈燭久潛．神炬落燿．雖前勝迦旃延（案此足正婆藪槃豆傳及秦譯本題迦旃挻造之失）撰阿毗曇以拯頹運．而後進之賢．尋其宗致．儒墨競搆．是非紛然．乃澄神玄觀．搜簡法相．（案八字批評確當）造毗婆沙．抑正衆說．勝達之士．莫不資之．有沙門道泰．杖策冒嶮．爰至葱西．綜覽梵文．義承高旨．並獲其梵本十萬餘偈．時有天竺沙門浮陀跋摩．會至涼境．遂以乙丑之歲．（案宋文帝元嘉二年也高僧傳作丁丑誤也丁丑距北涼之亡僅二年不應能更有此盛業）四月中旬．於涼城閑豫宮內．請令傳譯．理味沙門智嵩道朗等三百餘人．考文詳義．至丁卯歲七月上旬都訖．通一百卷．會涼城覆沒．所出經卷．零落殆盡．今涼王更寫已出本六十卷．令送至宋臺．』

此本蓋道泰親遊印度．攜歸．躬與譯事．聚三百餘人．歷三寒暑而成．其事業之艱辛偉大若此．道泰可謂一小玄奘矣．而其譽望之傳於後者相去若霄壤．則時與地爲之也．據道挻序本有百卷．亂後佚去四十．僅存六十．然今在藏中者實八十二卷。延序無年月。不知所謂「更寫六十卷」者　何時。豈此後續有寫出耶。抑將六十析爲八十二也。然此八十二卷實僅有三犍度。當全書八分之三耳。計所謂百卷足本者亦當不過四犍度而止。是亦僅得半也。此本譯筆甚圓達。有時比唐譯更易了解。他日有治婆沙者。殆不失爲一種良參考品。至其術語或不碻當文義。或有小舛。則固意中事。例如唐本雜蘊中之補特伽羅納息。結蘊中之有情納息。涼本皆譯爲人品。補特伽羅與有情梵文本爲二字。皆含有生命的意味。而性質不同。譯爲「人」殆兩失之。卽此可知譯事之不易亦足證後此譯學之進步也。

(三)唐譯二百卷本

奘公以顯慶元年七月二十七日於慈恩寺譯此。至四年七月三日成。沙門嘉尚大乘光等筆受。見開元釋教錄卷八上　奘公譯業最偉大者。爲六百卷之般若。次卽此書。不獨在奘公著述中。此爲巨擘。殆可謂中國往古來今翻譯界中之第一流事業也。此外巨帙推羅什之大智度論奘公之瑜伽師地論及此書之涼譯本皆百卷再次則實叉難陀之華嚴奘公之順正理論皆八十卷　若語於文章則奘公價值具在。吾何庸贊一辭。

四　毗婆沙研究復活之希望

婆沙雖有兩譯本。然在我國學術史中。研究之業。殆未盡量。蓋東晉及南北朝初期。治毗曇者雖不乏。然涼譯婆沙出自西鄙。中原江左。覩者蓋希。觀梁唐兩僧傳中述毗曇諸師所講授。罕有道及此書者。其湮而不彰可推也。自茲以往。高唱大乘。並毗曇宗且絕跡矣。奘師盛弘法相。爲導河積石之計。故六足發智婆沙具譯焉。然卽唯識一宗。再傳以後。玄奘窺基慧沼已就衰落。況此學之在當時。不過唯識之附屬品。其不爲世所重有固然也。然則此前後兩譯二百八十二卷之文千餘年來塵封蠹飽其曾經卒讀之人蓋屈指可數遑論以此名其家者哉。夫空談則盡人可託實學則賢者猶難。以婆沙之委曲繁重雖當時印度篤學之士猶且累年不能殫其業。況在我國其於此種哲理之素養本自缺乏。又經重譯之後術語迷離。文辭詰鞫。開卷數行。則已恐臥。加以黜在小乘。動遭輕蔑。彼號稱佛弟子者。一聲彌陀。幾條公案便以大乘慧業自命。並世友旃延之名且不屑道。抑且不知。遑問其學。顧吾以爲今後若眞有忠於佛敎欲持以自利利他者則對於此大慧古德之著述。決不可付諸等閑。請言其故。

第一。吾輩確信佛敎能使全世界人類得大饒益。然欲使佛敎普及於今代。非將其科學的精神力圖發展不可。質言之則當從認識論及心理學上發揮而已。而毗婆沙則其淵藪且其關鍵也。

第二。佛敎之根本義本以智慧爲解脫之法門。婆沙所敎有塗轍可循。最中正無弊。吾輩若欲得確實之基礎。宜守此漸法。

第三。若治大乘法相宗者。則必須取途於婆沙。否則對於唯識顯揚攝論諸書。不能得其淵源。往往無從索解。

第四。卽治他宗者。若對於法數名句。無相當之智識。則所謂「杜撰般若儱統眞如」之弊。必不能免。或因此而益增邪見。此惟治婆沙最足以藥之。

第五。治泰西哲學及心理學者。必須兼治婆沙。以其所發明者。多爲歐美人所未逮也。吾輩若能聯合兩者爲比較的研究。必可以新有創獲。以貢獻於人類。

第六，治宗教史或哲學史者，尤當以婆沙為鴻寶。蓋此書不惟將當時佛教各派之學說廣為徵引而已，即諸外道之教義，亦多所網羅。吾輩苟能分類爬剔，則印度思想之全部，皆於此可見。

飲冰室專集之六十五

讀修行道地經

天竺　衆護菩薩　造　　西晉　竺法護　譯

衆護卽僧伽羅刹．別有僧伽羅刹所集佛行經．苻秦僧伽跋澄譯．今並存藏中．彼經有道安序．（原書不著作序者姓名以高僧傳證序中語知其出安公手也）言羅刹有修行道地經．此土已譯．故知兩書同出一人也．（僧伽跋澄卽衆現法護卽曇摩羅刹故知僧伽譯義爲衆羅刹譯義爲護也）安序稱『羅刹須賴國人．佛去世後七百年生……遊敎諸國．至犍陀越土．甄陀罽貳王師焉』．甄陀罽貳卽迦膩色迦．實結集大毗婆沙之人．（結集在佛滅後六百年羅刹生七百年而爲色迦師兩說必有一誤）須賴國在莫醯河之東．自亞歷山大入寇以來．此地卽爲印歐交通孔道．受希臘文化影響最深．又爲耆那教最盛行之地．羅刹生長其間．實極可注意之一事也．本書特色．在言生理與心理相關．實前此佛藏所未曾有．彼言「五陰成敗之變」．全用醫學的見解．（卷一）其言人當受精處胎之始．色受想行識五陰．次第繼起．五種生理現象與五種心理活動俱行．謂初入胎時．身意二根同時並得．所論極爲精密．又言胎兒每經若干日．胎體之某部分若何發展．其言雖不逮今世科學之完整．但確非僅恃冥想虛構者．又言人身中有八十種蟲．一一舉其名．則與今所發明．尤相近矣．其言修行之法．亦多用生理的說明．中有一段舉髮爲例云『髮從四生．一曰因緣．二曰塵勞．三曰愛欲．四曰飲食．髮衆緣合．我適有一髮墮在地。設投於火。若捐在廁。以足蹈之。於身無患。在於頭上。亦無所益。』卷五全書引喻。大率類是。故其修行最重數息。言其法甚詳。卷六故知羅刹之宗教觀。實建設於生理學上也。此書出護公之手。譯筆美妙。能助人懸解。實初學一善本也。有前後序各一篇。不著撰人名氏。後序記傳譯因緣。謂罽賓文士竺侯征若賫此本至燉煌。法護口宣。法乘法寶筆受。以太康五年二月訖。凡二十七品。分爲六卷。書來自罽賓。殆「說一切有部」所傳也。

飲冰室專集之六十六

那先比丘經書

那先比丘經二卷。失譯人名。附東晉錄。此經今巴利文有之。名曰彌蘭問經。蓋全經皆記彌蘭王與那先問答語。巴利本從問者得名。漢譯本從答者得名也。彌蘭王亦譯畢隣陀王。（眞諦譯俱舍論）旻隣陁王。（玄奘譯俱舍論）難陀王。（雜寶藏經）其時代蓋介於阿育與迦膩色迦兩王之間。爲佛法有力之外護。然彼王乃希臘人。非印度人也。經首敍彌蘭受生因緣。云『生於海邊。爲國王太子。』又篇中問答有云。

『那先問王。「本生何國。」王言。「我本生大秦國。國名阿荔散。」那先問王。「阿荔散去是間幾里。」王言。「去是二千由旬。合八萬里。」……』

阿荔散卽阿歷山大之對音。然則彌蘭王生地。或卽今之阿歷山大利亞耶。時其地已役屬羅馬。故又云大秦國也。經又言彌蘭爲天竺舍竭國王。舍竭卽大唐西域記之奢羯羅。卽磔迦國故城。東據毗播奢河。西臨信度河。蓋迦濕彌羅（罽賓）東南境之一大國也。近歐人因研究印度古泉幣。發見此王遺幣二千餘枚。證其確爲希臘人而來自中亞細亞者。蓋其幣用波斯之標準重量。陽面刻希臘文。陰面刻印度文。幣文中此王名彌難陀。故雜寶藏經亦稱爲難陀王也。其時代則在迦膩色迦以前。約當西曆紀元前一世紀半。後漢書西域傳稱西漢時『月氏北君大夏。而塞王南君罽賓。』塞卽希臘種。然則彌蘭之祖父。（經稱彌蘭爲舍竭太子。故知其席先業也）或卽被迫於月氏。而由巴忒利亞（大夏）侵入迦濕彌羅（罽賓）者耶。西域記又言『此國有王號摩醯邏矩羅。唐言大族。矯殺迦濕彌羅王而自立。』大族王與彌蘭血統關係如何。今不可考。但大族王仇教特甚。西域記稱其『宣令五印度。佛法並皆毀滅。』彼能宣令五印。則五印半役屬於彼可知。想佛法受轢深矣。而彌蘭遺幣皆刻「弘法大王彌蘭」等語。殆受那先誘道後發心皈依耶。

那先爲那伽犀那之省譯。此名龍軍。爲十六大羅漢之一。見梵網經述記。本經首敍其受生因緣云『生於天竺罽賓縣。』然則彼蓋迦濕彌羅人矣。那先（龍軍）所著有三身論。曾有譯本。今佚。圓測解深密經疏（卷一）云。

『那伽犀那。此云龍軍。即是舊翻三身論主。彼說佛果唯有眞如及眞如智。無色聲等粗相功德。堅慧論師及金剛軍。皆同此說。』（慈恩對法論疏略同）

又慈恩唯識述記（卷一）云。

『龍軍論師無性等云。謂佛意慈悲本願緣力。其可聞者自意識上。文義相生。似如來說。』

圓測慈恩爲奘公門下二傑。據此知當時三身論尚存也。彼論今雖佚。然觀其以「三身」爲名。自當是詮法身報身化身之義。其所主張「佛果唯有眞如」云云。即後此起信論「眞如緣起說」之所自出。龍軍與彌蘭同時。蓋馬鳴前百餘年。即此可證大乘弘自馬鳴之說。非確論矣。本經所記問答語。大抵皆小乘理解。蓋開導未解佛理之彌蘭。不得不如是耳。

此經之流傳。（一）可以知希臘人與佛教之關係。（二）可以知北方佛教亦應受希臘文化之影響。（三）可以知大乘學派發生甚早。且其淵源實在北方。誠佛教史上一寶典也。英譯本未見。據日本學者所引。似較此本爲詳。